넷제로 투자

INVESTING IN THE ERA OF CLIMATE CHANGE

넷제로 투자

브루스 어셔 지음

김하나 · 이정근 · 김한기 · 김규성 옮김

동아시아

차례

1부.   모멘텀

2부.   기후변화 솔루션

3부.   투자 전략

4부. 실물자산 투자

5부. 금융자산 투자

6부. 투자자의 딜레마

기후변화는 국내에서도 오랜 기간 동안 많은 논란이 있었던 주제입니다. 하지만 최근 국내의 기후 이상 현상들을 볼 때 한국에서도 기후변화는 현실로 다가오고 있습니다. 2019년 강원도 고성의 산불로 약 1,000여 명의 이재민이 발생했습니다. 이전에도 산불은 종종 발생해 왔지만 기후변화로 점점 대형화되고 자주 발생하며 피해도 커지고 있습니다. 더불어 폭염, 폭우, 태풍도 더 집중적으로 강하게 자주 발생하고 있습니다. 기후 온난화로 인해 한국의 생태계도 변화하고 있습니다.

과거 한국은 교토 의정서Kyoto Protocol(1997)에서 감축의무 없는 비부속서국가Non-Annex I로 분류되었지만, 기후위기를 해결해야 한다는 글로벌 문제의식에 공감하게 됐습니다. 그 후 한국은 2012년 UN의 GCFGreen Climate Fund를 한국에 유치하고 2016년 파리 협정Paris Agreement을 발효했습니다. 그리고 2021년 '2050년 넷제로

Net-zero'를 국제사회에 약속하여, 한국은 이제 기후변화 문제에 대해 책임 있는 국가가 됐습니다.

한국의 주력 산업들은 조선, 자동차, 철강, 석유화학 등 온실가스 배출량을 줄이기 어려운Hard-to-abate 업종의 비중이 높습니다. 그뿐만 아니라 한국의 사회환경적·지리적 한계로 인해, 재생에너지 확대에 필요한 적정한 부지, 사회적 수용성, 인프라 확보 등의 어려움으로 글로벌 평균보다 값비싼 재생에너지 생산 비용이 예상됩니다. 미래산업의 핵심인 수소도 높은 비용의 재생에너지를 사용해 그린 수소를 생산하거나 수입에 의존해야 하기에 글로벌 가격 경쟁력이 낮을 것으로 추정됩니다. 따라서 다른 나라들보다 짧은 기간 동안 더 많은 노력과 천문학적인 전환 비용이 발생할 가능성이 높습니다.

ESG 경영에 대한 글로벌 트렌드에 따라 한국의 산업도 넷제로 또는 RE-100에 동참해야 합니다. 그렇지 않으면 글로벌 공급망·협력체계에서 배제될 수 있는 위기에 처해 있습니다. 국제사회에 대한 '2050년 넷제로' 약속으로 결국 기후변화 리스크들이 한국 주요산업의 존망에 영향을 주기 시작했고, 이는 엄연한 현실이 됐습니다.

반면 한국의 많은 기업은 기후변화 솔루션 제공자climate transition solution provider로 각광을 받으며 새로운 기회를 창출하여 많은 투자자들과 자본을 유치하고 있습니다. 2차전지 산업이 좋은 사례입니다. 그리고 한국은 대외 순채권국으로서 해외 각종 에너지 솔루션들에 대한 투자를 통해 수익을 얻을 수 있고 글로벌 기후변화에 기여할 수 있는 기회를 가졌기도 합니다. 과거 국내 투자자들은 테슬라Tesla나 애플Apple과 같은 선진 기후변화 대응 기업에 투자한 결과, 높은 수익률과 함께 기후위기 대응에도 기여한 경험이 있습니다.

이 책은 기후변화 위기와 이를 해결할 수 있는 각종 솔루션을 소개하고, 이 솔루션에 대한 투자자의 접근을 다루고 있습니다. 기후변화 문제에 대한 관심과 투자는 '선한 일을 함으로써 좋은 일을 하는 것doing well by doing good'의 시작이 되어 여러 사람들의 행동을 이끌어 낼 것이며, 결국 전 세계적인 기후변화의 리스크를 줄일 수 있을 것입니다. 그 관심과 투자의 시작에서 이 책과 옮긴이들의 노력이 기후변화 대응뿐만 아니라 새로운 기회 창출을 통한 국가 경쟁력 강화에도 기여할 수 있기를 바랍니다.

아울러 이 책이 번역되어 나오기까지 응원해 주신 가족과 지인 분들, 그리고 적극 지원해 주신 동아시아 출판사 관계자님들께도 깊은 감사 말씀을 드립니다. 감사합니다.

옮긴이 김하나·이정근·김한기·김규성

❖

투자 관련자들에게 기후변화에 대한 대응이란 개학일이 다가오는 초등학생이 밀린 방학 일기를 마무리하는 것과 비슷하다. 마음은 급한데 살펴봐야 할 자료는 산재해 있어서 무엇을 먼저 어느 순서로 정리하고 결정해야 할지 난감할 때, 기후변화 관련 주요 이슈를 간결하게 정리하여 투자 결정을 쉽게 해줄 수 있는 책이 바로 이 책 『넷제로 투자』다.

_ 이장혁 ◦ 고려대학교 경영대학원 교수

❖

에너지 전환의 초기 단계에 있는 우리나라에서 탄소중립을 위한 에너지 산업 투자환경 변화에 대한 가이드라인과 솔루션을 제공하는 귀중한 책이다. 에너지 산업에 관심 있는 많은 분들의 이해와 투자를 위한 좋은 길잡이가 될 것이다.

_ **전영환** ● 홍익대학교 전자전기공학부 교수,

에너지전환포럼 공동대표, 전 전기위원회 위원

❖

기후변화는 이 시대에 큰 위기이자 풀어야 할 가장 중요한
과제다. 반면에 범인류적 연합과 발전의 기회와 성장 가능성이 이
에 내재해 있기도 하다. 이 책은 세계 정치, 경제, 사회 전반에 걸쳐
지대한 영향을 미치는 지구 온난화를 맞이한 우리에게 요구되는
참여 자세와 시각 변화, 관련 대책과 기술, 자금의 역할, 그리고 효
과적인 투자 전략을 쉽고 간결하게 소개한다. 자녀의 미래를 걱정
하는 부모, 자산 가치를 늘리고자 하는 투자자, 지구촌의 일원이라
면 누구나 읽어볼 만한 필독서다.

_ **김형태** ● 변호사, GCF 수석감찰관, 전 UN 사무국 팀장

❖

탄소중립에 따라 에너지 시장 여건이 급변하고 있고, 그 모
습은 전력시장을 중심으로 한 에너지 전반의 섹터커플링이다. 국
내 전력시장도 그간의 화력발전 중심에서 재생에너지, 에너지 저
장, 수소 등을 중심으로 재편을 준비하고 있다. 이 책의 많은 아이
디어와 해외 사례가 미래 전력시장 설계에 큰 도움이 된다.

_ **옥기열** ● 한국전력거래소 시장혁신처장

❖

    탄소중립을 위한 여정은 매우 어렵지만 반드시 가야 하는 우리 시대의 의무다. 특히, 화석연료를 대체할 수 있는 친환경 에너지로의 대전환은 탄소중립을 위해 필수적이다. 안전하고 경제적인 대용량 에너지 저장기술 개발, 효율적이고 경제적인 이산화탄소 제거 기술 등도 앞으로 반드시 개발해야 하는 필수적인 탄소중립 기술들이다. 이러한 기술이 상업화되기까지는 민간과 정부의 지속적인 투자와 정책적 지원이 필요하다. 이 책은 탄소중립 기술을 이해하고 이에 대한 투자에 관심을 갖게 하는 좋은 입문서다.

                         _ 이창근 ◉ 한국신·재생에너지학회장

❖

    현재의 세계 경제는 산업혁명을 거치며 수조 달러의 투자 자본으로 구축되었다. 그런데 이 산업 인프라가 탄소를 배출하여 지구가 끓다 못해 불타는 지경이 되었고, 한 번도 경험해 보지 못한 기후재난을 불러왔다.

    이 책은 경제뿐 아니라 정치, 경제, 사회, 문화 등 모든 영역을 근본적으로 바꾸고 있는 기후변화의 메커니즘을 쉽고 풍부한 사례로 설명해 주고 있다. 읽다 보면 기후변화를 현실적으로 해결하기 위해서는 온실가스를 배출하지 않는 글로벌 경제에 동참하고, ESG 경영원칙을 준수하는 수밖에 없다는 사실을 깨닫게 된다. 시대를 앞서간 전설적인 투자자들은, 일찍이 친환경 기술은 인터넷보다 더 큰 시장이 되고, 세계의 가장 큰 문제인 기후변화 대응이야말로 세계에서 가장 큰 사업 기회라는 것을 투자를 통해 입증해 왔다.

기후재난의 속도와 위용이 과학자들의 예측보다 더 빠르고 거칠어지고 있다. 앞으로 수십 년은 폭염, 폭우, 해수면 상승, 혹한, 산불, 쓰나미와 낯선 바이러스성 질병 등으로 자연의 질서가 깨질 때 얼마나 무서운 재난이 일어날 수 있는지 생생하게 목격하게 될 것이다. 마치 전쟁에 임하듯 적어도 향후 30년 동안은 정부와 기업, 시민사회 각 부문의 협력과 헌신, 그리고 투자가 필요하다. 그래서 이 책의 제목인 『넷제로 투자』는 '기후재난으로부터 우리 스스로를 지키기 위해 정부, 기업, 시민사회가 돈과 시간과 관심과 정책과 모든 에너지를 집중할 투자안내서'의 준말이다.

_ 이미경 ◦ 환경재단 대표

❖

기후변화와 이에 대한 우리의 집단적 대응은 에너지, 운송, 식량 및 농업, 건설, 제조, 소비재 등 우리 삶의 모든 측면과 모든 산업에 영향을 미칠 것이다. 우리는 지금 혼란과 변화, 그리고 기회의 시기에 놓여 있다. 브루스 어셔는 지구를 돕고 부를 창출할 수 있는 투자 환경과 기회에 대한 전문적인 통찰력을 제공한다. 비즈니스 실무자와 MBA 학생 모두 이 책에서 많은 것을 배울 수 있다.

_ 코스티스 마글라라스 ◦ 컬럼비아 경영대학원 학장

❖

이 책은 매우 중요한 주제에 대해 절실히 필요한 책이다. 어서는 기후위기의 해결에서 민간 부문의 중요한 역할을 훌륭하게 포착한다. 『넷제로 투자』는 기후 솔루션 투자에 대한 종합적인 가이드로, 흥미롭고 접근하기 쉽다. 이 분야의 선구자 중 한 명이 쓴 이 책은 이 분야의 모든 사람이 반드시 읽어야 할 책이다.

_ 제이슨 보도프 ● 컬럼비아 기후학교 공동 창립 학장,
글로벌에너지정책센터 소장

❖

기후변화의 복잡성과 그 궤도를 바꿀 수 있는 자본의 힘에 대한 놀라운 통찰을 담았다. 어서는 기후 관련 주요 투자의 기회, 함정, 딜레마에 대해 탄탄한 이해를 제공한다. 우리 시대에 가장 다루기 힘든 문제에 대한 해결책에 관심이 있다면 반드시 읽어야 할 책이다.

_ 자크 페롤드 ● 캡시프트^{CapShift} 공동 설립자 겸 CEO,
피델리티 매니지먼트 & 리서치 컴퍼니 전 사장

❖

점점 더 많은 국가들이 보호주의, 고립주의와 이기주의로 치닫고 있다. 이러한 시점에 이산화탄소 증가로 인한 지구의 위협에 대처하는 것은 글로벌 차원의 해결책이 필요한 절체절명의 과제이다. 브루스 어서는 『넷제로 투자』에서 기후변화의 문제를 명

쾌하게 파헤치고, 왜 글로벌 민간 자본이 그 해결책이 될 수 있으며, 또 되어야 하는지를 설명한다. 모든 투자자는 이 책을 읽고 초과 성과를 창출하면서 동시에 기여할 수 있는 방법에 대한 통찰력을 얻어야 한다. 작금의 위협을 무시하는 것은 그들 자신의 포트폴리오를 심각한 위험에 빠뜨릴 수 있다.

_ 김루 ● 컬럼비아 투자관리회사 사장 겸 CEO

❖

브루스 어셔는 기후변화의 역사를 현재 및 미래와 연결 짓는 특별한 능력을 지니고 있다. 더 중요한 것은 어셔가 어려운 주제를 전문가와 일반인 모두가 즐길 수 있는 지속 가능성에 대한 흥미로운 토론으로 승화시키는 방법을 찾아냈다는 점이다.

『넷제로 투자』는 업계의 방대한 잠재적 솔루션(실용적이면서도 포부 있는)을 제시하는 책으로, 오늘날 가장 포괄적이면서도 이해하기 쉬운 책일 것이다.

_ 벤저민 베이커 ● 그린배커 개발기회펀드 상무이사

❖

기후변화는 금세기 투자자들이 직면한 주요 과제이다. 금융 부문의 친환경화는 너무 갑작스럽게 이루어졌기 때문에 이 중요한 주제를 다루는 책은 아직 찾아보기 힘들다. 기후변화 솔루션의 선구적인 투자자이자 강사인 브루스 어셔의 『넷제로 투자』는 기후변화가 투자자에게 제기하는 모든 도전에 대한 포괄적인 분석을 사용자 친화적인 방식으로 제공한다. 이는 귀중한 참고 자료이며, 나 또한 기후 금융에 관한 수업에 반드시 사용할 것이다.

_ 패트릭 볼튼 ● 컬럼비아 경영대학원 교수, 미국금융협회 전 회장

❣️

이번 가을에 반드시 읽어야 할 10대 비즈니스 서적 중 한 권이다. _《퍼블리셔스 위클리》

❣️

좋은 일을 하면서 동시에 좋은 결과를 얻고자 하는 투자자에게 유용한 자료가 될 책. _《퍼블리셔스 위클리》

❣️

『넷제로 투자』는 다양한 출처에서 얻은 정보를 바탕으로 하고 있으며, 연구 자료가 풍부하고 가독성이 뛰어나다.

_《엔터프라이징 인베스터》

❣️

풍력, 태양광 및 기타 청정에너지의 비용 하락과 경쟁력 상승이 자본가와 기후 모두에게 좋은 소식임을 설명한다.

_《파이낸셜 타임스》

✤

브루스 어셔는 전 세계가 기후변화에 직면한 상황에서 투자자에게 위험과 기회에 대한 필수 가이드를 제공한다. 이 책에서 제시하는 것은 기후변화의 흐름을 바꿀 수 있는 투자자를 위한 실용적이고 실행 가능한 계획이다.

_《예일 클라이메이트 커넥션》

✤

『넷제로 투자』에는 정말 많은 것이 담겨 있다. 학생, 교사, 투자자만이 아니라 투자 또는 기후 변화(또는 두 가지 모두)에 관심이 있는 사람이라면 누구나 이 책을 읽어볼 만하다.

_《테크니컬 커뮤니케이션》

기후변화는 논란의 여지가 많은 주제다. 미국인 두 명 중 한 명 이상이 지구 온난화가 대부분 인간의 활동에 의해 발생한다고 믿으며, 이에 대한 해결방법은 아직 합의되지 않았다.[1] 과학적 사실은 분명하다. 지난 1세기 동안 기온은 $1°C$가량 높아졌으며, 현재의 배출 추세를 고려하면 21세기 말까지 $4\sim6°C$의 온난화(기온상승)가 발생하여 인류에게 재앙과 같은 결과를 초래할 것이다.[2]

　재앙을 피하기 위해 무엇을 해야 하는지도 과학적으로 명확하다. 이상적으로는 2050년까지, 늦어도 2070년까지는 온실가스 배출량을 제로까지 줄여야 한다. 다행히 이를 달성할 수 있는 솔루션들이 있다. 온실가스 배출량의 절반 이상을 줄일 수 있는 상용 솔루션이 이미 존재하며, 나머지를 해결하기 위한 기술도 개발 중이다.[3] 하지만 기후재앙을 피하기 위해서는 전례 없는 속도와 전 세계적 규모로 기후 솔루션을 실행해야 하며, 이를 실행하기 위해서는 엄청난 규모의 자본 투자가 필요하다. 2050년까지 세계 경제를 탈탄소화하고 온난화 경고 한도인 1.5~2°C 이내로 기온 상승을 제한하기 위해 필요한 투자 규모는 약 125조 달러로 추정된다.[4]

이 책에서는 기후변화가 투자자에게 미치는 영향과 기후변화에 대한 대응에서 투자의 역할을 중점적으로 다루고 있다. 배출량을 규제하고 자본에 적절한 인센티브를 제공하는 등 정부의 역할도 중요하지만, 기후 솔루션을 일정 규모와 속도로 추진하기 위해서는 민간 부문의 참여 또한 매우 중요하다.

기후변화는 전 세계적인 문제다. 이 책은 미국의 관점에서 쓰인 책이지만, 다른 나라의 투자자들도 미국과 비슷한 트렌드, 도전, 기회를 경험하게 될 것이며, 이 교훈은 전 세계에 적용될 수 있다.이 책에서 모든 기후 솔루션이나 기술, 투자상품, 기회를 설명하지는 않는다. 한 권에 모두 담아내기에는 너무 방대하기 때문이다.

나는 2002년부터 기후 솔루션에 투자하기 시작했다. 당시만 해도 기후 솔루션은 비싸고 정부 보조금 없이는 경제성이 없었기 때문에, 투자 기회를 찾기가 매우 어려웠다. 20년이 지난 지금은 과거와 상황이 많이 바뀌었다. 기후변화는 훨씬 더 심각해졌고, 이를 해결할 수 있는 시간은 얼마 남지 않았다. 그러나 배출량을 줄이기 위한 기술과 비즈니스 모델도 극적으로 발전했고, 재앙과 같은 기후변화를 피할 수 있는 길을 제시하고 있다. 이 책에서는 그 길을 탐색하는 데에서 투자자의 중요한 역할을 설명할 것이다. 이 책을 쓰면서, 개인과 기관을 막론하고 모든 투자자가 다가오는 변화를 인식하고 자신과 사회 전체의 이익을 위해 행동할 수 있기를 바란다.

1부
모멘텀

* 모멘텀: 동작이나 일련의 사건에 의해 얻어지는 추진력 또는 힘.
─《메리엄 웹스터 사전Merriam-Webster Dictionary》[1]

1장
번영, 그 이면

그림 1.1. 와트의 증기기관

제임스 와트James Watt는 토머스 뉴커먼이 1705년에 발명한 증기기관을 1769년에 개량함으로써 인류 역사의 전환점을 만들었다. 인류는 처음으로 화석연료를 사용하여 기계적 에너지mechanical energy를 얻을 수 있게 되었고, 인간이나 동물이 갖는 태생적인 지구력의 한계를 뛰어넘어 생산성을 향상시킬 수 있었다. 제임스 와트의 증기기관 개량은 제조업에서 인간의 노동력을 대체하고 운송업에서 동물을 대체함으로써 산업혁명을 이끌었으며, 이는 오늘날까지 이어지고 있는 폭발적인 기술 혁신을 촉진하는 계기가 되었다. 공장, 설비, 철도, 선박은 제임스 와트와 그 뒤를 이은 많은 이들이 발명한 기술을 사용하여 설계, 제작되었다. 이를 위해서는 독창성과 인내심 그리고 행운이 필요했다. 물론 막대한 자본도 빠질 수 없었다.

산업혁명은 전 세계의 상품을 생산하고 이를 시장으로 운송하는 인프라를 구축하기 위해 전례 없는 투자 수요를 창출했다. 자본은 영국을 시작으로, 이후 유럽 대륙과 아메리카 대륙에 이르기까지 경제 성장과 번영의 핵심 원동력이 되었다. 산업혁명에 필요한 자본의 대부분을 제공한 은행은 '영국 산업 시대의 기둥'[1]이 되었다. 산업혁명으로 인해 미국에서는 인프라 개발, 특히 거대한 신대륙을 가로지름으로써 무역을 지원할 운하와 철도를 건설하기 위한 많은 재정이 필요했다.

산업혁명에 이어 인류 번영에 매우 중요한(하지만 우리에게는 덜 알려진) 농업혁명이 뒤따랐다. 농업 방식과 농기계의 발전으로 유럽과 미국 전역의 농업 생산성이 향상됨으로써, 기아와 영양실조의 위험이 감소했다. 1910년, 두 명의 독일 화학자가 합성 질소비료를 생산할 수 있는 하버-보슈Haber-Bosch 공법을 발명했다. 하버는 이 공로로 노벨 화학상을 수상했는데, 이는 하버의 발명이 인류에게 얼마나 중요한 것이었는지를 똑똑히 보여준다.[2] 질소비료의 사용은 전 세계적인 농업혁명을 불러왔다. 미국에서는 단위 면적당 옥수수 수확량이 500퍼센트 증가하여, 농부들이 같은 농경지 면적에서 5배나 많은 식량을 얻을 수 있게 되었다.[3] 전 세계적으로 합성질소비료의 사용을 통해 수십 년 사이에 농업 생산량이 2배로 증가했는데, 이는 이전 1만 2,000년 동안 농업 생산량 증가가 더뎠던 것에 비하면 놀라운 성과다.[4] 인류는 이제 식량난을 겪지 않게 되었으며, 이를 통해 전 세계 인구수는 약 7억 명에서 70억 명으로 빠르게 증가했다.[5]

산업혁명과 농업혁명에 힘입어 인류 역사상 처음으로 생산성과 소득이 지속적으로 증가했다. 18세기 이전에는 소수의 지배층을 제외한 모든 사람들이 극심한 빈곤 속에서 살아야 했다. 유럽의 1

인당 실질 국내총생산GDP은 유사 이후부터 서력 1200년까지 하루 3달러가 조금 넘었을 뿐이며, 그로부터 서서히 증가하긴 했지만 제임스 와트가 증기기관을 발명할 무렵에도 고작 하루 6달러밖에 되지 않았다.[6] 산업혁명과 농업혁명은 부유층뿐만 아니라 사회 전체의 급격한 소득 증가로 이어졌다. 21세기에 들어 유럽과 미국의 1인당 실질 GDP는 산업화 이전 시대보다 거의 50배 가까이 증가했다.[7]

건강수준이 나아지고 식량불안이 해소되면서, 한때는 상상할 수 없었던 풍부한 재화와 서비스를 누릴 수 있게 된 인류는 역사상 처음으로 물질적 번영을 이루었다. 하지만 그 이면에는 문제가 한 가지 있었다.

기후변화

산업혁명의 동력은 막대한 양의 석탄을 태워 대기로 이산화탄소를 배출하고 지구를 온난화시키는 화석연료였다. 제임스 와트의 증기기관은 경제성장을 뒷받침한 대부분의 기계설비와 운송수단과 마찬가지로 석탄을 연료로 사용했다. 20세기에 들어서는 자동차, 비행기, 선박의 동력원으로 석유의 중요성이 커졌다. 농업혁명 또한 기후변화의 원인이 되었다. 질소비료를 생산하는 과정에서 많은 온실가스가 배출되었기 때문이다. 인구 증가에 따른 농지 확대는 대규모 산림 벌채로 이어졌고, 이 과정에서 나무에 저장되어 있던 이산화탄소가 대기로 방출되었으며, 산림이 벌채된 땅에 방

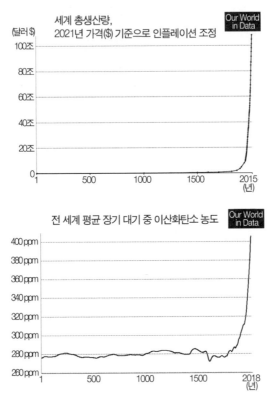

그림 1.2. 지난 2,000년 동안의 세계 GDP 성장률(위쪽)과, 지난 2,000년 동안의 이산화탄소 농도 증가율(아래쪽).

목된 가축들은 소화 과정에서 메탄을 배출했다.

산업혁명과 농업혁명을 통해 전례 없는 수준으로 경제가 성장했고, 전 세계 사람들 대부분의 소득이 획기적으로 증가하여 빈곤과 기아는 감소했다. 그러나 그 과정에서 엄청난 양의 온실가스가 대기 중으로 배출됨으로써, 인간활동에 의한 기후변화가 초래되었다. GDP 성장과 대기 중 이산화탄소 농도 사이의 연관성은 결코 우연이 아니며, 그 사이에는 인과 관계가 존재한다(그림 1.2).

과학자들은 경제성장과 탄소배출 사이의 연관성을 알고 있었으며, 수십 년 동안 각국 정부에 재앙과 같은 기후변화의 위험 증가를 경고해 왔다. 최근 약 1만 4,000명의 기후학자들의 공통된 의견에 따르면, 21세기 말까지 평균 기온이 6°C 상승할 것으로 예상된다.[8] 일부 지역에서는 기온이 훨씬 더 빠르게 상승할 것으로 보이며, 북극은 지구의 평균 기온상승폭보다 최대 3배 정도 빠르게 상승할 것으로 전망된다.[9] 이 글을 읽는 독자가 대부분 아직 살아 있을 것으로 생각되는 2050년이 되면, 지구는 지난 수천만 년 동안 기온이 변해온 것보다 더 빠르게 더워질 것이다.[10]

반드시 해야 할 일

기후학자들은 전 인류적 재앙을 막기 위해 필요한 몇 가지 사항을 명확히 밝히고 있다. 전 세계의 온실가스 배출량을 0으로 줄여야 하고, 이상적으로는 2050년까지 지구 온난화를 1.5°C 이하로 제한해야 하며 늦어도 2070년까지 온도상승을 2°C 이하로 억제해야 한다.[11] 과학에 근거한 넷제로net-zero 목표를 달성하지 못하면 지구의 자연환경에 극적인 변화가 일어날 것이다. 이는 산업혁명과 농업혁명이 가져온 번영을 다시 되돌리고 인류는 해수면 상승, 극심한 기상 이변, 혹독한 폭염과 사투를 벌이게 될 것이다. 지구의 기온이 조금만 상승하더라도 결과는 크게 달라질 수 있다.

NASA의 제임스 한센James Hansen은 1988년 미국 의회에서 정치인들에게 기후변화 위험에 대해 경고한 최초의 과학자다.[12] 이후 수십 년 동안 과학자들은 점점 더 상세하고 정확한 기후변화 예측 자료를 준비했으며, 정부의 정책입안자들을 위한 명확한 완화방안을 제시했다. 안타깝게도 정치지도자들은 이러한 경고가 있음에도 효과적으로 기후변화에 대응하지 못하여, 전 세계 온실가스 배출량이 증가하는 것을 막지 못했다. 기후변화 대응 실패에 대한 책임은 대부분 정치에 있다. 사실 기후변화는 정부가 해결해야 할, 매우 어려운 문제다.

정부의 역할

기후변화는 일종의 부정적 외부효과negative externality다. 외부효과란 재화의 생산이나 소비가 다른 사람에게 해로운 부작용을 일으키는 것을 설명하는 경제학 용어다. 예를 들어 전기를 생산하기 위해 석탄을 태우면 대기 중으로 배출된 이산화탄소가 지구 온난화에 기여한다. 그러나 과거에는 전기를 생산하는 발전회사와 전기를 사용하는 소비자, 그 어느 쪽도 이로 인해 생겨나는 부담을 짊어지지 않았다. 기후변화의 경우, 온실가스 배출과 지구 온난화 사이에는 시차가 존재하기 때문에 부정적인 외부효과를 경험하게 되는 것은 다음 세대의 사람들이다.

부정적 외부효과는 오염 활동을 제한하거나 금지하기 위한 법적 규제 또는 오염을 발생시킨 사람이 오염에 의한 피해 및 복구 비용을 지불하도록 하는 세금과 같은 형태로 정부가 개입함으로써 해결할 수 있다. 대표적인 예로 한때 미국에서 흔히 사용되던 유연휘발유leaded gasoline를 들 수 있다. 휘발유에 납을 첨가하면 자동차 엔진의 성능이 향상되어 운전자의 주행 경험을 개선시킬 수 있었다. 납의 독성은 익히 알려져 있었지만, 건강에 미치는 영향이 나타나는 데는 수년의 시간이 걸렸다. 1926년에 작성된 공중 보건 보고서는 납 중독이 "다른 세대의 문제"라는 결론을 내렸다.[13] 실제로도 그러했다. 1970년대까지 자동차 배기가스로 인한 납 중독은 미국 어린이 수백만 명의 성장과 발달을 지연시키는 등 건강을 해치고 있었다. 이윽고 보건 당국의 강력한 요청에 따라 미국 정부는 유연휘발유를 줄이고 궁극적으로 없애기 위한 규정을 제정함으로써 부정적인 외부효과를 해결했다.[14]

그러나 유연휘발유 문제는 기후변화보다 해결하기 쉬운 문제였다. 부정적 외부효과가 국지적으로, 즉 납을 포함한 배기가스를 배출하는 자동차와 피해를 입은 어린이가 같은 지역사회에 있었으므로 미국 정부의 규제로 문제를 해결할 수 있었기 때문이다. 하지만 기후변화는 완전히 다른 문제다. 배출된 이산화탄소와 기타 온실가스는 지구 대기 중으로 상승하여 지구 전체로 퍼짐으로써 온실효과를 증폭시킨다. 지구상 어디에서든 온실가스를 배출하면, 이는 지구상의 모든 사람들에게 영향을 미친다. 기후변화와 같은 부정적 외부효과를 해결하려면 공유 자원의 경제성에 대한 이해가 필요하다.

공유지의 비극

두 세기 전 영국의 경제학자 윌리엄 포스터 로이드William Forster Lloyd는, 공공(또는 공유) 토지에서 소를 방목할 수 있도록 허용하면 농부들은 소를 최대한 많이 방목하려고 한다는 사실을 발견했다. 로이드는 농부들이 각자의 이익에 따라 행동한다면 공유지는 남용으로 인해 훼손되고 모든 농부가 손해를 볼 것이라고 추측했으며, 개인이 내린 경제적 결정은 결국 공동의 자원을 고갈시키거나 파괴하여 집단에 피해를 끼친다는 결론을 내렸다. 개인은 이런 일이 일어날 것을 알면서도 공동의 공간을 활용하는 것이 최선의 이익이라고 여긴다. 공유지의 비극으로 알려진 이 개념은 기후변화에도 적용할 수 있다. 농부들은 온실가스를 배출하는 지구상의 모든 기업과 개인이며, 공유지는 지구의 대기(환경)이다. 이는 매우 큰 공유지이지만 무한하지는 않다.

정부는 재산권을 통해 공유지의 비극 문제를 해결한다. 방목의 예에서 정부는 단순히 각 농부가 공유지에 방목할 수 있는 소의 수를 제한하거나, 공유지에 끼치는 피해에 상응하는 세금을 소의 숫자에 따라 부과하고 그 세수를 사용하여 피해를 복구할 수 있다. 두 경우 모두 농부의 개별 인센티브의 합은 공동체의 필요와 일치하고 공유지는 보호될 것이다. 기후변화의 경우, 정부는 오염에 책임이 있는 개인과 기업의 행동을 바꾸기 위해 그저 온실가스 배출을 규제하거나 세금을 부과하기만 하면 된다. 하지만 이러한 규제나 세금은 공유지 사용자 모두에게 적용되어야 한다. 기후변화와 관련하여 공유지 사용자는 말 그대로 지구상의 모든 사람들이다. 이 말인즉, 각국 정부가 효과적인 국제적 합의에 도달하기 위해 함께 노력해야 하며, 이것이 상당히 어렵다는 뜻이다.

국제협약으로 기후변화를 해결하려는 시도

1992년, 172개국의 정부 대표자들이 브라질 리우데자네이루에 모여 기후변화에 대응하기 위한 최초의 국제조약을 협의했다. 그 결과 도출된 UN기후변화협약UNFCCC, the United Nations Framework Convention on Climate Change은 후속 협상을 위한 협의체를 만들었다. 1995년부터 정부 협상가들은 매년 만나 온실가스 배출에 대한 국제적 규제를 협상하고 체결하고자 노력했다. 1997년 일본에서 열린 회의에서는 선진국의 온실가스 배출량을 제한하는 교토 의정서 Kyoto Protocol라는, 최초의 구속력 있는 합의가 도출되었다. 하지만 안타깝게도 온실가스 배출량 상한선에 동의했던 국가들은 이후 이를 철회했고, 이 협정은 기후변화에 거의 영향을 미치지 못한 채 2012년에 만료되었다. 몇 차례의 실패가 있고 나서 2015년, 각국의 대표들은 새로운 협정인 파리 협정Paris Agreement에 합의했고, 많은 찬사를 받았다.

기후변화를 해결하기 위한 파리 협정에는 195개국이 서명했다. 전 세계 탄소배출량의 90퍼센트 이상을 배출한 책임이 있는 국가들은 각국의 배출량을 억제하기 위해 감축안을 제출하기로 합의했다. 파리 협정은 마침내 지구상의 거의 모든 국가가 기후변화라는 거대한 공유지의 비극을 해결하기 위한 하나의 공동 계획에 참여하게 되었다는 찬사를 받았다. 당시 미국 대통령 오바마는 "역사는 이 협정을 지구를 위한 전환점으로 평가할 것"이라고 선언했다.[15]

그러나 파리 협정은 배출량을 제한하지도, 목표를 달성하지 못한 국가에 불이익을 주지도 못했다. 각 국가가 배출량을 얼마나 줄여야 하는지에 대한 구체적인 요건도, 각 국가가 설정한 목표에 대한 법적 구속력이 없었다. 파리 협정이 체결된 이후로도 수년 동안 전 세계 온실가스 배출량은 지속적으로 증가했다. 협정 체결 전인 2014년에 53 Gt CO_2e Gigatons of Carbon Dioxide equivalent(연료의 사용량/순발열량, 배출계수 및 지구온난화지수 등을 고려한 이산화탄소 등가 배출량)이 배출되었는데,[16] 2019년에는 59 Gt CO_2e 이상으로 배출량이 증가했다.[17] 2020년에는 처음으로 배출량이 감소했는데, 이는 세계적인 코로나19 팬데믹으로 인해 여행과 경제활동이 제한되었기 때문이다. UN은 "이러한 경제적 혼란이 역사적으로 인류의 활동에 의하여 꾸준히 증가해 온 지구 온난화에 대한 부담을 잠시 늦추긴 했지만, 제거되었다고 하기에는 요원하다"라고 지적했다.[18]

투자자 반응

투자자들은 기후변화를 완화하고 이에 적응하기 위해 자본을 어디에 어떻게 배분할 것인지에 대한 방향을 국제협약에서 찾고 있다. 이는 당연한 일이다. 기후변화의 근본적인 문제인 공유지의 비극이, 역사적으로 투자 자본을 유도하는 정부 규제로 해결되어 왔기 때문이다. 하지만 기후변화의 경우, 명확하고 구속력 있는 정책이 부재했기 때문에 기업과 투자자의 장기적인 자본 투자가 거의 불가능했다. 정치적 변화는 안정성 부족에 더욱 기여했는데, 일례로 미국 대통령이 국제 기후 협약에 가입하고 그 후속 행정부가 일방적으로 탈퇴하는 것을 두 번이나 지켜볼 수밖에 없었다.

각국 정부는 1997년과 2015년의 역사적인 협정을 포함하여 30년 이상 국제 협상을 통해 기후변화에 대응하기 위해 노력해 왔지만 효과는 없었다. 기후변화라는 공유지의 비극을 해결하기 위해서는 국가 간의 전 세계적 합의가 필요한데, 정치적으로 분열된 세계에서 이는 거의 이루어질 수 없었다. 안정적인 기후 정책이 부재했기에 대부분의 기업가나 투자자는 매우 신중한 자세를 취해왔으며, 불행하게도 결국 아무것도 하지 않았다. 다행히 지금은 빠르게 상황이 변하고 있다.

전환점

2021년, 비즈니스 리더들은 방향을 전환하여 기후변화에 대응하기 위한 계획을 발표했다. 세계 최대 기업을 포함한 3,000개 이상의 기업이 온실가스 순배출 제로, 즉 넷제로로 이행하는 데 합의했고, 이를 위해 과학적인 목표에 따라서 신속하고 지속적으로 온실가스 배출량을 감축해 나가기로 했다. 이에 투자자들은 열렬한 지지로 답했다.

2021년 기후 협상 연례 회의에서 금융계는 온실가스 배출량을 0으로 줄이기 위해 노력하는 450개 금융회사의 글로벌 연합 '글래스고 넷제로 금융동맹Glasgow Financial Alliance for Net Zero'의 결성을 발표했다.[19] 연합이 관리하는 총자산은 130조 달러 이상이다. 이 약속은 명시적으로 2015년 파리 협정을 기반으로 하며, 정책에 구속력이 없는 경우에도 국제 협정이 기업에게 체계framework를 제공할 수 있다는 것을 보여주었다. 《월스트리트 저널》은 "글래스고에서 열린 COP26에서 비즈니스가 게임 체인저가 되다"라는 제목으로 이번 회의의 취지를 요약했다.[20] 비즈니스 리더와 투자자들이 마침내 배출량을 줄이고 기후변화에 대처하기 위한 계획에 정부와 함께 동참하고 있다.

민간 부문이 정부와 협력하고 경우에 따라서는 정부보다 앞서서 새로운 방향을 제시하자, 많은 사람들이 놀라움을 보이는 동시에 회의적인 반응도 있었다. 그러나 사실 이러한 전환점에는 매우 타당한 이유가 있다. 산업혁명이 산업자본 형성에 박차를 가했던 것처럼, 전 세계적인 몇 가지 트렌드가 기후 솔루션에 대한 자본의 신속하고 지속적인 흐름을 이끌고 있다. 바야흐로, 기후변화 시대에 대한 투자가 시작되었다.

2장
기후변화 시대에 대한 투자

"우리 집에 불이 난 것처럼 행동해 주셨으면 좋겠어요.
실제로 불이 났으니까요."

그림 2.1. 그레타 툰베리Greta Thunberg, 기후 운동가

기후 과학자들은 온실가스 배출을 줄이기 위한 투자의 필요성에 대해 경종을 울리고 있다. 그러나 지금까지의 투자자들은 기후변화를 완화하려면 집단행동이 필요하다는 이유로, 기후변화에 대응하기 위한 자본을 투입하는 데 소극적이었다. 다행히도 지구를 위한 최근의 추세는 금융 리더들이 마침내 행동에 나서도록 유도하고 있다. 이러한 추세와 이것이 투자자들에 끼칠 영향을 이해하는 것이 기후변화 시대에 투자하기 위한 첫걸음이다.

트렌드 1: 물리적 리스크

투자자들이 자본을 투입할 때는 안정적인 기후와 예측 가능한 미래를 전제로 한다. 오늘날 지구의 급격한 온난화로 인해 불확실성이 높아지면서 금융 수익은 위기에 처해 있다. 기후변화의 물리적 영향은 이미 미국 전역에서 나타난다. 2021년 한 해 동안 캘리포니아에서는 엄청난 산불이 발생했고, 텍사스에서는 여러 차례 허리케인이, 플로리다에서는 잦은 홍수가, 오레곤에서는 극심한 폭염이 발생하여 주택, 기업, 심지어 지역사회 전체가 파괴되었다. 투자자들은 기후변화의 물리적 영향이 금융자산을 큰 위험에 빠뜨리고 있다는 사실을 알아가고 있다.

투자자의 첫 번째 리스크는 기후변화에 따른 영향이 비선형적이라는 것이다. 자산 가치는 처음에는 기후변화에 영향을 받지 않지만, 기후변화가 임계점에 도달하면 빠르게 붕괴될 수 있다. 예를 들어 건물은 특정 수위까지 홍수에 안전하게 견딜 수 있도록 설계되는데, 특정 수위 이하에서는 안전에 영향을 거의 받지 않는다. 그러나 특정 수위를 넘어가는 경우 막대한 피해가 발생하기 시작한다. 마찬가지로 농작물 수확량도 약간의 온도 변화에 따라 조금씩 감소하다가 임계점에 도달하면 수확에 완전히 실패한다.

투자자의 두 번째 리스크는 타이밍에 있다. 해수면 상승, 폭풍, 가뭄, 폭염 등 기후변화로 인한 물리적 리스크는 대부분 수십 년 후에 발생할 가능성이 높다. 하지만 그렇다고 현재의 자산 가치가 영향을 받지 않는다는 의미는 아니다. 투자는 자산의 수명 기간 동안 현금 흐름을 예측하고 할인율Discount rate을 적용하여 가치를 평가한다. 미래 현금 흐름에 영향을 미칠 수 있는 물리적 변화는 불확실성의 척도인 할인율(투자 수익률)을 높인다. 기후변화의 시대에 투자자는 물리적 변화로 인한 위험요소를 더 많이 고려하고 그에 따라 미래 현금 흐름을 할인해야 한다.

기후변화의 물리적 리스크는 자산 가치와 투자 수익률에 영향을 미치는 가장 확실한 추세다. 이에 대해서는 10장에서 더 자세히 설명하고자 한다. 기후변화의 물리적 리스크에 대한 추세에 비하면 다른 추세들은 더욱 예측하기 어렵지만 투자자에게는 물리적 리스크 못지않게 중요하다.

트렌드 2: 기술 혁신

기후변화 시대의 두 번째 경향은 저탄소 기술들의 빠른 혁신에 있으며, 투자자의 관점에서 볼 때 이것은 가장 중요한 추세이다. 예를 들어, 태양광 및 풍력 발전은 첨단 기술의 도입을 통해 화석연료 사용량을 줄이고 경쟁자가 파산할 수 있는 수준까지 에너지 비용을 낮추고 있다. 미국에서는 2020년에 사상 처음으로 재생에너지가 석탄보다 전력을 더 많이 생산했으며, 한 해 동안 미국 내 석탄 회사 다섯 곳이 파산 신청을 했다.[1] 심지어는 (화석연료 산업의) 가장 큰 기업들조차도 어려움을 겪고 있다. 다우존스 산업 지수Dow Jones Industrial Market의 최장수 멤버였던 엑슨모빌ExxonMobile도 시장 가치 하락으로 인해 지수에서 퇴출되었다.[2] 미국의 화석연료 산업은 거의 300년 만에 더 저렴하고 깨끗한 기술들로 대체되고 있다.

자동차 업계에서 최신 전기차는 더 빠른 가속, 더 나은 승차감, 더 낮은 운영 비용을 바탕으로 기존 가솔린 자동차보다 경쟁(비교) 우위에 있다. 테슬라Tesla는 혁신적인 배터리 기술과 소프트웨어를 접목한 최초의 현대식 전기차 회사이다. 놀랍게도 테슬라는 GM, 폭스바겐Volkswagen, 도요타Toyota를 제치고 세계에서 가장 가치가 큰 자동차 회사가 되었다.[3] 한 기업의 기술혁신은 전체 산업을 뒤흔들었고, 전통적인 자동차 회사들은 뒤쫓아 가기 위해 안간힘을 쓰고 있다.

아마 가장 놀라운 기술 혁신은 식품과 농업 분야에서 일어나고 있을 것이다. 대체육meat substitutes 소비는 인류 문명이 시작된 이래로 존재해 온 산업을 위협하고 있다. 투자자들은 이러한 파괴적 혁신이 산업 전체를 뒤흔들 잠재력을 주시하고 있다. 식물성 대체육을 생산하는 선도적 기업인 비욘드 미트Beyond Meat는 2000년 이후 가장 성공적인 기업공개IPO, initial Public Offering를 달성했으며, 주식 거래가 시작되기도 전에 가치가 2배 이상 상승했다.[4]

기업은 항상 경쟁업체의 기술 혁신에 따른 위험에 직면해 있다. 오늘날 전력, 운송, 식품 분야의 혁신 기업들은 기후변화에 대응하는 동시에 소비자에게 우수한 제품을 제공함으로써 빠른 성장을 경험하고 있다. 투자자들은 과거 제임스 와트와 산업혁명을 이끈 발명가들에게 투자했던 것처럼, 이 혁신 기업들에게 성장 자본을 제공함으로써 이러한 경향을 뒷받침한다. 그 결과 영민한 기업가들이 기존 산업에 도전하게 되었고 자산 가치에 지각 변동이 일어나고 있다. 이 책 2부에서는 이러한 기술들에 대해 좀 더 자세히 살펴볼 것이다.

트렌드 3: 진화하는 사회적 규범

스웨덴의 고등학생 그레타 툰베리Greta Thunberg(그림 2.1)는 소셜

미디어를 통해 기후변화에 대한 태도를 근본적으로 바꿀 것을 주도하여, 기후변화에 대응하는 젊은이들의 전 지구적 행동 대표주자가 되었다. 미국의 부유층을 대상으로 하는 경제잡지《포브스Forbes》에서도 "그레타 툰베리의 최근 기후변화 트윗이 전적으로 옳은 이유"라는 제목의 기사를 게재했다. 《포브스》는 툰베리와 그녀의 집회에 참석한 수백만 명의 사람들이 자본의 흐름에 영향을 미치는 세 번째 트렌드인 진화하는 사회적 규범을 대표한다고 보도한 바 있다.

많은 미국인들은 오랫동안 기후변화에 대해 회의적인 시각을 가지고 있었다. 2012년에는 지구 온난화를 의회의 최우선 과제로 삼아야 한다는 응답이 25퍼센트밖에 되지 않아 정부 조치에 대한 지지율이 최저치를 기록했다. 그러나 이는 주로 Z세대와 밀레니엄 세대의 우려로 인해 크게 변화했다. 2020년까지 설문조사에 참여한 미국인 중 기후변화가 의회의 최우선 과제가 되어야 한다는 응답이 52퍼센트였으며,[5] 미국 젊은이들 사이에서 기후 운동에 대한 지지는 기성세대에 비해 훨씬 더 강했다.[6]

젊은이들은 종종 이상주의적이다. 하지만 이들의 이상주의는 이전에는 볼 수 없었던 방식으로 기업과 투자자에게 영향을 미치고 있다. 경쟁이 치열한 노동 시장에서 고용주는 지속 가능성이 구직자에게 중요한 가치이며, 경쟁이 치열한 분야에서는 소비자에게도 중요하다는 사실을 깨닫고 있다. 젊은 미국인들은 기후변화에 대응하는 기업에서 일하고, 그 기업의 제품을 구매하는 것을 선호한다.

오늘날 핵심 세대인 젊은 미국인들은 투자를 통해 다른 방식으로 변화를 일으키고 있다. 이 젊은 미국인들은 베이비 붐 세대의 은퇴와 함께 약 30조 달러에 달하는 역사상 최대 규모의 부를 물려받을 것으로 예상된다. 연구에 따르면 이들 중 86퍼센트가 지속 가능한 투자에 관심이 있으며, 이는 모든 세대 투자자들의 사회 규범이 극적인 속도로 변화하고 있음을 보여준다.[7]

사회적 규범의 진화는 미국 전역의 기업들이 온실가스 배출량을 줄이겠다고 약속하는 등 기업의 행동에도 변화를 가져오고 있다. 아마존Amazon은 넷제로를 약속했으며,[8] 애플Apple, 포드Ford, 스타벅스Starbucks 등 수십 개의 다른 주요 기업들도 약속했다.[9] 마이크로소프트Microsoft는 한 걸음 더 나아가 창립 이래 배출한 모든 탄소를 제거하기로 약속했다.[10] 이 책 3부에서 설명하는 것처럼, 기업들이 경쟁 우위를 확보하기 위한 행동을 취하는 것이다.

진화하는 사회적 규범은 기후변화에 대한 개인과 기업의 행동을 변화시키고 있다. 또한 연방 정부, 주 정부 등의 대응 수준도 강제하고 있다.

트렌드 4: 정부의 행동

기후변화의 물리적 효과에 대한 인식 확대는 진화하는 사회 규범과 함께 마침내 유권자들이 정부를 움직이게 하는 데 영향을 미치고 있다. 국제 기후변화 협약이 온실가스 증가를 막는 데 실패했지만, 각국 정부와 지방 정부는 온실가스 감축을 목표로 다양한 이니셔티브를 시행하고 있다. 미국을 포함한 100개 이상의 국가가

자발적으로 넷제로 배출목표를 설정했거나 고려하고 있다.[11][12]

미국에서는 많은 주 및 지방 정부가 연방 정부보다 앞서서 적극적인 규제와 인센티브를 추진하고 있다. 예를 들어 뉴욕주는 21세기 중반까지 지역 내에서 배출되는 모든 온실가스 배출을 없애기로 했으며, 재생에너지에 대한 인센티브를 통해 개발자들이 미국 최대 규모의 해상풍력 단지를 건설하도록 유도하고 있다. 캘리포니아는 2045년까지 100퍼센트 청정에너지 사용을 계획하고 있으며, 미국 내 다른 14개 주에서도 청정에너지로 완전히 전환하기 위한 법률 제정 또는 행정 조치가 통과되었다. 텍사스, 아이오와, 몬테나 및 공화당 의회가 있는 기타 여러 주를 포함한 30개 주에서 RPS Renewable Portfolio Standards를 만들었으며, 주 이니셔티브state initiatives 가 재생에너지 발전량 성장의 절반을 담당하고 있다.[13]

정치인들은 일반적인 정책이라도 오래 지속하면 기업의 행동을 장려하고 투자자들을 실행하게 함으로써 저렴한 비용으로 배출량을 줄일 수 있다는 사실을 깨달았다. 나아가, 기후 솔루션에 전념하는 기업과 투자자는 정부 관계자들이 정책 지원을 가속화할 수 있도록 지원하고 있다. 이러한 방식으로 정치인과 비즈니스 리더들은 서로 협력했다. 구속력 있는 국제협약이 없더라도 온실가스 배출을 실질적으로 줄이는 정책을 만들어 갈 수 있음을 알게 된 것이다.

1992년 리우데자네이루에서 최초의 국제협약이 체결된 이후 기후변화에 대응하기 위한 정부 조치는 일관적이지 않고 매우 불안정했다. 이러한 험난한 여정 속에서도 국가, 주, 지방 정부 차원에서 점점 더 야심차게 추진되는 것을 볼 때, 기후변화에 대처하기 위한 정부 정책이 전반적인 추세가 된 것은 분명하다. 각국 정부는 온실가스 배출을 줄이는 기업과 프로젝트에 더 많은 재정적·규제적 인센티브를 제공하고 있으며, 그렇지 않은 기업에는 더 큰 페널티를 부과하고 있다.

투자자에게 영향을 미치는 트렌드의 융합

기후변화는 전 지구적인 '공유지의 비극'으로, 이상적인 세상에서는 온실가스 배출을 없애기 위한 구속력 있는 국제협약을 통해 해결 가능할 것이다. 그러나 지금까지 그런 일은 일어나지 않았고, 앞으로도 기후 문제를 해결할 수 있을 만큼 빠르게 진전되지 않을 가능성이 크다. 그 대신 여러 가지 트렌드가 융합되면서 자본이 화석연료 및 기타 공해 산업에서 벗어나 기후 솔루션을 구현하는 기업과 프로젝트로 몰리고 있다.

이러한 추세는 가속화하고 있으며, 파국적인 기후변화를 피하기 위해 남은 최선이자 거의 유일한 기회를 제공하고 있다. 투자자에게는 자신의 재정적 이익과 기후 솔루션에 대한 자금 투자를 통해 얻을 수 있는 더 큰 이익과 이러한 트렌드의 영향을 이해할 책임이 있다. 기후변화와 마찬가지로 이러한 트렌드는 발전 속도가 느리고 이해도가 낮지만, 투자자의 움직임이 점점 더 가시화되고 있다. 헤밍웨이의 유명한 말처럼, 부는 "천천히 그러다 갑자기" 생기고 사라진다.[14]

3장
모멘텀

"가까운 미래에, 그리고 대부분의 사람들이 예상하는 것보다 더 빨리,
자본의 상당한 재분배가 이루어질 것입니다."

그림 3.1. 래리 핑크, 블랙락의 설립자, 회장 겸 CEO

과학자, 학자, 정책입안자들은 30년 이상 기후변화를 연구해 왔다. 하지만 금융계에서는 최근까지도 이 문제를 탐구하는 투자자는 아주 소수였으며, 기후변화를 염두에 두고 자본을 배분하는 투자자는 더욱 적었다. 전 세계 자산의 대부분을 관리하는 전통적인 기관 투자자들은 기후변화가 투자 리스크와 수익에 어떤 영향을 미치는지를 인식하는 데 소극적이었다. 하지만 상황이 빠르게 변화하고 있다.

세계 최대 투자운용사인 블랙락BlackRock의 설립자이자 CEO인 래리 핑크Larry Fink(그림 3.1)는 2020년에 기후변화의 리스크를 무시하는 기업들을 대상으로 "자본의 상당한 재분배가 있을 것"이라는 내용의 서신을 발송했다. 핑크는 서한을 통해 다음과 같은 말을 남겼다. "기후변화는 기업의 장기예측에 결정적인 요소가 되었습니다. (…) 저는 우리가 근본적으로 재편되는 금융의 최전선에 있다고 믿습니다."[1] 블랙락의 발표는 물리적 환경의 변화, 저탄소 기술의 혁신, 사회 규범의 변화, 정부 정책의 확대 등 전 세계 투자자들에게 영향을 미치는 체계적인 기후 트렌드를 인식한 것이지, 순전히 사회적 책임이라는 개념에 따른 것이 아니었다.

금융 부문에서 기후변화가 투자자에게 미치는 영향을 인식한 기업은 블랙록만이 아니다. 골드만 삭스Goldman Sachs는 "기후변화에 대해 단순히 행동이 시급할 뿐만 아니라 이를 위한 강력한 비즈니스 및 투자 사례도 있다"[2]라고 발표하면서 기후변화 문제에 대응하는 기업에 7,500억 달러를 투자할 계획을 세웠다. 공공 펀드 투자 연기금이자 캘퍼스CalPERS의 CEO인 마시 프로스트Marcie Frost는 "3,880억 달러 규모의 포트폴리오에 기후 리스크를 통합하고 있다"라고 선언했다.[3] 헤지펀드 매니저들도 이 문제를 인식하고 있다. 2019년 세계에서 가장 수익성이 높은 대형 헤지펀드인 TCI(자산 규모 300억 달러)의 설립자 겸 CEO인 크리스 혼Chris Hohn은 기후변화 문제에 대한 자신의 입장을 다음과 같이 명확히 밝혔다. "투자자들은 배출량을 제대로 규제할 의지가 없거나 규제할 능력이 없는 규제 당국을 기다릴 필요가 없습니다. 투자자에게는 힘이 있으며, 이를 사용해야 합니다."[4]

기후변화로 인해 위험에 처한 공해산업 부문에서 기후 솔루션을 갖춘 기업과 프로젝트로 자본이 이동하면서 투자의 흐름이 바뀌고 있다. 투자규모는 어마어마하다. 저탄소 솔루션에 투자하는 규모는 전 세계에서 125조 달러에 달할 것으로 예측되며, 이 중 70퍼센트가 민간 부문에서 조달될 것으로 보인다.[5] 성공적인 투자자들은 이에 대응하여 전략을 조정하고 있다.

투자의사결정은 기후변화를 완화하고 미래의 인류적응 능력에 매우 큰 영향을 미친다. 투자 자본의 흐름은 온실가스 배출의 궤적을 바꾸고 기후변화를 늦추며 미래에 큰 영향을 미칠 것이다. 이 책에서는 특정 기술, 투자상품, 금융시장 부문의 모멘텀을 설명하고자 한다. 2부에서는 현재에서 멀지 않은 미래에 상용화될 기술과 비즈니스 모델인 기후 솔루션에 대해 서술한다. 3부에서는 기후변화 시대에 투자자들이 사용하는 전략을 설명할 것이다. 4부와 5부에서는 위에서 설명한 추세에 따른 투자자의 기회와 도전 과제를 실물자산과 금융자산을 중심으로 살펴볼 예정이다. 6부에서는 투자 타이밍, 모범 사례, 투자가 중요한 이유에 대한 논의로 마무리할 것이다.

2부
기후변화 솔루션

기후변화는 제거될 수 없다. 온실가스 배출량을 즉시 0으로 줄인다고 해도 이미 배출된 대기 중 온실가스는 향후 수십 년 동안 지구를 계속 따뜻하게 할 것이다. 하지만 지구가 1.5~2.0℃ 이상 따뜻해지는 치명적인 기후변화는 피할 수 있다. 이를 위해서는 전 세계적으로 전례 없는 온실가스 배출량 감축이 필요하며, 2050년까지는 0에 가깝게 감축해야 한다.[1] 지난 250년 동안 배출량이 지속적으로 증가해 왔기 때문에 이를 역전시켜 30년 이내에 0으로 감소시키는 것이 어쩌면 불가능해 보일 수 있다. 하지만, 사실 기술적으로나 경제적으로 가능하다.

적은 비용으로 온실가스 배출을 획기적으로 줄일 수 있는 기후 솔루션은 이미 존재한다. 골드만 삭스는 현재 있는 기술을 사용하여 연간 1조 달러의 비용을 통해 전체 온실가스의 절반 이상을 제거할 수 있다고 추정했다.[2] 이는 엄청난 숫자인 것 같지만 오늘날 전 세계 GDP의 1퍼센트에 지나지 않는다.[3] 중요한 것은 이러한 기후 솔루션이 상업적이기 때문에 기업들이 현재 대규모로 구현할 수 있다는 점이다.

기후변화 시대에 투자하려면 투자 전략을 고려하기 전에 기후변화 솔루션에 대한 이해가 필요하다. 2부에서는 기존에 존재해 왔고, 확장 가능하며, 상업적인 기후 솔루션만을 다루려고 한다. 이는 기후변화에 대처하는 다른 솔루션을 무시해야 한다거나 상용화가 불가능함을 의미하지 않는다. 그 대신 주어진 투자 비용 내에서 가장 짧은 시간 안에 가장 많은 양의 온실가스 배출을 줄이는 기후 솔루션에 초점을 맞춰야 한다. 2부에서 설명하는 기후 솔루션들이 정확하게 바로 그 역할을 할 것이다.

4장
재생에너지

"저는 태양과 태양에너지에 돈을 걸고 싶습니다. 엄청난 동력원이니까요!
석유와 석탄이 고갈될 때까지 기다릴 필요가 없기를 바랍니다."

그림 4.1. 토머스 에디슨

태양에너지

태양으로부터 에너지를 얻는 것은 한 세기 이상 과학자와 엔지니어들의 목표였다.[1] 당대 최고의 발명가 토머스 에디슨Thomas Edison은 90분 동안 지구에 공급되는 햇빛의 에너지량이 당시 지구상 모든 사람들의 1년치 에너지 소비량과 맞먹는다는 사실에 매료되어, 태양의 힘을 활용할 수 있는 방법을 찾고자 했다.[2] 태양에너지에 관한 이론은 1921년 알베르트 아인슈타인Albert Einstein에 의해 알려졌으며, 아인슈타인은 '광전효과photoelectric effect'의 발견으로 노벨 물리학상을 수상했다.[3] 이후 도전과제는 태양의 잠재력을 실용적인 상업용 제품으로 전환하는 것이었다. 한 세기가 지난 지금, 에디슨의 선견지명과 아인슈타인의 탁월함이 모두 옳았음이 입증되었으며 태양에너지는 전 세계 전력산업을 지배하는 단계에 이르렀다.

태양에너지의 초기 응용 분야

태양에너지가 최초로 실용화된 것은 1958년 미국이 발사한 뱅가드Vanguard 1호 위성이었다. 태양광 패널의 시작은 성공적이었다. 위성의 기존 배터리 수명이 20일밖에 되지 않던 것에 비해 훨씬 더 긴 7년 동안 지속적으로 작동했기 때문이다.[4] 그 후 NASA는 위성과 우주선 모두에 태양광 패널을 사용하게 되었다. 이렇게 태양광 패널은 우주 임무에서 활발하게 사용되었지만, 지구에서 여러 가지 용도로 사용하기에는 너무 비싸다고 여겨졌다.

태양에너지는 우주산업부터 전력 공급이 어려운 극지방, 시추장비, 외딴 섬(독립형 전력망)에 이르기까지 느리지만 확실하게 확산되었다. 1970년대 후반의 에너지 위기는 기업이 더 낮은 비용으로 더 나은 성능의 태양광 패널을 개발하도록 장려했다. 하지만 태양에너지 부문의 성장은 더디게 진행되었다. 20세기 말까지 전 세계에 설치된 태양에너지 발전 시스템의 총용량은 1GW에 지나지 않았는데, 이는 석탄 또는 천연가스 화력발전소 1기에서 생산할 수 있는 전력량과 맞먹는 수준이었다. 태양으로부터 전기를 생산하는 것은 일부 틈새시장에 한정되었는데 그것은 아주 단순한 이유 때문이었다. 바로 '비용'이다.

전기의 경제성

전기는 상품commodity이다. 석탄 화력발전소에서 생산된 전기나 태양광 패널에서 생산된 전기는 동일하다. 따라서 다양한 발전 전원 간의 주된 차별화 요소는 비용이며, 가장 경제적인 발전원이 선호된다.

다양한 발전원의 비용을 비교하는 것은 어려운 일이다. 석탄 화력발전소는 건설 비용이 상대적으로 저렴하지만 전기를 생산하기 위해서는 엄청난 양의 석탄이 필요하다. 태양광 발전소는 석탄 화력발전소보다 건설 비용이 더 비싸지만 태양의 연료비가 무료이기 때문에 운영 비용이 저렴하다. 이처럼 서로 다른 특징을 갖는 발전원의 경제성을 어떻게 하면 서로 비교할 수 있을까?

이 질문은 다양한 발전원의 전력생산 비용을 비교하는 표준지표인 균등화 발전 비용LCOE, Levelized Cost Of Electricity 계산식을 사용하면 해결 가능하다. LCOE는 전력생산 비용에 대한 '애플 투 애플 apple to apple'(동일선상) 비교를 제시한다. 발전소의 LCOE는 발전소 건설 및 운영 비용과 연료조달 비용을 발전소 수명 기간 동안의 전력 생산량 예측치로 나눈 값으로, 발전소에 투자하는 데 필요한 자본 비용으로 할인한 값이다.

LCOE는 발전소의 기대 수명(일반적으로 20~40년)에 대하여 계산되며, 생산된 전기의 메가와트시MWh당 달러($/MWh), 또는 킬로와트시kWh당 달러($/kWh)로 표시된다. LCOE를 사용하면 동일한 지표를 사용하여 다양한 발전 전원과 비용을 비교할 수 있다.

태양광 발전의 경제성

태양광으로 전기를 생산하는 데 필요한 원자재는 풍부하고 저렴하게 구할 수 있다. 하지만 제조 공정이 복잡하고 비용이 많이 든다. 태양광PV, Photovoltaic 시스템은 태양전지 패널 또는 모듈로 구성되며, 각 모듈에는 많은 태양전지가 포함되어 있다. 빛으로부터 전기를 생성하는 태양 에너지는 태양전지가 반도체 재료를 사용하여 빛을 전기로 변환할 때 발생한다. 대부분의 태양전지에서 사용하는 반도체는 지구상에서 가장 풍부한 물질이자 컴퓨터 칩에 사용되는 것과 동일한 물질인 실리콘이다. 빛이 실리콘 반도체에 흡수되면 광자 에너지가 전자를 이동시키고, 이 전자는 전선을 따라 태양전지를 통해 전류로 흐른다. 태양전지에 도달하는 모든 햇빛이 전기로 변환되는 것은 아니다. 변환 효율은 에너지 변환 장치의 출력과 입력 간의 비율에 따른다. 대부분의 상업용 태양광 패널의 변환 효율은 약 20퍼센트이다.[5]

태양광 패널의 제조 비용은 와트당 달러($/W)로 측정된다. 태양광 산업 초창기 NASA에서 우주선에 태양광 패널을 우선적으로 사용했을 때, 와트당 제조 비용은 100달러가 넘었다. 하지만 2000년에는 그 수치가 5달러로 비용이 크게 감소했다.[6] 이마저도 틈새시장을 제외하고는 태양광 발전이 다른 발전원들과 경쟁할 수 있을 만큼 LCOE가 낮지 않았다. 그러나 태양광 패널의 가격이 하락할 때마다 적용 가능한 틈새시장이 확대되었고 태양광 패널 생산량이 증가했다.

태양광 패널의 생산량이 증가하면서 원가가 더욱 감소하는 선순환 구조가 생겼다. 2020년까지 태양광 PV 패널 제조 비용은 0.25달러 아래로 급락하여 겨우 20년 만에 95퍼센트의 비용절감이 이루어졌다.[7] 패널 가격의 하락과 함께 태양광 패널로 생산된 전력의 LCOE가 현저하게 감소했고, 화석연료 등 다른 발전 전원과 경쟁력이 생겼다.[8] 이러한 변화의 핵심에는 학습곡선이 있었다.

태양광 발전에 적용된 학습곡선

생산량이 증가함에 따라 비용이 감소하는 과정을 학습곡선Learning Curve이라고 하며, 이는 태양광 발전의 성장에 중요한 의미를 갖는 경제 개념이다. 학습곡선 기본 이론의 전제는 경험의 증가를 통해 성능이나 비용을 지속적으로 개선할 수 있다는 것이다. 무어의 법칙Moore's law은 가장 잘 알려진 학습곡선의 적용 사례이다. 인텔의 공동 창립자인 고든 무어Gordon Moore는 컴퓨터 칩의 용량이 2년마다 2배씩 증가하여 40퍼센트의 학습곡선을 보일 것이라고 예측했으며, 이 예측은 50년 동안 거의 맞아떨어졌다.[9] 중요한 것은 재생에너지의 발전에 적용되는 학습곡선이 어떤 변수와 연관되어 있는가이다. 태양광 발전의 학습곡선은 무어의 법칙과 같이 시간이 아니라, 누적된 생산량과 연관되어 있다. 즉, 시간은 생산량 대비 기술개선의 속도를 보여주는 방법일 뿐이며, 이러한 개선에 걸리는 시간은 중요하지 않다는 것이 핵심이다. 태양광 발전에 적용되는 학습곡선은 생산량이 증가함에 따라 패널 비용을 절감할 수 있는 태양광 산업의 능력을 측정한다. 학습곡선은 누적 생산량이 2배가 될 때마다 가격이 하락하는 비율로 계산된다. 태양광 패널 제조업체인 선파워 코퍼레이션SunPower Corporation의 설립

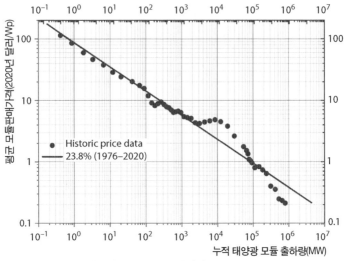

그림 4.2. 태양광 패널의 학습곡선(스완슨의 법칙)

MW = megawatts,

Wp = watt peak, 태양광패널이 발전할 수 있는 최대 전기용량.

자인 리처드 스완슨Richard Swanson은 누적 생산량이 2배 증가할 때마다 태양광 패널 생산 비용이 약 20퍼센트씩 감소하는 것을 관찰했다.[10] 이 관찰의 결과는 스완슨의 법칙으로 알려지게 되었다(그림 4.2).[11]

여러 학술 연구에서 태양광 발전 시스템의 학습곡선이 평균 23.8퍼센트를 나타냈기 때문에 스완슨의 법칙이 상당히 정확한 것으로 확인되었다.[12] 이러한 연구들은 규모의 경제, 변환 효율 개선, 제조 공정의 발전 등 여러 가지 이유로 태양광 발전 시스템에서 학습곡선이 잘 작동하는 것으로 나타났다. 스완슨의 법칙은 태양광 에너지의 LCOE에 중요한 시사점을 제공한다. 즉, 태양광 산업이 성장함에 따라 태양광 패널의 가격이 하락했으며, 태양광 패널 가격이 태양광 프로젝트 자본 비용의 약 절반을 차지하기 때문에 전체 LCOE도 감소했다.

분산 에너지

태양광 발전은 분산형 발전의 한 형태로, 단일 패널부터 최대 수백만 개의 연결에 이르기까지 거의 모든 지역에 규모에 큰 상관 없이 배치할 수 있다. 즉, 태양광 패널의 이러한 특징 덕분에 태양광 발전은 휴대용 계산기부터 가정, 빌딩, 심지어 도시에 이르기까지 규모나 크기에 상관없이 전력을 공급하는 데 사용되고 있다. 또한 태양광 발전은 전력망에 연결하기에는 너무 멀리 떨어져 있거나 접속 비용이 너무 많이 드는 위치에서도 독립형으로 사용할 수 있다. 이는 대규모 발전소에서 전기를 생산하여 전력망을 통해 많은 사용자에게 송전하는 기존의 중앙 집중형 발전 방식과 대조를 이룬다. 분산형 발전은 중앙집중식 발전보다 설계유연성이 훨씬 뛰어나며, 이는 상당한 경쟁 우위를 제공한다.

태양광 발전 산업은 응용 분야가 늘어날수록 패널 수요가 증가하여 생산량이 증가하고 학습곡선에 따라 비용이 낮아진다. 패널 비용이 하락함에 따라 태양광 발전의 LCOE도 하락하고 수요는 더욱 증가하는 등 선순환 구조가 형성되어, 태양광 발전은 지구상 대부분의 지역에서 가장 저렴한 전력 공급원이 되고 있다.

경쟁력 있는 태양광

다국적 투자은행인 라자드Lazard는 매년 재생에너지, 원자력 및 화석연료의 LCOE를 별도의 보조금을 제외한 기준으로 분석하여 발표한다. 라자드의 분석에 따르면 2020년까지 태양광 발전의 LCOE는 90퍼센트 감소하여 다른 모든 발전원 대비 경쟁력이 있는 것으로 나타났다.[13] 더 중요한 사실은 앞으로 태양광 발전 비용이 해마다 더욱 저렴해질 것이라는 점이다.

태양광 기술은 지속적으로 개선되고 있다. 이제 대규모 태양광 프로젝트에서는 추적기Tracker를 이용하여 태양광 패널이 태양의 궤적을 추적하도록 함으로써 발전량을 최대 30퍼센트까지 증가시킬 수 있다.[14] 양면 패널은 아래에서 반사된 햇빛을 포착하여 발전량을 추가로 9퍼센트까지 증가시킨다.[15] 태양광 기술의 성장을 통해 태양광 발전의 LCOE를 더욱 낮추고 수요를 증가시키는 새로운 사이클이 시작되었으며, 지난 10년간 태양광 에너지 시장은 매년 42퍼센트의 연평균 성장률을 기록했다.[16] 에너지 컨설팅 회사인 우드 매킨지Wood Mackenzie는 태양광 발전이 "미국의 모든 주와 캐나다, 중국 및 기타 14개국에서 가장 저렴한 신규 전력 공급원이 될 것"이라고 전망한다.[17]

성장을 위한 도전 과제

태양광 발전의 급속한 성장은 토지사용 문제와 간헐성이라는 두 가지 도전에 직면해 있다. 태양광 패널은 200가구에 전력을 공급하는 데 1MW의 전기를 생산하기 위해 약 5에이커의 땅이 필요하다. 미국의 모든 가정에 전력을 공급하려면 거의 1만 제곱마일의 땅이 필요하다.[18] 마치 태양광 발전에 많은 토지가 필요한 것처럼 보이지만, 사실 이는 모하비 사막의 4분의 1도 안 되는 면적이다. 태양광 발전의 또 다른 장점은 분산형 발전 형태로서 건물의 외벽에 태양광 패널을 설치할 수 있다는 것이다. 미국 내 건물의 모든 옥상에 태양광 패널을 설치하는 것만으로도 미국 전력 수요의 약 40퍼센트를 공급할 수 있다.[19] 때때로 태양광 발전에서 토지사용(즉, 설치면적) 문제는 극복하기 어려운 것으로 인식되었지만 최근에 들어서는 태양광 발전의 설치면적 문제는 빠르게 해결이 가능할 것으로 보고 있다. 반면, 간헐성이 더 큰 문제가 되고 있다.

　태양광 발전은 밤에 전기를 생산할 수 없고 흐린 날에도 전기를 거의 생산하지 못하는데, 이러한 특징을 전력 생산의 간헐성이라고 한다. 그런데 우리 시대의 산업과 경제는 항상 사용할 수 있는 안정적인 전력공급에 의존하고 있기 때문에 간헐성은 태양광 발전의 단점이 된다. 간헐성에 대한 해결책은 맑은 날 생산된 여분의 전기를 저장하는 것이다. 하지만 에너지 저장에는 비용이 많이 든다. 지금까지는 그랬다. 6장에서 설명할 배터리를 이용한 에너지 저장 시스템BESS, Battery Energy Storage System이 태양광 발전의 광범위한 사용에 대한 마지막 장애물을 제거해 나가는 중이다.

태양광 발전의 미래

글로벌 에너지 회사인 BP는 2050년까지 태양광 발전 비용이 추가로 65퍼센트 감소할 것으로 예측하고 있다.[20] 태양광 발전 비용이 감소함에 따라 기업의 수요는 계속 증가할 것이다. 비용 절감으로 잘 알려진 기업인 아마존Amazon은 2025년까지 전체 비즈니스에 소요되는 전력을 100퍼센트 재생에너지로 공급하겠다고 약속했으며, 비용 절감과 온실가스 배출을 줄이기 위한 태양광 발전 비용 감소에 베팅했다.[21] 태양광 프로젝트의 규모가 커지면서 대규모 석탄 및 천연가스 발전소와 직접 경쟁하여 화석연료를 대체하게 될 것이다. 정부 정책은 태양광 사용을 더욱 장려할 것이다. 그 예로, 2020년 캘리포니아주는 신규 주택에 태양광 패널의 설치를 의무화하는 최초의 주가 되었다.[22]

투자자들에게 태양광 발전의 성장은 전례 없는 대규모의 자본 수요를 창출할 것이며, 2050년까지 4조 2,000억 달러의 새로운 투자 기회가 생길 것으로 예상된다.[23] 이 책의 4부와 5부에서는 이러한 자본이 어떻게 투자되는지 설명할 것이다. 태양광은 재생에너지 투자 기회의 절반을 차지하며, 나머지 절반은 풍력이다.

풍력발전

초기 미국 정착민들은 관개용수를 퍼 올리고 가정에 전기를 공급하기 위해 풍차를 세웠다.[24] 그러나 저렴한 비용으로 안정적인 전기를 공급하는 현대식 전력망이 등장하면서 풍차는 사라졌다. 오늘날에는 농부들이 전국에 전기를 공급하기 위해 풍차를 다시 설치하고 있다.

풍력 터빈은 바람의 에너지를 이용하여 전력을 생산한다. 생산할 수 있는 전력량은 바람의 속도와 터빈의 날개가 휩쓸고 지나가는 면적의 함수에 대응한다. 풍력 에너지의 양은 풍속을 세제곱한 값에 비례하기 때문에 풍속이 특히 중요하다. 예를 들어, 20mph의 바람은 10mph의 바람보다 에너지를 8배 더 많이 보유한다. 또한 일반적으로 높이가 높을수록 풍속이 강하기 때문에, 높은 곳에 위치한 풍력 터빈이 낮은 곳에 위치한 풍력 터빈보다 풍력에너지를 더 많이 얻을 수 있다.

풍력 에너지의 양이 풍속을 세제곱한 값에 비례하는 것처럼 터빈 날개가 휩쓸고 지나가는 면적은 풍력 터빈 날개 길이에 비례한다. 면적은 πr^2와 같으며, 여기서 r은 풍력 터빈 날개의 길이다. 길이가 12미터인 날개는 길이가 6미터인 날개보다 4배 더 넓은 면적을 쓸어내릴 것이다. 따라서 풍력 터빈의 날개길이를 2배로 늘리면 날개가 쓸어내리는 면적이 4배로 증가한다. 또한 풍력 터빈의 높이가 높아지면 더 긴 날개가 적용될 수 있게 되어 더 높은 풍속으로 움직일 수 있다. 즉, 더 긴 날개와 더 높은 터빈의 조합은 미래의 풍력발전에 극적인 변화를 만들어 낼 것이다.

현대 풍력발전 개발의 역사를 한 단어로 정리한다면 '대형화'이다. 1980년대에 개발된 풍력 터빈의 로터 직경(즉, 날개가 회전하는 면적의 지름)은 15미터였으며, 각 터빈은 약 10가구에 공급할 수 있

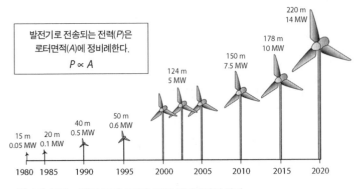

발전기로 전송되는 전력(P)은
로터면적(A)에 정비례한다.
$$P \propto A$$

15 m
0.05 MW

20 m
0.1 MW

40 m
0.5 MW

50 m
0.6 MW

124 m
5 MW

150 m
7.5 MW

178 m
10 MW

220 m
14 MW

1980 1985 1990 1995 2000 2005 2010 2015 2020

그림 4.3. 풍력 터빈의 로터 크기와 풍력 설비용량의 관계

는 50kW의 전력을 생산했다. 2020년에는 소재와 기술의 혁신으로 로터 직경이 220미터인 풍력 터빈을 건설할 수 있게 되어 각 터빈에서 14MW의 전력을 생산할 수 있게 되었다. 이는 약 2,800가구에 전력을 공급하기에 충분한 양이다(그림 4.3). 이러한 기술 혁신과 발전으로 더 큰 터빈을 만들어 낼 수 있게 되었고, 발전량은 초기보다 280배 가까이 증가했다.[25]

풍력발전의 경제성

1980년대와 1990년대에는 터빈이 작았고 풍력발전단지의 경제성도 좋지 않았다. 풍력 터빈의 자본 비용이 높아 풍력발전단지를 건설하는 데 많은 비용이 들었고, 낮은 발전량은 생산하는 전기가 값비싸다는 것을 의미했다. 초기 풍력발전단지는 석탄, 원자력, 천연가스에서 생산된 전력에 비해 LCOE가 높아 경쟁력이 없었다.

하지만 정부 보조금이 풍력터빈 개발업체에 풍력발전단지를 건설할 수 있는 인센티브를 제공하기 시작했다. 이를 통해, 특히 유럽에서 제조업체의 풍력 터빈에 대한 수요가 창출되었다. 정부 인센티브가 풍력의 상대적으로 열악한 풍력 경제성을 보완했다. 풍력 터빈 제조업체와 프로젝트 개발업체가 풍력 프로젝트를 건설할 수 있게 되었고, 이에 따라 이 분야에 전문 기술이 생겨나는 전환점이 만들어졌다. 이렇듯 전문 기술이 향상되면서 비용이 감소하고 더 많은 풍력 프로젝트가 건설되었다.

풍력발전의 LCOE 줄이기

풍력발전의 물리학은 더 크고 효율적인 풍력 터빈이 개발되도록 이끌었다. 그러나 풍력 터빈이 커질수록 발생하는 효율성은 전력 생산 가격의 점진적 감소에 한정된다. 현대 풍력발전 산업은 다른 발전원에 비해 경쟁력을 높이고 풍력발전의 LCOE를 낮추는 것에 집중했다. 결과적으로 성과가 나타났다. 풍력발전의 LCOE는 1980년대 이후 90퍼센트 이상 감소했으며 석탄, 천연가스 화력발전 및 원자력 등과 경쟁할 수 있게 되었다.[26]

풍력터빈 제조업체와 풍력발전단지 개발자들은 생산기술을 지속적으로 개선하고 신기술을 적용하며 규모의 경제를 달성해 왔다. 이 혁신이 일어날 때마다, 풍력터빈 제조업체는 비용을 절감하고 전력 생산량을 늘리는 방법으로 LCOE를 낮춰왔다. 풍력발전의 설치용량은 4~5년마다 2배씩 증가해 왔으며, 생산량 증가에 따라 비용도 감소했다. 이러한 노력의 결과는 인상적이었다. 10년 전에는 거의 없다시피 했던 풍력발전 전력 생산량이 2020년에는 미국 전체 전력의 8퍼센트를 생산하게 되었다.[27]

풍력발전에 대한 도전

당연한 이야기지만, 풍력발전은 터빈의 날개를 돌릴 수 있을 만큼 충분히 바람이 불 때만 전력을 생산한다. 대부분의 풍력 터빈이 발전을 하기 위해서는 최소 시속 7마일 이상의 풍속이 필요하다.[28] 풍속이 낮으면 터빈은 전력을 생산하지 못하며, 적당한 바람이 불어도 전력 생산이 최적화되지 않는다. 이용률은 풍력 터빈이 생산한 전기를 최대 전력 용량으로 나눈 값이다. 전반적으로 미국 풍력발전단지의 평균 이용률은 35퍼센트에 지나지 않는다.[29]

태양광 발전과 마찬가지로 풍력발전 역시 간헐적이기 때문에 바람이 불 때만 발전할 수 있다. 바람은 태양광 발전량이 적은 겨울철과 밤에 더 강력하기 때문에, 풍력은 태양광 발전을 보완하는 데 유용할 수 있다.[30] 이는 풍력발전이 전력망의 균형을 유지하는 데 필요한 에너지 저장량을 줄일 수 있음을 의미한다.[31] 이와 같이 간헐성 및 이를 해결하기 위한 솔루션은 6장에서 더 자세히 살펴볼 것이다.

풍력발전단지는 터빈에서 생산된 전기를 전력망으로 송전하기 위한 부지 선정 및 송전용량과 관련된 장애물에 직면해 있다. 풍력 터빈은 저렴한 전기 요금과 청정에너지를 원하는 소비자, 그리고 토지 임대에 대한 연간 임대료를 받는 농부 및 기타 토지 소유주에게 인기가 있다. 하지만 그 이웃 주민들이 이를 항상 반기는 것은 아니다. 님비 현상NIMBYism, Not-In-My-Back-Yard-ism은 풍력발전단지 개발의 고질적인 걸림돌이다. 오랫동안 재생에너지의 선두주자였던 캘리포니아에서는 최근 몇 년 동안 지역 반대가 커지면서 풍력발전의 성장이 크게 둔화되었다.[32]

풍력발전단지를 반대하는 사람들은 터빈과의 충돌로 인해 죽는 새가 연간 50만 마리라는 사실을 지적한다.[33] 안타깝게도 이는 건물과 충돌하거나 집고양이에 물려 죽는 새의 숫자보다는 미미한 수치다. 미국조류보호협회는 고양이에 물려 죽는 새는 매년 24억 마리, 건물에 부딪혀 죽는 새는 10억 마리로 추정하고 있다.[34] 오듀본 소사이어티Audubon Society(미국조류보호단체)도 풍력발전을 지지하면서 기후변화로 인한 조류의 위험이 풍력 터빈보다 훨씬 더 크다고 지적했다.[35]

풍력발전단지의 또 다른 입지 문제는 풍력 터빈에서 생산된 전기를 전력망으로 송전하여 가정과 기업이 사용해야 한다는 점이다. 풍력발전단지를 위한 최적의 지역은 바람이 가장 많이 부는 곳이며, 이러한 곳은 당연히 사람들이 사는 곳에서 멀리 떨어져 있다. 미국에서 바람이 가장 많이 부는 주는 네브래스카Nebraska, 캔자스Kansas, 다코타Dakotas 주이며, 이들 주 또는 인근에는 인구 밀집 지역이 없다.[36] 따라서 풍력발전단지에서는 전기를 수요처로 보내기 위해 고가의 신규 송전선을 설치해야 하는 경우가 많다.

이러한 어려움이 있음에도 풍력발전은 빠르게 성장했으며 풍력 터빈을 보는 것이 점점 더 보편화되고 있다. 하지만 풍력발전의 미래는 저 먼 곳에 펼쳐져 있을지도 모른다. 바로 바다에 말이다.

해상 풍력발전

풍력발전단지는 거의 무제한의 신규 건설 공간이 있는 해상에도 설치할 수 있다. 또한 해상 풍력은 육상보다 안정적이고 발전량이 많기 때문에 해상 풍력의 이용률은 육상(35퍼센트)보다 높은 40~50퍼센트에 달한다.[37] 해상 풍력발전단지는 주민의 수용도도 높은 편이다. 터빈이 육지에서 30마일 이상 떨어져 있으면 해안에서 보이지 않기 때문이다. 따라서 상용화된 풍력발전기 중 가장 크고 높은 터빈을 설치할 수도 있다. 대형 풍력발전기 설치가 주는 이점을 보여주는 예로, 제너럴 일렉트릭General Electric의 거대한 신형 해상풍력 발전기가 있다. 이 발전기는 한 번의 날개 회전으로 이틀 동안 한 가정에 필요한 전력을 공급할 수 있는 전기를 생산할 수 있다.[38]

최초의 해상풍력 프로젝트는 주로 유럽의 북쪽 해역을 중심으로 개발되었으며, 미국 최초의 해상 풍력 프로젝트는 2016년 로드Rhode섬 연안에서 개발되었다.[39] 현재 여러 주에서 특히 북동부를 중심으로 공격적인 해상풍력 프로젝트 계획을 추진하고 있다. 뉴욕주는 2035년까지 9,000MW의 해상풍력 발전용량을 개발한다는 목표를 세웠다. 첫 번째 프로젝트인 엠파이어 윈드Empire Wind는 뉴욕시 인근 롱아일랜드에서 20마일 떨어진 곳에 위치한 816MW 규모의 해상풍력 발전단지이다. 이 단지가 2024년에 완공되면 단일

프로젝트로 뉴욕의 100만 가구 이상에 전력을 공급할 수 있다.[40]

그러나 해상풍력발전단지는 혹독한 해양환경 조건에서 건설하고 유지하기에 비용이 많이 들 수밖에 없다. 풍속과 발전량은 해상풍력이 더 크지만 해상풍력의 LCOE는 육상풍력의 2배 이상에 달한다.[41] 뉴욕시 인근의 초대형 엠파이어 윈드 프로젝트조차도 동급 육상풍력 발전의 2배에 달하는 비용이 소요된다.[42] 해상풍력이 잠재력을 발휘하려면 해상풍력 비용 및 LCOE를 필수적으로 낮춰야 한다. 해상풍력발전의 성장은 높은 비용 외에도 심해라는 물리적인 문제에 직면해 있다.

미국 해안선의 대부분은 수심이 가파르게 깊어지기 때문에 고정식 해상풍력 발전기의 최대 설치수심 200피트 미만의 제한된 지역에만 설치가 가능하다.[43] 이 문제를 해결하기 위해 최근 풍력산업 분야에서 3,000피트 이상의 수심에 고정하여 설치할 수 있는 부유식 해상 터빈을 개발하는 혁신을 이루었다.[44]

부유식 풍력발전단지

먼 바다에 위치한 풍력 터빈은 더 강하고 일정한 바람을 이용하는 이점이 있다. 이는 생산력을 높여 전력 생산량과 안정성을 높인다. 세계 최초의 부유식 풍력발전단지는 55퍼센트의 이용률을 달성했으며, 이는 해안선에 가까운 해상풍력의 이용률인 40~50퍼센트보다 훨씬 높은 수치이다.[45] 부유식 풍력발전단지는 성장 잠재력이 거의 무한하지만, 모든 새로운 발전원이 그렇듯 고비용이라는 과제를 안고 있다.

부유식 풍력발전의 설치 비용은 고정식 해상풍력발전 설치 비용의 2배, 육상 풍력발전 설치 비용의 4배에 달한다.[46] 부유식 풍력발전의 설치 비용이 높아 생산성이 더 높음에도 부유식 풍력발전단지는 다른 형태의 발전보다 LCOE 경쟁력이 떨어진다. 하지만 이러한 문제는 곧 개선될 것으로 보인다. 아이러니하게도 화석연료 산업의 전문 기술을 활용하면 비용이 감소할 가능성이 크다. 석유회사들이 해저에서 석유나 천연가스를 추출하기 위해 개발한 부유식 플랫폼 구축 노하우를 활용하여, 부유식 풍력발전사업에 진출하고 있기 때문이다.

풍력발전의 미래

풍력 터빈으로 전기를 생산하는 풍력발전은 경쟁력이 있는 에너지원이 되었다. 정부 인센티브와 끊임없는 기술 발전이 비용 절감, 수요 증가 및 지속적인 LCOE 감소의 선순환 구조를 만들었다. 전세계적인 풍력발전 개발을 위해서는 2050년까지 약 5조 9,000억 달러의 자금조달이 필요할 것으로 보인다.[47] 미국에서는 해상풍력 개발에만 2029년까지 약 850억 달러의 투자자본이 필요할 것으로 예상된다.[48] 풍력발전에 대한 투자 기회에 대해서는 4부와 5부에서 다룰 예정이다.

원자력

원자력 발전은 논란의 여지가 있다. 지지자들은 원자력이 잠재적으로 무탄소 에너지의 무한한 원천을 제공한다는 주장을 하는 반면, 반대자들은 안전 리스크와 방사성 폐기물을 지적한다. 하지만 원자력에 대한 열띤 논쟁에서 핵심적인 사실은 언급되지 않는다. 바로 비싸다는 점이다.

지난 25년 동안 미국에서 완공된 신규 원자로는 테네시Tennessee 주의 같은 시설에 있는 두 개뿐이다.[49] 현재 미국에서 유일하게 개발 중인 원자력 프로젝트인 조지아Georgia 주 보글Vogtle 원자력 발전소 확장은 수년째 지연되고 예산도 수십억 달러 초과되었다.[50] 라자드는 원자력 발전의 LCOE가 $163/MWh으로, 태양광 및 풍력 발전의 LCOE에 비해 4배, 천연가스의 LCOE에 비해 3배 이상 높은 것으로 추정한다.[51] 이러한 높은 비용을 고려할 때 미국 에너지 정보국 EIA, U. S. Energy Information Administration은 2019년부터 2050년 사이에 원자력 발전 용량이 순감소할 것으로 예상한다.[52] 시카고 대학교의 로버트 로즈너Robert Rosner 교수는 이를 좀 더 직설적으로 이렇게 표현했다. "신규 원전은 재생에너지와 경쟁할 수 없다."[53] 그러나 소형 원전의 새로운 설계는 이러한 추세를 바꿀 수 있다.

새로운 세대의 원자력?

일부 스타트업 회사는 원자력 발전소 건설 및 운영 비용을 절감하기 위해 새로운 혁신 기술을 개발하고 있다. 이러한 설계의 대부분은 기존 전통적 원자로 기준 1GW 이상의 용량보다 작은 최대 300MW 용량의 미니 원자로인 SMRSmall Modular Reactor 기술이다. SMR을 개발 중인 스타트업 회사들은 물과 대형 냉각탑을 사용하는 대신 원자로를 저압에서 냉각하기 위해 용융염을 사용함으로써 비용을 절감하고 안전성을 개선하고 있다. 빌 게이츠Bill Gates는 SMR에 관하여 "기존 원자력 발전의 가장 큰 문제였던 경제성을 해결하는 새로운 세대의 원자력 발전이 등장했다. 동시에 안전성 면에서도 혁신적으로 개선했다"라고 말했다.[54]

이론적으로 이 차세대 원자력 발전소는 풍력이나 태양광과 같이 온실가스를 배출하지 않고 24시간 동안 일정한 기저부하 전력을 공급할 수 있다는 상당한 장점이 있다. 하지만 비용 문제는 여전히 도전과제로 남아 있다.

2020년에 한 선도적인 SMR 개발업체는, 2029년에 첫 번째 발전소가 가동에 들어가면 LCOE가 $65/MWh가 될 것으로 예측했다.[55] 이에 비해 EIA는 2025년까지 태양광 발전 시스템의 LCOE가 $33/MWh, 육상풍력 발전의 LCOE가 $34/MWh가 될 것으로 예측했다.[56] 이 차세대 원자로가 실용화될 즈음에는 풍력과 태양광 발전 비용이 현저히 낮아져 첨단 원자력 발전도 결코 따라잡을 수 없을 것이다. 브리티시컬럼비아 대학교의 M. V. 라마나Ramana 교수는 원자력이 직면한 문제를 단순한 시각적 비유로 다음과 같이 요약했다. "비즈니스 관점에서 볼 때 기본 아이디어에는 결함이 있다. 이는 마치 러닝머신 경주에서 한쪽 러닝머신이 훨씬 빨리 달리는 것과 같다."[57]

원자력의 미래

이러한 어려움이 있음에도 첨단 원자력에 대한 투자는 크게 증가했다. 민간 투자자들은 50개 이상의 스타트업에 10억 달러 이상의 벤처 캐피탈을 투자했으며,[58] 미국 에너지부DOE, Department of Energy는 100억 달러 이상의 자본을 약속했다.[59] 세계 최고 부자 중한 명인 빌 게이츠는 선진적인 원자력 회사인 테라파워TerraPower의 설립자 겸 회장이 될 정도로 첨단 원자력에 열정을 가지고 있다.[60]

첨단 원자력은 아직 먼 미래의 일이지만 풍력이나 태양광에 비해 하루 24시간, 365일 안정적으로 사용할 수 있다는 중요한 이점이 한 가지 있다. 풍력과 태양광은 바람이 불거나 날씨가 맑을 때만 사용할 수 있는 간헐적인 발전원이다. 따라서 원자력의 미래는 6장에서 설명한 에너지 저장 비용보다 에너지 발전 비용과 더 관련이 있을 수 있다.

에너지 전환

재생에너지인 태양광과 풍력은 2020년에 미국 전력 생산량의 11퍼센트를 차지했지만,[61] 태양광과 풍력에 대한 투자는 전체 신규 발전 용량의 78퍼센트에 달했다.[62] 많은 주에서 태양광과 풍력이 가장 저렴한 전력 공급원이므로 이는 놀라운 일이 아니다. 예를들어, 뉴멕시코의 한 태양광 프로젝트는 $15/MWh에 전기를 판매하기로 계약했는데, 이는 사상 최저 수준이다.[63] 연료 비용으로 인

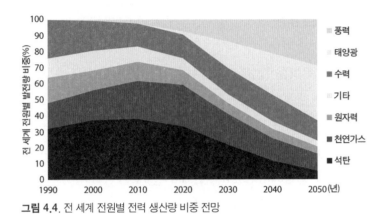

그림 4.4. 전 세계 전원별 전력 생산량 비중 전망

해 $23~48/MWh에 이르는 석탄 또는 천연가스 시설의 운영 비용과 비교해 보면 화석연료는 하락하는 재생에너지 비용과 경쟁할수 없다는 사실이 분명해진다.[64] 컬럼비아 비즈니스 스쿨Columbia Business School의 제프 힐Geoff Heal 교수 연구에 따르면, 미국 전력망에서 화석연료를 재생에너지로 완전히 대체하는 경제적 비용은 거의 0에 가깝다.[65] 저렴한 태양광 및 풍력 발전은 전 세계적인 에너지 전환을 일으키고 있다.

그림 4.4의 에너지 전환 전망은 환경주의자들의 희망사항이 아니라 태양광 및 풍력 기술의 경쟁력이 점점 더 높아지는 현실을 반영된 결과다. 이러한 전망이 화석연료 산업 투자자들에게 시사하는 바는 분명하다. 오랫동안 화석연료 산업에 집중해 온 국제에너지기구IEA, International Energy Agency의 파티 비롤Faith Birol 사무총장은 현 상황을 이렇게 요약했다. "씁쓸한 진실은, 진정한 에너지 전환이 다가오고 있으며 그 속도가 매우 빠르다는 것입니다."[66]

석탄의 종말

2020년 영국은 몇 달 동안 전력을 석탄발전으로 생산하지 않았는데, 이는 산업혁명이 시작된 1790년 이후 석탄에서 에너지를 얻지 않은 최장 기간이다.[67] 영국은 2025년까지 석탄을 완전히 포기하는 것을 목표로 하고 있다.

미국에서 석탄발전의 전력량 비중은 2020년에 20퍼센트 미만으로 떨어졌는데, 이는 10년 전만 해도 석탄이 미국 전력생산량의 50퍼센트 이상을 생산했다는 점을 고려할 때 놀라운 감소치다.[68] 석탄 사용이 급격하게 감소한 이유는 무엇일까? 전력회사들은 석탄 구매를 중단했으며, 보험사는 보험가입을 승인하지 않았고, 투자자는 석탄에 대한 투자를 중단했기 때문이다.

석탄에 대한 수요는 천연가스, 풍력 및 태양광을 통한 전력생산이보다 경제적이기 때문에 감소했다. 세계 3대 재보험사인 스위스 리Swiss Re, 뮌헨 리Munich Re, 런던 로이즈Lloyds of London는 석탄산업에 대한 보험을 제한했고, 석탄발전의 운영이 어려워졌다.[69] 그리고 석탄산업의 경쟁력이 약화되는 것을 목격한 투자자들은 더 많은 자본 비용을 청구하고 있다. 2019년에는 트럼프 행정부의 지원이 있었음에도 최대 민간 석탄 회사인 머레이 에너지Murray Energy를 포함하여 미국의 8개 석탄 채굴 회사가 파산 신청을 했다.[70]

천연가스: 브리지 연료?

천연가스를 석탄과 태양광 및 풍력 발전 사이의 '브리지 연료 Bridge Fuel'라고 부르기도 한다. 기후변화 측면에서 볼 때 천연가스는 석탄보다 오염물질 배출이 훨씬 적고 이산화탄소 배출량도 절반밖에 되지 않는다.[71] 그리고 경제적 관점에서 볼 때 천연가스는 저비용 전력 생산원이며 LCOE가 $63/MWh로 태양광이나 풍력보다 높지만 '급전 가능한dispatchable' 전력을 제공한다는 이점이 추가된다. 즉 항상 사용할 수 있는 것이다.[72] 2020년 천연가스는 미국 전력의 40퍼센트를 생산했다.[73] 그러나 천연가스에 대한 전망은 현저하게 감소하여 재생에너지로 가는 다리가 짧을 수 있음을 시사한다.

2020년 7월 한 주 동안 미국 전력회사 세 곳이 석탄 발전소를 폐쇄하고 풍력 및 태양광 발전소로 대체할 계획을 발표했지만, 천연가스를 가교연료로 하는 신규발전소를 세울 계획은 없었다.[74] 그 이유는 간단하다. 에너지 저장시설이 풍력 및 태양광 발전원과 결합해도 석탄 발전원뿐 아니라 천연가스 발전원도 능가할 만큼 저렴해지고 있기 때문이다. 이러한 전력 회사 중 하나인 투손 전력Tucson Electric Power의 발표는 이러한 변화를 잘 보여준다. "향후 1,073MW의 석탄발전소와 225MW의 천연가스 발전소를 폐쇄할 계획이지만, 당사의 미래 포트폴리오에는 새로운 화석연료 발전원은 포함되지 않는다."[75]

기타 재생에너지

강에서 전기를 생산하는 수력발전은 역사적으로 미국에서 석탄 발전의 역할을 보완해 왔다. 수력발전은 저렴하고 안정성 있는 재생 가능 전력원으로, 2020년 미국 전력 생산량의 7퍼센트를 공급했다.[76] 또한 많은 소규모 수력발전 시설을 개·보수한다면 발전량을 개선할 수 있는 더 큰 잠재력도 갖는다. 그러나 미국에서 수력발전은 이미 최적의 발전 부지를 확보하고 있다. 여기에 환경운동가들이 댐의 추가 개발의 부정적인 영향을 주장함에 따라 수력발전의 역할은 감소하고 있다. EIA는 수력발전을 통한 전력 생산량이 2050년에 미국 전력 생산량의 5퍼센트로 감소할 것으로 전망한다.[77]

조력, 파력, 바이오매스, 바이오 연료, 지열에서 생성되는 에너지는 전력 생산에 기여하며, 이러한 에너지원은 모두 재생 가능하다. 안타깝게도 이러한 기술은 높은 비용, 제한된 성장 기회 또는 상대적으로 작은 시장으로 인해 어려움을 겪고 있다. 예를 들어 지열은 화석연료 대비 가격 경쟁력이 있지만 연간 3퍼센트 성장에 그치고 있다.[78] 이러한 재생에너지원은 유용한 에너지를 제공하지만 현재 기술로는 글로벌 에너지 전환을 주도하기에 적합하지 않다.

태양광과 풍력이 미국 및 전 세계에서 화석연료와 가격 경쟁력이 있고 대규모로 확장 가능한 유일한 재생에너지 공급원이다.

재생에너지 전환 과정에서 승자와 패자

컨설팅 회사인 매킨지McKinsey & Company는 2035년까지 전 세계 발전량의 50퍼센트 이상이 재생에너지에서 나올 것이라고 전망하며, 이는 산업혁명 이후 에너지 분야에서 가장 중요한 전환[79]이라고 언급했다. 이는 파국적인 기후변화를 피할 수 있는 승리다. 전 세계적으로 태양광 및 풍력발전의 성장으로 이미 연간 3,000억 달러의 자본 투자가 필요하며, 2035년에는 연간 1조 달러 이상으로 전망된다. 에너지 전환은 투자자에게도 기회이다.[80]

화석연료 부문의 경우 재생에너지로 많은 자본의 방향이 전환하면서 새로운 투자를 위한 자본 비용이 증가하고 있다. 투자 은행들은 신규 석유 및 가스 투자의 장애 비율이 10~20퍼센트인 반면 풍력 및 태양광 프로젝트의 장애 비율은 3~5퍼센트에 지나지 않는다고 추정하며, 몇몇 대형 석유 회사들은 자본 지출의 절반을 저탄소 에너지 솔루션에 지출하는 등 비즈니스 모델을 전환하고 있다.[81] 화석연료 기업들은 벽에 쓰인 글귀를 보고 위축된 산업에서 벗어나 재생에너지와 같은 성장 분야로 사업 방향을 전환하기 시작했다.

재생에너지로의 전환은 태양광과 풍력이 연중무휴 24시간 전기를 공급할 수 없기 때문에 여전히 간헐적 전력 공급이라는 도전에 직면해 있다. 이 문제를 해결하려면 또 다른 기후 솔루션인 에너지 저장이 필요하다. 그러나 에너지 저장에 대한 해결책을 이해하려면 완전히 다른 기후 솔루션인 전기차에 대해 먼저 알아야 한다.

5장
전기차

"컨슈머 리포트Consumer Reports가 테스트한 차량 중 최고의 성능."

그림 5.1. 테슬라의 순수 전기차 모델 S

헨리 포드Henry Ford를 비롯한 초기 자동차 제조업체들은 "전기로 달리지 않는 것은 새롭고 가치 있는 것이 아니다"라고 믿었다.[1] 1900년에는 미국 도로를 달리는 모든 차량의 3분의 1이 전기차였다. 뉴욕시에는 전기 택시가 운행되었고, 맨해튼의 한 전기 택시에는 사상 최초로 과속 딱지가 발부되었다.[2] 스포츠카의 전설인 포르셰Ferdinand Porsche도 전기차를 개발했다.[3] 내연기관 자동차보다 조용하고 깨끗하며 조작하기 쉬웠기 때문에 전기차의 인기는 자명했다. 전기차는 시동을 걸 때 수동 크랭크가 필요하지 않았고 유해한 냄새가 나는 배기가스도 배출하지 않았다. 전기차의 많은 장점을 확신한 토머스 에디슨과 헨리 포드는 1914년 파트너십을 맺고 저렴한 전기차를 설계하기 시작했다.

에디슨과 포드는 전기차EVs, Electric Vehicles가 내연기관 자동차ICE, Internal Combustion Engines에 비해 기술적인 이점이 몇 가지 있다는 사실을 잘 알고 있었다. 그중 가장 중요한 것은 전기차가 내연기관 차량보다 훨씬 더 효율적으로 에너지를 운동에너지로 전환한다는 점이다. 내연기관 차량은 휘발유를 연소시켜 열을 발생시키는 연소 과정을 거친 후 이를 기계적 에너지로 전환하여 차량을 추진한다. 이 과정은 휘발유가 가진 에너지의 17~21퍼센트만 기계적 에너지로 전환되기 때문에 비효율적이다. 반면 전기 모터는 매우 효율적이다. 전기 모터는 전기 에너지를 기계 에너지로 직접 전환함으로써 전기 에너지의 59~62퍼센트를 바퀴에 동력을 공급하는 데 사용한다.[4] 이처럼 전기 모터가 더 효율적이기 때문에 전기차는 가솔린 자동차보다 에너지를 3분의 1만 사용한다.

하지만 전기차의 아킬레스건은 바로 배터리다. 모든 차량에는 추진에 사용되는 에너지를 저장할 매체가 필요하다. 전기차는 배터리에 에너지를 저장하고, 내연기관 차량은 휘발유에 에너지를 저장한다. 자동차 초창기 배터리는 부피가 크고 저장할 수 있는 전기가 상대적으로 적었기 때문에 에너지 밀도가 낮았다. 이에 비해 휘발유는 에너지 밀도가 높다. 같은 양의 휘발유는 에디슨 시대에 가장 일반적인 배터리 유형인 납축 배터리에 비해 100배 이상의 에너지를 저장할 수 있었다. 그래서 1900년대 초에는 내연기관 차량이 전기차에 비해 뚜렷한 우위를 점했다. 휘발유는 당시 최고의 배터리보다 에너지를 저장하는 데 훨씬 더 좋은 방법이었고, 에너지를 기계 동력으로 변환하는 데 상대적으로 비효율적인 내연기관의 단점을 보완할 수 있었기 때문이다. 에디슨과 포드는 전기차의 에너지 저장 문제를 인식하고 더 높은 에너지 밀도를 가진 배터리를 발명하기 위해 노력했다. 1914년 1월 《뉴욕 타임스》에 실린 글에서 헨리 포드는 다음과 같이 주장했다. "지금까지의 문제는 재충전 없이 장거리 운행이 가능한 가벼운 무게의 배터리를 만드는 것이었다. 에디슨은 한동안 이러한 배터리를 실험해 왔다."[5]

결국 에디슨은 성공하지 못했다. 토머스 에디슨은 당대 최고의 발명가였지만 더 나은 배터리를 만들기 위한 노력은 실패했다. 포드와의 합작 투자도 종료되었으며 전기차의 잠재력도 함께 사라졌다.[6] 이후 전기차가 상용화되기까지는 거의 100년이 걸렸다.

자동차 산업의 혁신

1970년대 석유 파동으로 인해 자동차 제조업체들은 가솔린 내연기관의 대안으로 전기차를 재고^{再考}하게 되었다. 엔지니어들은 에디슨과 포드가 직면했던 딜레마를 되새기며, 가볍지만 에너지 밀도가 높고 현대 자동차에 동력을 공급하기에 충분한 에너지를 저장할 수 있는 배터리 설계에 착수했다. 하지만 역시 실패로 돌아갔다.

1990년 캘리포니아주는 탈탄소 차량 사용을 장려하는 프로그램을 제정하여 자동차 제조업체가 전기차를 설계하고 생산하도록 장려했다. 캘리포니아에서 자동차를 판매할 수 있다는 매력에 이끌려 주요 자동차 제조업체들은 성공적인 전기차를 만들기 위해 다시 한 번 연구 개발비를 투자했다. 제너럴 모터스^{GM}는 1996년 무게가 1,175파운드인 납축 배터리를 장착하고 1회 충전 주행 거리가 60마일인 최초의 양산형 순수 전기차, EV1을 출시했다.[7] 그러나 생산 비용이 비싸고 주행 거리가 제한되어 소비자의 관심을 끌지 못했다. GM은 EV1 프로그램을 겨우 몇 년 만에 취소, 상업성이 없다고 판단하여 만들었던 차량을 폐기했다. 유감스럽게도 GM에게는 아쉬운 일이었다. 이 회사의 불운한 전기차 진출은 자동차 회사와 석유 회사가 전기차 개발을 막기 위해 음모를 꾸몄다는 내용의 다큐멘터리 〈누가 전기차를 죽였나?〉에 영감을 주었다.

실제 음모일 가능성은 낮았고 GM은 이를 강력히 부인했다. 하지만 생산된 모든 전기차를 폐기하기로 한 결정은 비즈니스 역사상 가장 잘못된 홍보 계획 중 하나임에 틀림없었다. 더 중요한 사실은 GM, 크라이슬러, 포드, 도요타, 혼다 및 기타 주요 자동차 회사들이 상당한 연구 개발을 진행함에도 가솔린 자동차만큼 멀리 또는 빠르게 주행할 수 있는 전기차를 설계하는 데 실패했다는 점이다. 소비자는 전기차에 깊은 인상을 받지 못했고, 이 기간 동안 설계된 모든 전기차 모델은 결국 시장에서 철수했다.

2003년, AC 모터를 발명한 니콜라 테슬라Nicola Tesla의 이름을 딴 새로운 자동차 회사 테슬라Tesla Inc.가 설립되었다. 테슬라의 CEO인 일론 머스크Elon Musk는 "The Secret Tesla Motors Master Plan, (Just Between You and Me)"을 발표했다.

스포츠차량을 제작합니다
그 돈으로 합리적인 가격의 자동차를 만듭니다
그 돈으로 더 저렴한 자동차를 만듭니다[8]

머스크의 발표는 말장난일 뿐으로 보였지만, 테슬라의 사업 계획은 여러 면에서 매우 진지하고 혁신적이었다. 첫째, 테슬라는 초기 제품시장으로 스포츠카와 최고급 하이엔드 시장을 타깃으로 삼았다. 이전에는 자동차 회사들이 전기차를 판매하기 위해 경제형 또는 저가형 시장에 집중했다. 둘째, 테슬라는 환경적 이점이 아닌 차량의 성능을 주요 판매 기능으로 삼았다. 셋째, 가장 중요한 점은, 테슬라가 에디슨의 배터리 난제에 대한 해결책으로 새로운 종류의 자동차 배터리를 발명하는 것이 아니라 완전히 다른 시장인 가전제품 및 휴대폰용 배터리에서 이미 달성한 놀라운 성과를 활용하겠다고 생각했다는 점이다.

테슬라의 엔지니어들은 새로운 특수한 목적의 차량용 배터리를 개발하는 대신 가전제품에 사용되는 것과 동일한 7,000개의 리튬 이온 배터리로 구성된 배터리팩을 설계했다. 이 배터리팩은 합리적인 비용으로 상대적으로 작고 가벼우며 에너지 밀도가 높은 리튬 이온 배터리의 장점을 최대한 활용했다. 이 회사의 엔지니어들은 새로운 배터리를 발명하는 데 시간과 비용을 투입하는 대신 배터리팩 제어 소프트웨어를 개발하는 데 집중했고, 배터리를 순수 전기 모터에 연결하는 독자적인 파워트레인을 설계했다.

테슬라가 처음 출시한 로드스터Roadster는 비싸고 매력적이며 빨랐다. 전기 모터는 바퀴에 동력을 전달하는 모터의 회전력인 토크가 내연기관보다 훨씬 더 크기 때문에 더 빠른 가속이 가능했다. 테슬라의 로드스터는 정지 상태에서 시속 60마일까지 가속하는 데 3.9초라는 놀라운 시간을 기록했다. 2008년,《모터트렌드MotorTrend》

잡지는 로드스터를 리뷰하면서 "신호등 출발선에서 정숙하고 연비(105mi/gal)[9]도 높은 테슬라 로드스터의 옆에 으르렁거리는 페라리나 포르셰가 실수로 서 있게 된다면, 출발할 때 이들은 깊은 굴욕을 겪을 것"이라고 결론지었다.[10]

도전과제 극복

로드스터는 전기차가 고급 스포츠카와 경쟁할 수 있다는 것을 증명해 냈다. 테슬라는 마스터플랜의 첫 번째 단계를 성공적으로 완료했다. 경쟁력 있는 럭셔리카를 만들기 위한 두 번째 단계는 훨씬 더 야심찬 계획이었으며, 추가적인 혁신이 필요했다. 테슬라의 다음 차는 모델 S(그림 5.1)로 명명된 세단으로, BMW 5 시리즈 및 유사한 고급 자동차들과 경쟁하기 위해 설계되었다. 성공을 위해서는 주행거리 불안, 성능, 비용이라는 세 가지 과제를 동시에 극복해야 했다.

'주행거리 불안'이란 목적지나 충전소에 도착하기 전에 전기차의 배터리가 방전될까 봐 걱정하는 운전자의 두려움이다. 테슬라 이전에는 상용 전기차의 주행 거리가 60마일을 넘은 적이 없었지만, 가솔린 자동차는 일반적으로 한 번 주유로 평균 300마일 이상을 주행할 수 있으며 어느 주유소에서나 5분 안에 편리하게 주유할 수 있다. 이론적으로는 전기차를 일반 가정용 전기 콘센트로 충전할 수 있지만, 실제로는 가정용 110볼트 콘센트에서 충전하는데 몇 시간 이상 소요된다. 테슬라는 두 가지 방법으로 주행 거리에 대한 불안을 해결했다. 테슬라는 모델 S의 배터리팩을 훨씬 더 크게 만들어 1회 충전 주행 거리를 210~300마일로 늘리고, 고전압 충전소인 슈퍼차저supercharger를 전국에 설치하기 시작했다. 슈퍼차저를 통해 테슬라 운전자는 약 30분 만에 배터리를 150마일 운행이 가능한 만큼 충전할 수 있게 되었다. 상대적으로 낮은 배터리 에너지 밀도를 고려할 때 모델 S의 확장된 배터리팩은 당연히 무거웠다. 추가 무게는 차량의 성능에 영향을 미칠 위험이 있었다. 테슬라는 이 문제를 해결하기 위해 배터리팩을 차량 바닥에 배치하여 차량의 무게 중심을 낮춤으로써 승차감을 개선했다. 또한 엔진의 출력도 높였고, 그 결과는 놀라웠다. 모델 S는 경쟁 모델보다 더 빠르게 가속하여 정지 상태에서 시속 60마일까지 4초 이내에 도달할 수 있었고, 승차감도 향상되었다. 모델 S는 2013년《모터트렌드》잡지에서 '올해의 차'로 선정되었다.

테슬라에게 비용은 여전히 가장 큰 과제였다. 모델 S의 배터리팩 가격은 1만 5,000달러로 추정되며, 이는 차량 총생산 비용의 25퍼센트를 차지한다.[11] 순수 전기 및 플러그인 하이브리드 차량 구매 시에는 최대 7,500달러의 연방 세금 공제 인센티브를 통해 이러한 비용의 일부를 상쇄했다.[12] 모델 S는 동급 차량보다 초기 비용이 높지만, 운영 비용은 더 낮다. 투자 은행 크레디트 스위스Credit Suisse의 분석가들은, 모델 S 소유자의 평균 연료비가 한 달에 34달러인 반면 동급 가솔린 중형 럭셔리 세단의 경우 최대 175달러에 달하며, 전기 모터의 단순함 덕분에 서비스 비용도 훨씬 낮을 것으로 추정했다.[13]

배터리 그 이상의 혁신

머스크는 테슬라의 순수 전기차가 자동차 산업에서 더 큰 혁신의 기회를 창출할 수 있다고 믿었다. 전기차는 작동 부품이 적기 때문에 내연기관 차량보다 훨씬 단순하다. 단순한 설계로 인해 전기차는 수리 및 정비 횟수가 적어 소비자들에게 큰 가치를 제공한다. J. P. 모건Morgan의 분석가들은 "내연기관 차량의 움직이는 부품 수가 2,000개에 달하는 데 비해 전기차는 20개에 지나지 않아 서비스 비용을 획기적으로 줄이고 차량의 수명을 늘릴 수 있다"라고 말하며, 전기차의 운영 비용이 가솔린 차량에 비해 90퍼센트 낮을 수 있다고 결론지었다.[14]

이러한 설계상의 이점을 바탕으로 테슬라는 시중 자동차 회사들이 사용하는 프랜차이즈 딜러 대신 회사 소유의 매장 네트워크를 통해 소비자에게 직접 차량을 판매하는 혁신적인 결정을 내릴 수 있었다. 머스크는 프랜차이즈 딜러가 신차 판매보다 교체 부품과 수리 서비스에서 훨씬 더 많은 수익을 올리기 때문에 근본적인 이해 상충이 있다고 생각했다.[15] 그러나 모델 S와 같은 전기차는 내연기관 자동차만큼 수리가 많이 필요하지 않아 프랜차이즈 딜러의 비즈니스 모델을 뒤흔들 가능성이 있다. 테슬라의 직접 유통 모델은 차량 수명 기간 동안 소비자의 서비스 비용을 최소화하여 내연기관 차량에 비해 전기차의 가격 경쟁력을 더욱 향상시킬 수 있도록 설계되었다.

"휠의 감촉이 거래를 성사시킵니다"

이 표현은 수십 년 동안 자동차 영업사원들이 신차 시승이 운전자에게 미치는 영향을 설명하기 위해 사용해 왔다. 이 표현이 전기차에도 적용될 줄은 전혀 몰랐다. 모델 S는 즉각적인 성공을 거두었고 운전자들은 자동차의 성능과 승차감에 대해 열광했다. 2012년 출시된 이 모델은 단기간에 전 세계에서 가장 많이 팔린 순수 전기차가 되었으며, 《카 앤드 드라이버Car and Driver》는 모델 S를 '세기의 자동차'로 선정했다.

"그 돈으로 더 저렴한 자동차를 만듭니다"는 테슬라 마스터플랜의 마지막 단계는 모델 3가 2016년에 출시되면서 실현되었다. 모델 3는 BMW 3 시리즈 및 유사 차량과 경쟁할 수 있도록 설계된 주행 거리 263마일의 순수 전기 세단이다. 테슬라는 일주일 만에 주문당 보증금 1,000의 32만 5,000건에 이르는 사전주문을 받아 140억 달러 이상의 매출을 기록했다.[16] 2021년까지 모델 3는 역사상 세계에서 가장 많이 팔린 전기차가 되었다.[17]

경쟁

테슬라 전기차의 놀라운 성공으로 기존 자동차 회사들이 직접 전기차를 설계하고 출시하는 데 박차를 가하게 되었다. 그러나 주요 자동차 회사들은 상대적으로 적은 개발 예산과 전문 기술을 투입하는 등 테슬라에 대한 초기 대응에 미온적이었다. 테슬라와 달리 대형 자동차 기업들은 전기차에 가장 중요한 기술인 배터리 제조를 수직적으로 통합하지 않았고, 전용 전기차 제품 개발에 투자하는 대신 기존 내연기관 차량의 플랫폼을 전기차에 적용했다.[18] 설상가상으로 기존 자동차 딜러 네트워크는 딜러가 차량 서비스에서 총이익의 49퍼센트를 가져가는 상황에서 수리가 거의 필요 없는 전기차 판매에 열정적이지 않았다.[19] 세계 유명 자동차 회사들의 시장 점유율은 이러한 결정의 결과를 반영했다. 2021년에 20개 자동차 회사가 미국에서 순수 전기차를 팔았으나, 놀랍게도 테슬라의 시장점유율은 72퍼센트였다.[20]

경쟁 출발선으로 가는 전기차

전기차는 충전소, 충전 시간, 비용이라는 세 가지 중요한 과제를 해결해야 가솔린 자동차를 대체할 수 있다. 미국 내연기관 차량 운전자들은 11만 5,000개의 주유소에서 주유가 가능하다.[21] 반면, 2021년 전기차 운전자들이 선택할 수 있는 전기충전소는 4만 3,000여 개밖에 되지 않으며 모든 충전소가 모든 전기차 모델과 호환되는 것도 아니다.[22] 충전 시간도 최소 30분에서 최대 몇 시간이 소요되어 가솔린 주유 시간보다 훨씬 길다.[23] 그리고 전기차 구매 비용이 내연기관 차량보다 높다는 점도 있다. 하지만 전기차 판매에 대한 이러한 어려움은 빠르게 해소되고 있다.

전기차에서 가장 비싼 부품인 배터리팩의 가격은 2010년에 $1,100/kWh 이상에서 10년이 지나 $137/kWh로 하락했으며, 앞으로 몇 년 동안 추가 비용 하락이 예상된다.[24] BNEFBloomberg New Energy Finance는 전기차와 내연기관 차량의 비용이 2040년에 비슷해질 것으로 예상하며 "가격 차이도 없고 전기차 사용에 따른 불편함도 사라질 것"이라고 전망했다.[25] 이 시점이 되면 전기차의 충전 및 정비 비용이 크게 낮아져 신차 구매자에게 매력적인 선택지가 될 것이다. 한편, 대부분의 전기차 소유자가 집이나 직장에서 차량을 충전하는 가운데 충전소로의 접근성은 빠르게 향상되고 있으며, 배터리 기술의 발전으로 충전 시간도 감소할 것으로 예상된다.[26]

레이스가 시작되다

자동차 회사는 새로운 모델을 개발하는 데 걸리는 시간을 약 5년으로 보고, 이를 미리 계획해야 한다. 자동차 회사들이 바라보는 미래는 모두 전기차다. 오늘날 전기차는 여러 도전에 직면해 있지만, 트렌드는 모두 같은 방향을 가리키고 있다. 전기차는 내연기관을 사용하는 자동차보다 더 저렴하고, 더 빠르고, 더 나은 제품으로 빠르게 자리 잡고 있다. 또한 자동차 제조업체들은 자율주행 기술이 널리 보급됨에 따라 차량 관리가 더 효율적인 전기차가 자율주행 차량으로 선택될 것으로 인식하고 있다.[27] 이러한 추세에 직면하여 기존 자동차 회사들은 빠르게 가솔린 차량을 포기하고, 전용 플랫폼에서 새로운 전기차 모델을 개발하는 것이다.

2021년에 미국 최대 자동차 회사인 GM이 5년간 270억 달러를 투자해 30대의 전기차를 출시하는 등 2035년부터는 전기차만 제조하고 판매하도록 변화하겠다고 선언했다.[28] GM의 발표 직후, 세계 최대 자동차 회사인 폭스바겐은 전기차에 대해 이렇게 말했다. "우리는 전기 차량이 경쟁에서 승리했다는 것을 확신하기 시작했다."[29] UBS 은행의 애널리스트들은 전기차가 2024년까지 신차 시장의 20퍼센트를 차지할 것으로 예측한다.[30] 가솔린 자동차에서 전기차로의 전환은 자동차 회사, 부품 공급업체, 자동차 딜러, 석유 회사, 전기 유틸리티 등 경제의 여러 주요 부문에 영향을 미친다. 투자자들에게 미치는 영향은 이 책 5부에서 다룰 것이다.

수송 분야는 미국 이산화탄소 배출량의 28퍼센트를 차지하기 때문에 전기차는 중요한 기후변화 솔루션이 될 수 있다.[31] 전기차는 내연기관 자동차에 비해 3분의 1의 에너지를 필요로 하며, 온실가스 배출이 없는 태양광과 풍력으로 생산된 전기를 이용해 움직일 수 있다. 그러나 전기차는 기후변화에 대처하는 데 잘 알려지지 않은 또 다른 역할을 한다. 전기차의 급속한 성장은 리튬 이온 배터리의 비용을 낮추고 있으며, 이를 통한 에너지 저장 솔루션을 태양광과 풍력의 간헐성 문제에 대한 해답으로 제공하고 있다.

6장
에너지 저장

"전 세계의 과부하가 걸린 전력망들은 메가배터리 붐의 정점에 있습니다."
― 블룸버그

그림 6.1. 송전선로

풍력 및 태양광 발전은 저렴하면서도 풍족한 무탄소 전력을 생산한다. 하지만 간헐성이라는 한 가지 중요한 단점이 있다. 풍력 터빈은 바람이 잔잔한 날에는 전력을 생산할 수 없고, 태양광 패널은 밤이나 흐린 날에는 전력을 생산할 수 없는 것이다. 태양광 및 풍력 발전에 내재된 간헐성을 고려할 때 전력 수요와 공급의 균형을 맞추기 위한 에너지 저장장치의 필요성이 점점 더 커지고 있다. 에너지 저장을 이해하려면 먼저 전력망에서 전기가 어떻게 관리되는지에 대한 설명이 필요하다.

부하 프로파일

전력은 하루 종일 시간대별로 다양한 양으로 소비되며, 이는 부하 프로파일load profile, 즉 24시간 동안의 전력 수요 그래프로 설명된다.[1] 전력 수요는 일반적으로 대부분의 사람들이 잠을 자고 회사가 문을 닫는 밤 시간 동안 가장 낮다. 낮 시간 동안에는 특히 에어컨을 사용하는 따뜻한 지역에서 부하 프로파일이 증가한다. 일반적으로 늦은 오후나 초저녁에 기온이 일일 최고조에 도달하며 전력소비 최고치에 도달하는 경우가 많다. 이렇게 작업자가 집으로 돌아와 에어컨, 조명, 가전제품 및 기타 전기 장치를 켤 때 치솟는 전력소비량을 피크 부하라고 한다.

부하 프로파일 관리는 현대 전력망 관리의 필수 작업이다. 소비자와 기업이 모두 지속적으로 안정적인 전력을 사용할 수 있어야 하기 때문이다. 전력망 운영자는 피크 부하일 때 전력을 충분히 공급해야 하며, 수요가 감소할 때 전력을 과잉 공급하지 않고 안정적으로 관리해야 한다. 전력을 풍력이나 태양광과 같은 간헐적인 공급원에서 공급될 때 전력망을 관리하는 것은 더욱 어려워진다.

풍력과 태양광 전원의 간헐성 문제는 캘리포니아의 전력 부하 프로파일에 분명하게 드러나고 있다. 그림 6.2는 캘리포니아의 부하 프로파일이다.[2] 총부하라고 표시된 선에서 볼 수 있듯이 전력 수요는 오전 5시경에 최저치를 기록한 후 하루 종일 서서히 증가하여 오후 7시경에 정점에 도달한다. 문제는 태양광 출력 커브에서 알 수 있듯이 태양광 발전이 오후 2시경에 최고조에 도달한다는 것이다. 전체 부하와 태양광 발전 출력 간의 차이인 순부하곡선을 Load - Solar라는 레이블이 붙은 구부러진 선으로 표시한다. 이 곡선의 부하 그래프는 막연하게 오리 모양을 하고 있으므로 전력 산업계에서는 이를 '덕커브Duck Curve'라고 한다.

전력망 운영자는 24시간 내내 전력 공급이 수요 곡선을 정확하

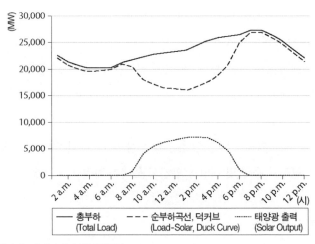

그림 6.2. 캘리포니아의 부하곡선

게 충족하도록 보장해야 한다. 하지만 문제는 풍력발전과 태양광
발전의 전력공급이 증가함에 따라 안정적 운영이 점점 더 어려워
지는 점이다. 캘리포니아의 덕커브는 재생에너지의 확대와 함께
매년 악화되고 있다. 캘리포니아는 재생에너지 분야의 선두주자
이지만, 다른 주들도 재생에너지의 증가로 부하 프로파일의 균형
을 맞추기 위해 같은 노력을 하고 있다.

덕커브에 대한 대응 솔루션에는 수요 반응, 피커 발전소 및 에너
지 저장이 포함된다.

수요 반응

전력회사는 고객이 최대 부하 기간 동안 전력 수요를 줄이도록

권장하며, 고객이 전력회사의 요청에 따라 수요를 줄이는 것을 수요 반응DR, Demand Response이라고 한다. 전력회사는 고객에게 재정적 인센티브를 제공함으로써 이를 실현한다. 예를 들어 특히 더운 여름날 에어컨의 온도 설정을 자동으로 높이는 센서를 설치하는 고객의 전기요금을 절감해 주는 방식이다. 수요 반응은 전력회사가 부하 프로파일의 균형을 맞추는 데 도움이 될 수 있지만, 규모에 따라 간헐적인 풍력 및 태양광 발전의 문제를 해결할 수는 없다.

피커 발전소

미국 전역에는 천연가스를 사용하여 필요에 따라 전력을 공급하는 피커 발전소Peaker Plant가 약 1,000개 있다.[3] 피커 발전소는 "급전 가능한dispatchable"이라는 의미로 빠르게 기동시키거나 끌 수 있는 장점이 있다. 하지만 비용이 많이 든다. 투자은행 라자드는 천연가스 피커 발전소의 LCOE를 재생에너지 발전 비용의 5배인 $175/MWh로 산정하고 있다.[4] 고가의 피커 발전소는 부하 프로파일의 균형을 맞추는 문제를 해결하지만 막대한 비용이 든다.

에너지 저장 시설

전 세계에서 전력망에 연계 가능한 규모의 에너지 저장시설 용량 중 96퍼센트는 양수발전소이며, 이 기술은 100년 전에 개발된 기술이다.[5] 양수 펌핑은 해발고도가 낮은 저수지에서 해발고도가 높은 저수지로 물을 이송하는 방식이다. 전력이 필요할 때는 이 과정을 반대로 하여 높은 저수지에 저장된 물을 이용하여 터빈을 돌려 전력을 생산한다. 양수발전은 70~75퍼센트의 저장 효율로 전력망에 다시 전력을 공급하는 안정적이고 효율적인 시스템이다.[6]

하지만 안타깝게도 양수발전은 태양광 및 풍력 발전의 급속한 성장으로 인한 에너지 저장 문제에 모두 대응하기 어려운 해결책이다. 양수발전은 지질학적으로 고도 차이가 상당한 두 개의 대형 저수지가 있는 경우에만 가능한데, 이러한 저수지가 있는 곳은 극히 일부일 뿐이다. 더욱이 양수저장 설비 건설에 필요한 막대한 비용을 고려할 때 설치 비용을 줄이기 어려울 것으로 예상된다.[7]

전력을 저장하기 위해 압축 공기, 다양한 배터리 기술, 심지어 플라이휠 등 다양한 기술이 존재한다. 이러한 기술 중 리튬 이온 배터리는 저장 효율이 92~93퍼센트에 달할 정도로 매우 효율적이라는 장점이 있다. 또한 리튬 이온 배터리의 제조 비용은 전혀 다른 분야의 수요 증가로 인해 빠르게 감소하고 있다.

한편 자동차 시장에서는…

테슬라는 2차 세계대전 이후 대중 시장에 성공적으로 진입한 최초의 미국 자동차 회사이자 전기차[EVs]만을 판매하는 최초의 회사가 되었다. 하지만 모델 S의 성공은 일론 머스크와 그의 팀에게 새로운 과제를 남겼다. 테슬라는 노트북과 휴대폰 분야의 성장에 따라 리튬 이온 배터리의 가격이 하락하면서 비용을 절감할 수 있었다. 그러나 테슬라의 차량용 리튬 이온 배터리 수요는 노트북과 휴대폰용 수요를 앞질렀고, 2014년 테슬라 모델 S는 전 세계 리튬 이온 배터리 생산량의 40퍼센트를 차지한 것으로 추정된다.[8] 이에 머스크는 리튬 이온 배터리의 제조 비용을 절감하기 위해 기가팩토리Gigafactory라는 혁신을 또 시도하게 되었다.

기가팩토리의 탄생

2014년, 테슬라는 네바다주 스파크스에 세계 최대 규모의 리튬 이온 배터리 공장인 기가팩토리를 착공했다. 과장이 아니라, 완공 시 이 공장은 세계에서 가장 큰 건물이 될 것이다.[9] 이로써 테슬라 배터리 공장은 제조 규모를 활용하여 배터리팩 가격을 30퍼센트까지 낮출 수 있도록 설계될 것이다.[10] MIT 교수 제시카 트란시크 Jessika Trancik는 "리튬 이온 배터리 기술이 태양광 에너지 기술에 필적하는 속도로 개선되었습니다"라고 말하며, 시장 규모가 2배로 늘어날 때마다 비용이 20~31퍼센트 감소한다고 추정했다.[11]

이는 테슬라에 선순환 구조를 만들어 낸다. 배터리 가격이 낮아지면 테슬라 차량의 가격 경쟁력이 높아져 수요를 확대시켜 배터리 생산량을 증가시키고, 제조 비용이 감소하며, 따라서 다시 수요가 증가한다. 테슬라는 배터리에 대한 끊임없는 노력으로 비용을 낮추었다. 2021년에는 $142/kWh로,[12] 모델 S 출시 당시의 절반에도 미치지 못했다. 일론 머스크는 향후 3년 동안 배터리 가격이 56퍼센트 더 하락할 것으로 예상하고 있다.[13] 이것은 테슬라에게 좋은 소식이면서, 풍력 및 태양광 발전에도 희소식이다.

덕커브의 완화

리튬 이온 배터리 가격이 급격히 하락하면서 배터리 에너지 저
장 시스템BESSs, Battery Energy Storage Systems이 전력망의 부하 프로파
일을 균형 있게 조정하여 천연가스 피커 발전소를 대체해 나가고
있다. 리튬 이온 배터리는 풍력 및 태양광에서 발생된 잉여 전기를
저장했다가 저녁이나 하루 중 다른 피크 시간대에 그리드에 다시
공급하여 부하 프로파일 곡선의 부풀어 오름을 제거한다. 그렇기
때문에 이 솔루션은 '덕커브의 완화' 또는 '오리 목 자르기'라고 부
른다. BESS는 피커 발전소보다 비용이 저렴할 뿐만 아니라 리튬
이온 배터리는 응답 시간이 매우 빨라 전력망의 부하 균형을 유지
하기 위해 즉각적으로 증감할 수 있다.

미국의 선도적인 발전기업인 비스트라Vistra는 캘리포니아의 노
후한 천연가스 발전소에 세계 최대 규모의 BESS를 건설했다. 모스
랜딩Moss Landing 프로젝트는 4시간 동안 300MW(1,200MWh)의 저장
용량과 전력을 제공하며, 이는 22만 5,000가구가 사용할 수 있는
전력이다.[14] 이 프로젝트는 향후에 5배인 1,500MW까지 확장할 수
있다.[15] 이런 전략을 비스트라만 구사하는 것은 아니다. 미국 에너
지부DOE, U. S. Department of Energy는 2030년까지 전력망에 연계된 에
너지 저장 분야의 연간 성장률이 27퍼센트에 이를 것으로 예측하
고 있다.[16]

리튬 이온 배터리의 특별한 중요성은 2019년 노벨 위원회가 세 명의 과학자에게 노벨 화학상을 수여하면서 다음과 같이 발표하여 인정받았다. "가볍고 충전 가능하며 강력한 배터리는 이제 휴대폰에서 노트북, 전기차에 이르기까지 모든 분야에 사용되고 있다. 그것은 또한 태양광과 풍력 에너지의 상당한 양의 에너지를 저장할 수 있어 화석연료가 없는 사회를 실현할 수 있다."[17]

점점 더 저렴해지는 리튬 이온 배터리는 일일 부하 프로파일과 관련된 단기 에너지 저장 문제를 해결할 수 있다. 안타깝게도 배터리는 바람과 태양이 적은 오랜 기간을 처리하기 위해 장기적인 에너지 저장을 제공하는 데 효과적이지 않다. 재생에너지의 간헐성 문제를 해결하는 위해서는 두 가지 추가 솔루션이 필요하다.

백업 에너지: V2G

2021년 2월, 겨울 폭풍이 텍사스를 강타하면서 주 전역의 전력 생산이 중단되어 300만 명의 주민이 대규모 정전사태에 처했다. 미래에는 전기차가 이러한 대규모 정전사태를 예방할 수 있을지도 모른다.

전기차는 사용하지 않을 때 배터리의 전기를 전력망에 돌려보낼 수 있는 기능이 있는데, 이를 차량 - 그리드Vehicle-to-Grid, V2G 또는 양방향 충전이라고 한다. 이러한 방식으로 전기차는 전력망에 수요가 많을 때 백업 에너지를 공급할 수 있는 위치에 있다. 포드의 F-150 라이트닝Lighting 트럭은 V2G 기능을 제공하는 미국 최초의 전기차다.[18] V2G는 상당한 백업 에너지를 제공할 수 있다. 예를 들어, 포드의 F-150은 평균 미국 가정에 최대 10일 동안 전력을 공급할 수 있는 배터리를 장착하고 있다.

테슬라는 자동차에 사용되는 것과 동일한 리튬 이온 배터리를 사용하는 가정용 배터리 시스템인 파워월Powerwall을 판매한다. 가정용 배터리 시스템은 V2G와 마찬가지로 전력망 불안정성을 줄일 수 있다. 캘리포니아에서는 테슬라 파워월 배터리를 사용하는 주택 소유자가 전력 수요가 많은 시간에 전기를 전력망으로 돌려보내는 실험적인 '가상 발전소VPP, Virtual Power Plant'에 참여하여 정전을 줄이고 소유자에게 추가 수익을 창출 가능하게 한다.[19]

V2G 및 가정용 배터리 시스템은 백업 에너지 저장을 위한 실용적인 솔루션으로, 악천후 또는 기타 전력망의 정전 문제를 해결할 수 있다. 하지만 며칠 또는 몇 주 동안 예비 용량을 유지할 수 있는 장기적인 에너지 저장은 불가능하므로 다른 기후 솔루션이 필요하다.

장기저장 및 에너지 전환

풍력 및 태양광 발전으로의 글로벌 에너지 전환은 전력망 안정성을 보장하기 위한 장기 저장소의 필요성을 증가시킬 것이다. 캘리포니아 UC버클리 대학교의 보고서에 따르면, 재생에너지가 미국 전력망의 90퍼센트를 차지하게 된다면 150GW의 재생에너지를 4시간 동안 저장할 수 있는 용량(즉 600GWh)이 필요하며,[20] 이는 현재 용량보다 100배 이상 증가하는 꼴이다.[21] 배터리를 사용하는 BESS 프로젝트는 이러한 수요의 일부를 충족시킬 수 있지만 배터리는 며칠 동안 에너지를 저장하는 데는 적합하지 않은 솔루션이다.

벤처 캐피탈 투자자들은 새로운 배터리 설계, 커패시터, 플라이휠, 압축공기, 중력 시스템 등 다양한 에너지 저장 제품을 개발하는 엔지니어들에게 자금을 지원하고 있다. 이러한 기술들은 잠재력이 있지만 모두 상당한 기술적·상업적 장애물에 직면해 있다. 다행히도 장기적이고 확장 가능한 에너지 저장을 제공할 수 있는 완전히 다른 기후 솔루션이 존재한다. 바로 '그린 수소'다.

7장
그린 수소

"30년 후에는 수소가 오늘날의 석유와 같은 존재가 될 것이다."

— 세이피 가세미Seifi Ghasemi, CEO,
에어프로덕트 앤드 케미컬 주식회사

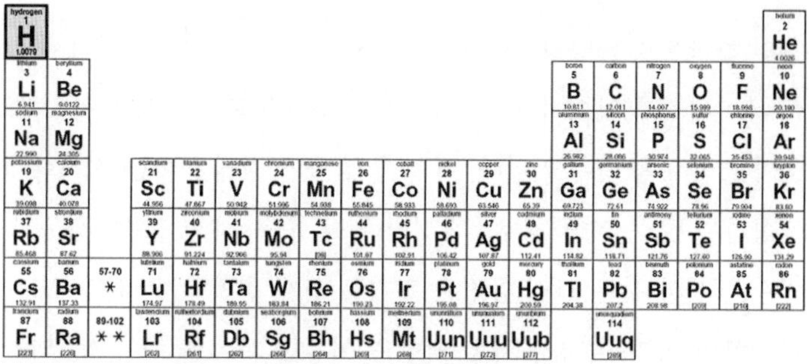

그림 7.1. 수소가 강조된 주기율표

태양광과 풍력은 지구상에서 가장 빠르게 성장하는 새로운 발전원이며, 이들 전원의 발전 비용 하락은 화석연료에서 재생에너지로의 에너지 전환을 지속적으로 가속시킬 것이다. 동시에 배터리 비용의 하락으로 태양광 및 풍력 발전의 간헐성에 대한 문제의 해결이 용이해지고 있으며, 단기 에너지 저장을 통해 그리드의 부하 프로파일 균형을 맞추고 있다. 하지만 몇 가지 경제 분야는 전기화에 적합하지 않다. 항공 여행, 장거리 해상 운송, 대형 트럭, 경운기, 철강 생산과 같은 산업 공정은 전기로 쉽게 전환할 수 없다. 또한 전력망의 장기 에너지 저장 역할은 여전히 화석연료로 구동되는 피커 발전소에 의존하고 있다. 이런 상황에 수소, 특히 '그린 수소'는 온실가스를 배출하지 않는 잠재적으로 무한한 에너지원으로서 매력적인 대안이다.

수소는 오랫동안 에너지원으로 사용되어 왔다. 20세기 초, 수소는 최초의 대서양 횡단 항공 여행에 활용되었으며, 오늘날 수소는 정유에서 비료에 이르기까지 다양한 산업 분야에서 사용되고 있다. 수소는 가장 가벼운 원소(그림 7.1)로서 석유나 천연가스보다 단위 질량당 에너지가 2배나 많기 때문에 매력적인 연료이다. 하지만 수소는 가연성이 높고 유통을 위한 전용 인프라가 필요하기 때문에 사용하기에 까다로운 연료이기도 하다. 수소는 매우 가볍기 때문에 단위 부피당 에너지 밀도가 매우 낮으므로 운송을 위해 액화해야 한다. 이를 위해서는 고압 저장 시스템이 필요하다. 따라서 수소의 가장 큰 문제는 비용이다.

수소는 우주에서 가장 풍부한 원소이다. 하지만 지구의 자연계에서는 다른 원소와의 화합물 형태로만 존재한다. 산소와 결합한 수소는 물이 되며, 탄소와 결합한 수소는 화석연료인 탄화수소를 형성한다. 그렇다면 수소를 연료로 사용하기 위해서는 먼저 수소를 다른 화합물로부터 분리해야 한다. 증기 메탄 개질법SMR, Steam Methane Reforming은 수소를 생산하는 가장 일반적인 방법으로, 이 과정에서 천연가스를 원료로 사용한다. 이를 일반적으로 '그레이 수소'라고 한다. 안타깝게도 증기 메탄 개질법을 이용한 수소 생산은 공정에 사용되는 천연가스의 처리되는 과정에서 이산화탄소가 배출되기 때문에 기후변화를 완화하지 못한다.

다음 장에서 설명하는 기후변화 완화 기술인 이산화탄소 포집 및 저장기술을 사용하여 수소를 생산할 수도 있다. 이러한 방식으로 수소를 생산하면 온실가스 배출을 없앨 수 있으며 이를 '블루 수소'라고 부른다. 블루 수소는 이산화탄소를 포집하고 저장하는 비용으로 인해 그레이 수소보다 훨씬 더 비싸다. 기후변화 관점에서 볼 때 블루 수소는 그레이 수소보다 낮지만, 투자자 관점에서 볼 때 대규모 정부 보조금이나 기타 인센티브가 필요하다. 다행히도 저렴한 비용과 낮은 배출량의 조건을 둘 다 가진 잠재적 수소생산 공정이 한 가지 남아 있다.

그린 수소

수소는 물을 각각의 원소인 산소와 수소로 분리하여 생산할 수 있다. 이를 위한 기술인 전해조는 전류를 사용하여 물 분자를 분리한다. 전해조 운영에는 상당히 많은 에너지가 필요하며, 화석연료를 이용하여 전력을 생산하는 경우 비용이 많이 들고 환경오염도 유발한다. 다행히 태양광 및 풍력 발전의 급속한 성장으로 탄소를 배출하지 않는 전기를 사용하여 저렴한 비용으로 수소를 생산할 수 있는 기회가 생겼다. 그림 7.2에서 볼 수 있는 것처럼 '그린 수소'의 생산 개념은 비교적 간단하다.

현재까지 그린 수소는 그레이 수소 또는 블루 수소보다 생산 비용이 더 많이 든다. 전해조는 제조 비용이 비싸고 운영에 많은 양의 전력이 필요하기 때문이다. 하지만 이러한 상황은 빠르게 바뀌고 있다.

전해조 비용은 수요와 생산이 확대됨에 따라 약 9~13퍼센트로 추산되는 학습곡선을 그린다.[1] 이는 생산량이 2배로 증가할 때마다 전해조 비용이 평균 11퍼센트씩 하락할 것으로 예상된다는 것을 뜻한다. 전해조 수요는 빠르게 증가할 것이 예상되므로 약간의

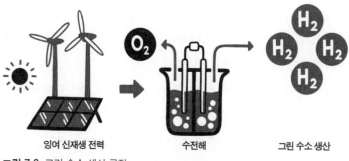

잉여 신재생 전력　　　　수전해　　　　그린 수소 생산

그림 7.2. 그린 수소 생산 공정

학습곡선만(수소생산량이 2배씩 증가하는 몇 번의 과정만) 거치더라
도 경제성은 크게 개선될 것이다. 전해조 비용 하락과 함께 풍력
및 태양광 발전 비용의 감소로 그린 수소 생산가격도 크게 하락할
것으로 예상된다. 골드만 삭스는 값싼 전해조, 저렴한 재생 전력을
고려하여 2050년까지 수소 생산 시설이 500배 이상 증가할 것으로
전망한다.[2]

다양한 응용분야

컬럼비아 대학교의 훌리오 프리드먼Juio Friedman 박사는 그린 수
소를 '탈탄소화의 스위스 군용칼(일명, 맥가이버 칼)'이라고 부르며,
수소의 광범위한 응용 분야를 전망했다.[3] 수소는 매우 다양한 방
식으로 사용될 수 있는 것이다.

수송 분야에서 연료전지는 수소를 전기로 변환하여 차량에 동력
을 공급하는 데 사용된다. 수소 버스는 이미 상용화되어 있고, 또

한 수소는 장거리 운송을 위한 트럭 및 선박에 사용할 수 있다. 심지어 항공 분야에서도 에어버스는 2035년까지 수소 비행기를 상용화하겠다는 계획을 발표했다.[4]

농업 분야에서 수소는 암모니아의 원료이며, 그린 수소를 사용하여 저렴하고 배출 가스가 없는 비료를 생산할 수 있다.[5] 산업 분야에서는 철강 생산에 수소를 석탄 대신 사용할 수 있으며, 스웨덴에서는 온실가스 배출이 전혀 없는 철강 생산을 위해 투자자들에게 30억 달러 규모의 그린 수소 플랜트 건설에 자금을 조달하도록 유도하고 있다.[6] 또한 그린 수소는 태양광 및 풍력 발전소가 오프라인 상태일 때 전력을 생산하는 피커 발전소의 천연가스를 대체할 수 있으며, 장기적인 에너지 저장 솔루션을 제공한다. 이렇듯 그린 수소의 잠재력은 무궁무진하지만 도전 과제 또한 만만치 않다.

그린 수소 확대를 위한 도전 과제

그린 수소를 생산하는 기술은 이미 존재하지만 생산 비용과 인프라라는 두 가지 중요한 장애물이 있다. 그린 수소 생산 비용은 약 $3~8/kg로 그레이 수소 및 기타 연료 공급원 대비 경쟁력이 없으며, 비용이 $1/kg로 하락하기 전까지는 경쟁력을 갖추기 어렵다.

그린 수소 생산 비용에 대한 예측은 매우 다양하다. 모건 스탠리 Morgan Stanley는 미국 중서부의 풍력발전단지에서 그린 수소가 2022년경 경쟁력을 갖출 수 있을 것으로 예상한다.[7] 반면 BNEF Bloomberg New Energy Finance는 그린 수소의 가격이 $1/kg까지 하락하려면

2050년은 되어야 할 것으로 예상한다.[8] 더 값싼 전해조, 더욱 저렴한 풍력 및 태양광 발전 비용이 그린 수소 생산 비용을 현저히 감소시킬 것이라는 데에는 의심의 여지가 없다. 하지만 곧 두 번째 문제에 직면한다. 저비용으로 생산한 수소를 생산지에서 수요처까지 운송해야 하기 때문이다.

수소는 저온에서 가압해야 사용할 수 있기 때문에 운송 및 보관이 어렵다. 순수 수소는 강철 파이프와 밸브에 취성脆性*을 유발하기 때문에 기존 천연가스 및 석유 파이프라인의 용도를 변경할 수 없다. 새로운 수소 인프라를 구축한다고 치자. 기업은 그린 수소 가격이 경쟁력을 갖추기 전에 수소 운송 인프라에 투자해야 할지, 아니면 비용이 떨어질 때까지 기다려야 할지 고민해야 한다. 그린 수소가 직면한 인프라 문제를 극복하려면 기업과 투자자의 혁신적인 솔루션이 필요하다. 미국의 한 기업인 에어프로덕트 앤드 케미컬 Air Products & Chemicals은 앞으로 나아갈 길을 찾아 사활을 걸고 있다.

상업적 혁신

산업용 가스 분야의 글로벌 리더인 에어프로덕트Air Products & Chemicals는 사우디의 재생에너지 기업과 50억 달러 규모의 합작투자회사를 설립하여 세계 최대 규모의 그린 수소 프로젝트를 건설하고 있다.[9] 사우디 북서부 사막에 위치한 이 프로젝트는 낮에는

---

* (옮긴이 주) 금속 등에 수소가 침투해 인성, 연성이 저하하여 깨지는 현상.

태양광, 밤에는 풍력으로 매우 저렴한 발전을 하기에 이상적인 입지를 갖췄으며, 또한 항구도 있다.

에어프로덕트는 사우디아라비아에서 수소를 수요처로 운송하는 인프라 문제를 해결하기 위해 혁신적인 전략을 사용하고 있다. 이 시설은 파이프라인을 통해 수소를 압축하여 운송하는 대신, 우선 수소를 밀도가 높고 선박 운송 비용이 적게 드는 암모니아로 변환시킨다. 선박으로 운송된 암모니아는 하역 후 충전소에 트럭으로 운송 및 수소 추출을 하므로, 양쪽 끝단(생산지와 수요처 사이)에 비싼 파이프라인을 건설하지 않아도 된다.[10] 충전소는 연료전지로 작동하는 버스와 자동차에 수소를 공급하게 된다. 에어프로덕트는 이 단일 시설에서 2만 대의 수소 연료 버스를 운행하기에 충분한 양의 그린 수소 생산이 가능할 것으로 예상하고 있다.[11] 에어프로덕트의 부사장인 사이먼 무어는 회사의 계획에 대해 다음과 같이 말했다. "농담이 아닙니다. 완성시킬 겁니다."[12]

그린 수소의 미래

수소는 2050년까지 전 세계 에너지 수요의 최대 24퍼센트를 충족시킬 것으로 보인다.[13] 이를 위해서는 전해조에 전력을 공급할 엄청난 규모의 재생에너지 시설을 추가로 건설해야 하며, 새로운 운송, 파이프라인 및 연료 공급 인프라를 구축해야 한다. 그리고 이 모든 것들에 투자가 필요하다. 매킨지는 그린 수소에 대한 글로벌 투자가 2030년까지 연간 3,000억 달러에 달할 것으로 전망한다.[14] 투자은행 에버코어Evercore는 2030년부터 2050년까지 수소 관련 지출이 2조 달러에 달할 것으로 추정한다.[15]

화석연료가 풍력 및 태양광으로 전환되고 내연기관이 전기차로 전환된 후에도 수소는 여전히 배출되는 탄소발생원들을 탈탄소화할 수 있는 잠재력을 가지고 있다. 장거리 운송, 해운, 항공 여행, 중공업, 농업 모두 그린 수소를 사용하여 온실가스 배출을 줄일 수 있다. 가장 중요한 것은 수소가 장주기 에너지 저장을 제공하며 간헐성 문제를 해결하고 재생에너지를 전력망에 100퍼센트 공급할 수 있다는 점이다.

그린 수소를 포함하여 이 책의 2부에 설명된 기후 솔루션들을 활용하면 2050년까지 전 세계 온실가스 배출량을 75퍼센트까지 줄일 수 있다.[16] 이는 250년 동안 온실가스 배출량 증가 이후 놀라운 반전이다. 그러나 과학자들이 치명적인 기후변화를 막기 위해 필요하다고 예측한 목표인 배출량을 0으로 만드는 것에는 충분치 않다. 이를 위해서는 '탄소 제거'라는 또 하나의 기후 솔루션이 필요하다.

8장

탄소 제거

"우리는 확실히 올인할 것입니다.
이것은 우리에게 엄청난 일이 될 것입니다."

그림 8.1. 비키 홀럽Vicki Hollub, 옥시덴탈 페트롤리움 사장 겸 CEO

치명적인 기후변화를 피하려면 온실가스 배출량을 0으로 줄여야 하지만, 저탄소 기술로 빠르게 전환하더라도 일부 배출은 계속될 것이다. 따라서 탄소배출량을 0으로 만드는 것은 거의 불가능하다. 이러한 잔여 배출에 대한 유일한 해결책은 그림 8.2와 같이 탄소 제거 솔루션을 사용하여 '음(-)의 배출'을 통해 대기로부터 온실가스를 제거하는 것이다.[1]

탄소를 제거하기 위해서는 세 가지 솔루션이 유망하다. 첫째, 탄소 포집 및 저장 기술carbon capture and storage은 이산화탄소가 대기로 유입되는 것을 방지한다. 둘째, 탄소격리기술 carbon sequestration은 바이오매스를 사용하여 이산화탄소를 흡수 및 저장한다. 마지막으로 직접 공기 포집direct air capture은 첨단 엔지니어링을 적용하여 이미 대기 중에 있는 이산화탄소를 제거하는 기술이다. 각각의 솔루션에는 고유한 장점과 해결해야 할 난제가 존재한다.

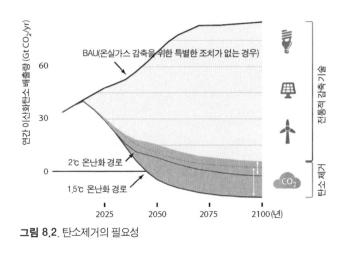

그림 8.2. 탄소제거의 필요성

탄소 포집 및 저장

이산화탄소는 배출되는 지점에서 포집한 다음 지중에 저장할 수 있는데, 이를 탄소 포집 및 저장CCS이라고 한다. 현재 CCS 기술은 화석연료를 사용하는 화력발전소 및 기타 산업 분야에서 배출되는 이산화탄소를 포집한 다음 파이프라인을 통해 적절한 이산화탄소 저장 장소로 이송할 수 있다. 이산화탄소를 저장하는 방법에는 여러 가지가 있지만, 가장 일반적인 방법은 기존의 유전 및 가스전 같은 깊은 지하 지질층에 주입하는 것이다. 전 세계에는 약 50개 이상의 이산화탄소 저장 시설이 존재하며, 이 중 10개가 미국에 있다.[2]

CCS의 문제점은 이산화탄소를 포집, 운송 및 저장하는 데 드는 비용이 최소 60달러/톤에서 최대 150달러/톤이라는 점이다.[3] CCS를 사용하는 화석연료 발전소에서 전기를 생산하는 데 드는 비용은 기존의 화석연료 발전소보다 45~70퍼센트 더 많을 것으로 추정된다.[4] 비싼 CCS 비용에 대한 해결책은 포집한 이산화탄소를 활용하는 데 있다.

포집한 이산화탄소를 생산량이 감소하고 있는 유전에 주입하여 원유 생산량을 증가시키는 데 사용할 수 있는데, 이를 원유회수증진법EOR, Enhanced Oil Recovery이라고 한다. EOR은 이산화탄소를 격리하면서 석유 생산량도 증가시키기 때문에, 사실 기후변화에 중립적인 활동에 지나지 않는다. 하지만 동시에 이산화탄소 포집에 드는 높은 비용문제에 대응할 수 있는 매력적인 상업적 해결책이기도 하다. CCS 프로젝트의 90퍼센트가 수익 목적으로 EOR을 포함하고 있다.[5] 이론적으로 이산화탄소는 플라스틱, 화학 물질, 시멘트 생산에 사용될 수 있으며 심지어 연료로도 사용될 수 있지만, 실제로는 이러한 응용 분야가 아직 실험적 수준에 머물러 있다.

미국 정부는 세액 공제 형태로 CCS에 대한 투자를 장려하고 있다. 내국세입법Internal Revenue Code Section 45Q는 이산화탄소를 포집하고 재이용하는 경우 톤당 35달러의 세액공제를 제공하며, EOR과 같이 지중에 저장하는 경우에는 톤당 50달러의 세액공제를 제공한다.[6] 기후에 중점을 둔 벤처 캐피털 투자자들은 예상되는 탄소 포집 수요에 탄력을 받았다. 투자자들은 CCS 기술에 자금을 지원하고 있으며, 인프라 펀드는 이 기회에 관심을 갖고 있다. 블랙락의 글로벌 에너지 인프라 펀드와 발레로 에너지Valero Energy는 최대 1,200마일의 새로운 이산화탄소 파이프라인과 저장소를 구축하기 위한 유틸리티급 CCS 시스템을 개발하고 있으며, 2024년

경 운영이 시작될 예정이다.[7]

　온실가스를 포집하고 저장하는 것은 기후변화를 해결할 수 있는 효과적이고 강력한 방법이지만, 비용이 비싸다는 문제가 있다. 다른 탄소 저장기술인 탄소 격리는 이미 검증된 저비용 기술이다.

탄소 격리

　나무와 여러 식물들이 빛 에너지를 화학 에너지로 전환하는 광합성 과정에서 이산화탄소를 흡수하면서 탄소가 격리된다. 광합성을 통해 포집된 탄소는 나무가 죽기 전까지 저장되며, 나무가 죽어서 썩으면 탄소는 다시 대기 중으로 되돌아간다. 나무는 저렴하고 빠르게 구현할 수 있는 입증된 기후 솔루션으로, 일시적인 형태의 탄소 포집을 제공한다.

　식물을 태워 화력발전기의 연료로 사용하여 전기를 생산할 수 있으며, 앞서 설명한 바와 같이 CCS를 통해 이산화탄소를 포집 및 저장할 수 있다. 이러한 형태의 탄소 격리를 '바이오 에너지 탄소 포집 및 저장BECCS, Bio Energy Carbon Capture and Storage'이라고 한다. BECCS를 사용하면 온실가스 배출이 영구적으로 격리된다.

　기후 솔루션으로서 숲은 단순하고, 저렴하며, 대규모로 구현할 수 있다는 장점이 있다. 나무를 대규모로 심으면 다른 형태의 탄소 포집보다 훨씬 저렴한 톤당 5달러의 비용으로 탄소를 격리할 수 있다[8](CCS 비용은 톤당 60~150달러). 나무를 심으면 수질 개선, 토양 침식 감소 등 다양한 부가 이익도 얻을 수 있다.

나무가 벌목되지 않도록 보호하는 것을 산림 벌채 방지라고 한다. 산림 벌채 방지는 가장 간단한 기후 솔루션이다. 주로 열대 국가를 중심으로 광범위한 산림이 사라지고 있기 때문에 산림 벌채는 기후변화의 중요한 원인으로 작용한다. 아마존 유역에서 산림 벌채는 매년 4,000제곱마일 이상에 영향을 미치며, 이는 15초마다 축구장 면적만큼의 나무가 베어지는 것과 같다.[9] 산림 벌채와 황폐화된 산림 면적 손실은 전 세계 온실가스 배출량의 약 8분의 1을 차지한다.[10]

숲을 보호하고 나무를 심는 것은 이론적으로는 매우 효과적이고 저렴한 기후변화 해결책이다. 하지만 실제로 산림을 통한 탄소 격리는 의외로 어렵다.

구현상의 과제

산림 벌채는 주로 경제적인 이유로 발생하는데, 목재 생산과 농업용 토지 개간을 위해 나무를 베어내면서 발생한다. 산림 벌채를 못하게 막는다면 특히, 대체 가능한 일자리 찾기가 어려운 개발도상국에서는 농부의 생계 유지 기회가 줄어들 수 있다. 더 심각한 문제는 산림이 광범위하게 보호되면 농경지 부족과 농산물 가격 상승으로 이어져 빈곤층의 식량 안보가 위협받을 수 있다는 점이다.

재조림 계획을 실행하는 데는 몇 가지 현실적인 어려움이 있다. 먼저 나무는 불에 타거나 일찍 죽을 수 있어 비영구적이라는 문제가 있다. 그리고 숲을 보호하는 것이 다른 곳의 산림 벌채를 조장할 수도 있는데, 이러한 위험을 **누출**leakage이라고 부른다. 또한 외딴 지역에서는 벌목꾼과 소규모 농부로부터 대규모 산림을 물리적으로 보호해야 하는 어려움이 있다. 그러나 산림 격리를 실행하는 데 가장 큰 도전은 숲이 정말로 벌목될 위험이 있는지 여부를 판단하는 **추가성**additionality이다.

탄소 격리 투자

UN은 산림 격리가 중요한 기후 솔루션이라는 이러한 결론을 내렸다. "산림은 탄소를 흡수하고 저장하는 능력 덕분에 치명적인 기후변화에 맞서 싸우는 데 매우 중요하다. 산림 벌채를 중단하고 훼손된 산림을 복원하면 기후 솔루션의 최대 30퍼센트를 제공할 수 있다."[11]

탄소 격리 프로젝트는 쉽지 않은 도전이지만 산림 보존의 매력적인 경제성과 규모의 경제를 보았을 때, 위험 부담이 다소 있더라도 흥미로운 투자 기회가 될 수 있다. 기후 솔루션에 중점을 둔 벤처 캐피털 회사인 브레이크스루 에너지 벤처스Breakthrough Energy Ventures는 나무 심기가 "오늘날 대규모로 준비된 가장 매력적인 탄소 제거 옵션 중 하나"라는 이유로 탄소 격리 모니터링 회사에 자금을 지원했다.[12]

탄소 격리에 투자할 수 있는 기회와 이를 성공적으로 수행하기 위한 도전과제는 17장에서 자세히 설명할 것이다.

직접 공기 포집

직접 공기 포집DAC, Direct Air Capture은 대기에서 직접 이산화탄소를 제거하는 기술이다. 직접 공기 포집의 중요한 장점은 지구상 어디서든 프로젝트가 진행될 수 있다는 점이다. 어디서든 가능하여 지구상 전 지역의 기후변화 문제를 해결할 수 있고, 이전 세대가 배출한 대기 중 온실가스까지 제거할 수 있다.

DAC 기술은 흡입된 대기 중 공기를 화학물질에 통과시켜 이산화탄소를 추출하는 방식이다. 포집된 이산화탄소는 안정된 지중에 압축 상태로 저장CCS하거나 산업 공정에 사용한다. DAC 기술의 실현 가능성은 입증되었으나, 문제는 이러한 시스템을 대규모로 구축하는 데 드는 비용이 핵심이다.[13]

DAC 기술이 비싼 기후 솔루션인 이유는 대량의 대기 공기를 화학 화합물로 처리하는 데 엄청난 양의 에너지가 필요하고, 또한 화학제품 사용과 이산화탄소 저장에 비용이 많이 소요되기 때문이다. 매킨지McKinsey는 이산화탄소 직접 공기 포집에 1톤당 500달러 이상의 비용이 들며 이는 나무를 심어 탄소를 격리하는 비용보다 약 100배 비싸다고 추정한다.[14] DAC 분야의 스타트업 리더인 카본 엔지니어링Carbon Engineering은 자신들의 기술로 비용을 톤당 100~250달러 수준으로 낮출 수 있다고 믿는다.[15] DAC 기술은 여전히 매우 비싼 음의 배출량 감축 솔루션이지만, 그 유연성은 매력적이다. 이 기술은 특히 배출량 감축의 기술적 방법이 거의 없는 기업들에게 매력적인 선택지이며, 당연하게도 석유 기업들은 큰 관심을 보이고 있다.

옥시덴탈 페트롤리움Occidental Petroleum과 카본 엔지니어링은 연간 100만 톤의 이산화탄소를 포집할 수 있는 세계 최초의 대규모 DAC 플랜트를 건설하기 위해 합작회사를 설립했다.[16] 이 플랜트는 2023년에 가동될 것으로 예상된다. 하버드 대학교 교수이자 카본 엔지니어링의 설립자인 데이비드 키스David Keith가 발표한 논문에 따르면 톤당 94달러의 비용이 들 것으로 예상했다. 이어 그는 이 비용이 소비자에게 전가될 경우 탄소중립 연료 대신 휘발유 가격에 1갤론당 84센트가 추가될 것이라고 본다.[17]

DAC 기술은 흥미로운 잠재력과 막대한 도전 과제를 가진 음의 배출량 감축 솔루션이다. 옥시덴탈 페트롤리움의 대표이자 CEO인 바키 홀럽Vicki Hollub은 DAC에 대해 다음과 같이 요약했다. "DAC은 작동할 것입니다. 우리는 크게 만들 방법을 찾아야 합니다." DAC을 크게 만들려면 초기 비용을 빠르게 낮춰야 하는데, 이는 투자자들에게 불안요소로 작용한다. 그러나 언제 어디서나 음의 배출 성과를 얻을 수 있는 DAC 기술에 벤처 캐피탈 투자자들이 관심을 갖기 시작했으며, 이 내용은 18장에서 다룰 예정이다.

탄소 제거의 미래

탄소 제거 기술이 화석연료의 추가 사용을 조장하고 재생에너지와 같은 무공해 기술의 구현을 지연시킨다는 비난이 존재한다. 그러나 탄소 제거는 기후 솔루션의 일부가 될 가능성이 높다. 현실적으로 탄소배출 제로를 달성하고 치명적인 기후변화를 피할 수 있는 다른 방법이 없기 때문이다.

과학자들은 온실가스 배출량을 상쇄하기 위해 2050년까지 매년 30억~70억 톤의 이산화탄소를 제거해야 한다고 추정한다. 온실가스 배출로 인한 기온 상승은 기술적으로 원천봉쇄할 수 없다. 따라서 지구 온도 상승을 1.5~2°C 미만으로 유지하려면 대규모 탄소 제거 기술을 개발하고 잘 활용하는 것이 매우 중요하다.[18]

음의 배출의 필요성을 감안하여, 엘런 머스크Elon Musk는 최고의 탄소 제거 기술에 1억 달러의 상금을 걸었다.[19] 이 상금을 관리하는 엑스프라이즈XPrize 재단은 "자연 기반, 직접 공기 포집, 해양, 광물화 또는 영구적 이산화탄소 격리 등 모든 음의 배출량 감축 솔루션들이 지원 대상"이라고 결정했다.[20]

벤처 캐피탈 투자자들은 이러한 기회를 인식했고, 많은 어려움과 위험을 무릅쓰고 탄소 제거 기술에 자금을 지원하기 시작했다. 위험 회피형 투자자들도 숲을 보호하고 나무를 심는 프로젝트에 자금을 지원하고 있다. 그리고 점점 더 많은 미국 기업이 넷제로의 일환으로 탄소 제거 기술의 사용 계획을 수립하고 있다. 이 책 4부에서는 산림 프로젝트에 대한 투자를 살펴보고, 5부에서는 탄소중립 서약과 이를 달성하기 위해 기업이 사용하는 전략, 그리고 주주에게 미치는 영향 등을 설명할 것이다.

이산화탄소 감축 및 제거를 위한 기후 솔루션(재생에너지, 전기차, 에너지 저장, 친환경 수소, 탄소 제거)은 치명적인 기후변화를 피할 수 있는 길을 제시한다. 더 좋은 점은 이러한 기후 솔루션이 시너지 효과를 낼 수 있는 방식으로 연결된다는 것이다. 2부 마지막 장의 주제는 이러한 연관성을 이해하는 것이다.

9장
함께 더 나아지기

"석기 시대는 돌이 부족해서 끝나지 않았습니다.
석유 시대는 석유가 고갈되기 훨씬 전에 끝날 것입니다."

그림 9.1. 셰이크 야마니, 사우디아라비아 석유부 장관

OPEC의 설계자인 셰이크 야마니Sheikh Yamani는 1970년대 에너지 위기를 겪으며, 과거 석유가 더 열악한 에너지원을 대체했던 것처럼 석유도 더 나은 에너지원이 대신할 것이라는 유명한 예측을 했다. 야마니는 90세의 나이로 2021년에 세상을 떠났다.[1] 그는 그가 예언했던 변화를 볼 수 있을 만큼 충분히 오래 살았다. 그가 죽기 전 해에 통합 석유 메이저 BP사는, 전 세계 석유 수요가 정점에 이르렀으며 향후 20년 동안 최대 50퍼센트까지 감소할 수 있다고 발표했다.[2] 하지만 선견지명을 가진 야마니조차도 석유 시대의 종말이 수많은 새 기후 솔루션 중 무엇으로 어떻게 나타날지를 예측하지는 못했다. 각각 고유한 이유로 개발된 다양한 솔루션들은 모두 시너지를 낼 수 있는 방식으로 연관되어 있다. 기후변화 시대의 투자를 이해하는 핵심은 기후변화 솔루션이 어떻게 상호 연계되어 있는지 이해하는 데 있다.

기후 솔루션들의 연계

풍력 및 태양광을 통해 생산한 저렴한 전력은 저비용 리튬 이온 배터리와 결합하여 소비자와 기업에 값싸고 안정적으로 공급되고 있다. 이러한 배터리는 전기차EV의 핵심으로서 자동차 산업을 내연기관에서 전기차로 전환시키고 있다. 또한 이러한 전기차는 재생에너지로 인한 간헐적 전력 공급의 위험을 줄이기 위해 전력망에 백업 전력을 공급할 수 있다. 그러나 이러한 내용은 전기차 이야기의 절반에 지나지 않는다.

물론 전기차의 증가는 전력 수요 증가를 의미한다. 텍사스 대학교의 연구에 따르면, 모든 미국인이 전기차로 바꾼다면 전력망에 현재보다 25퍼센트 더 많은 전력량을 인입해야 할 것이라고 밝혔다.[3] 추가 전력 수요는 태양광, 풍력으로 저렴하게 공급할 수 있다. 태양광과 풍력이 늘어날수록 학습곡선상 재생에너지의 발전 비용은 절감된다. 이는 전력가격이 더 저렴해진다는 것을 의미한다. 전력가격이 저렴해진다는 것은 전기차에 대한 수요가 증가한다는 뜻이며, 전기차의 연료 비용은 훨씬 줄어들게 될 가능성이 높다.

재생 전력은 그린수소 생산을 위한 주요 자원이며, 전기화할 수 없는 경제 부문의 연료를 전기를 통해 충당할 수 있다. 저비용 재생 전력은 그린수소 생산의 핵심이며, 이 수요를 충족시키기 위해 수전해 전력 공급을 위한 재생에너지의 빠른 성장이 필요하다. 블룸버그Bloomberg는, 그린수소의 성장으로 2050년까지 풍력 및 태양광 수요가 30배 늘어나고 전력 공급용 재생에너지 비용이 더 낮아

질 것으로 추정한다.[4]

최종적으로 다른 기술을 사용하여 탄소 감축을 달성할 수 없는 경우 저렴한 전력은 탄소 제거에 필요한 이산화탄소 포집 장치에 전력을 공급할 것이다. 탄소 포집과 저장CCS 및 직접 공기 포집DAC 프로젝트는 대기에서 이산화탄소를 제거하기 위해 막대한 전력을 투입해야 한다. 연구들에 따르면 치명적인 기후변화를 피하기 위한 DAC 프로젝트들은 2100년 전 세계 발전량의 25퍼센트를 사용할 수도 있다고 추정한다.[5] 전력 수요의 증가는 더 많은 풍력과 태

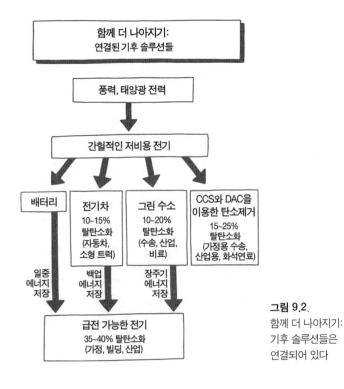

그림 9.2.
함께 더 나아지기:
기후 솔루션들은
연결되어 있다

양광 프로젝트 건설을 지원하여 추가적인 비용 절감에 기여할 것이다.

그림 9.2에서와 같이 기후 솔루션들은 서로 연계되어 있다. 더 중요한 것은 솔루션 중 하나의 성장이 수요를 높이고 비용을 절감함으로써 다른 솔루션의 발전을 촉진하는 선순환 구조로 서로 연계되어 있다는 점이다. 그림 9.2는 기후 솔루션들 간의 연관성을 보여준다.

논의된 것 외에도 기후 솔루션은 수백 가지가 있으며, 그중 상당수는 온실가스 배출을 실질적으로 줄일 수 있다. 프로젝트 드로다운Drawdown은 음식물 쓰레기 감소, 재활용 개선, 대중교통 이용 확대 등이 모두 기후변화를 해결하는 데 어떻게 기여할 수 있는지 설명한다.[6] 이러한 조치들은 중요하다. 하지만 이 책은 상업적으로 투자할 수 있고 온실가스 배출량을 매우 크게 줄일 수 있는 분야에만 우선 초점을 맞추고자 한다.

기후변화에 대한 시사점

한 세기 전 토머스 에디슨은 "전기를 너무 싸게 만들어서 부자들만 촛불을 켜게 될 것"이라고 예언했다.[7] 그의 예측이 얼마나 중요한 결과를 가져올지 아무도 몰랐을 것이다. 에디슨을 비롯한 수많은 발명가들 덕분에, 인류는 화석연료로부터 현대 경제의 많은 분야를 전기화하고 치명적인 기후변화를 피할 수 있는 유일한 기회인 재생 가능 에너지로의 전환점에 서 있다.

풍력과 태양광에서 생산된 전력은 온실가스를 배출하지 않는다. 국제에너지기구[IEA]는 전력을 화석연료에서 재생에너지로 전환하고 에너지 효율을 개선하면 2050년까지 전 세계 이산화탄소 배출량을 38퍼센트 줄일 수 있을 것으로 전망하고 있다.[8] 전기차는 전 세계 이산화탄소 배출량을 22퍼센트 줄일 수 있으며,[9] 산업 분야에서 재생 전력, 에너지 효율을 개선하고, 그린수소를 사용하여 온실가스 배출량을 20퍼센트 더 줄일 수 있다.[10]

그린 수소는 비용이 많이 들거나 전기화가 불가능한 경제 분야를 탈탄소화시킬 수 있다. 수소는 제조 산업과 화학 물질, 철, 철강 생산에 필요한 고온의 열 생산에 사용된다. 무거운 트럭, 선박, 비행기는 배터리의 무게와 장거리 이동으로 인해 쉽게 전기화할 수 없지만, 수소는 트럭의 디젤 연료와 비행기의 제트 연료를 대체할 수 있다.

농업은 전 세계 온실가스 배출량의 나머지 10퍼센트를 차지하고 있다.[11] 비료에서의 배출은 암모니아 생산용 그린수소를 사용하여 제거할 수 있는 반면, 토지 사용으로 인한 배출은 산림 훼손 중단을 통해 줄일 수 있다.

전기화와 그린수소를 합쳐 전 세계 배출량을 약 75퍼센트까지 줄일 수 있다. 그러나 이것만으로는 치명적인 기후변화를 피하기에 충분하지 않다. 산업용 이산화탄소의 포집, 직접 공기 포집 등을 포함한 탄소 제거는 2050년까지 온실가스 순배출량을 0으로 만들어 나머지 25퍼센트를 해결하는 데 활용될 것이다.

투자자를 위한 시사점

넷제로의 달성과 치명적인 기후변화를 피하기 위해서는 종합적인 전략이 필요하며, 이러한 모든 기후 솔루션을 구현하기 위해서는 상당히 많은 자본이 필요하다. 골드만 삭스는 2050년까지 연간 4조 8,000억 달러의 투자가 필요할 것으로 추정했다.[12] 분야별로 보면, 가장 큰 자본 수요는 풍력과 태양광 건설 비용이지만, 이 모든 기후 솔루션들은 자본 집약적이다.

이 책의 나머지 부분은 기후변화 시대의 투자자들이 사용하는 투자 전략과 기후 솔루션들의 최전선에서 실물 및 금융자산에 자본을 투자하는 구체적인 기회와 위험에 대해 설명할 것이다.

3부
투자 전략

산업혁명이 시작된 이래 투자에서 가장 주요한 변화는, 기후변화에 기여하거나 위험에 처한 자산에서 온실가스 배출을 줄이는 데 이바지하는 자산으로 자본을 이동시키는 것이다. 3부는 기후변화 시대에 자본을 재배치하기 위한 투자 전략을 설명하고자 한다.

10장
리스크 경감

그림 10.1. 뉴올리언스에서 발생한 허리케인 카트리나로 인한 홍수, 사상 최악의
보험 손실 사건

기후변화는 폭풍으로 인한 갑작스러운 손실에서 해수면 상승으로 인한 장기적인 피해에 이르기까지 많은 투자에 상당한 위험을 초래한다. 기상이변으로 인한 연간 손실은 인플레이션을 고려하면 1980년대 500억 달러에서 최근 몇 년 동안 1,500억 달러로 3배 정도 증가했다.[1] 보험업계에서는 기후 관련 위험을 알고 있었지만, 최근까지도 대부분 투자자들은 기후변화가 오늘날의 투자 가치에 영향을 미치기에는 너무 먼 미래라고 믿어왔다. 이제 더는 그런 경우가 없다.

수평선의 비극

2015년 당시 마크 카니Mark Carney 영국은행Bank of England 총재는 보험 임원들이 가득 찬 런던 로이드Lloyds의 회의실에서 연설을 했다. 그 연설은 누구나 상상할 수 있듯이 다소 지루했다. 그러나 그

내용은 매우 흥미로웠고 금융 회사와 투자자들이 기후위기를 보는 방식이 바뀌는 전환점이 되었다.

카니는 기후위기가 금융 부문의 초점이 아니었다고 지적했다. 기후위기는 대부분 환경운동가들이 우려하는 것 이상으로 매우 장기적인 것이라고 인식되어 왔기 때문이다. 특히 사업 사이클(분기 단위에서부터 수년까지), 정치 사이클(다음 선거까지 수년 소요), 심지어 중앙은행과 같은 규제 기관의 권한 기간 범위(통화 정책은 2년, 잠재적으로 완전한 신용 사이클은 10년)를 넘어선다. 카니는 기후위기에 대한 이러한 관심 부족을 '수평선의 비극'이라고 불렀다.[2]

수평선의 비극은 경제학 용어인 공유지의 비극을 극화한 것이다. 이 책 1부에서 설명한 바와 같이, 공유지의 비극은 개인이 자신의 이익을 위해 행동할 때 공유 자원이 고갈되는 상황을 묘사한다. 모든 사람들은 문제가 존재한다는 것을 알고 있지만, 아무도 그것을 해결할 동기가 없었다. 카니는 기후변화를 "문제 해결의 직접적인 동기가 없는 현재 세대가 미래 세대에 비용을 떠넘기는 것"으로 수평선의 비극을 묘사했다.[3]

카니는 투자자들이 알아야 할 두 가지 중요한 리스크, 즉 물리적 리스크와 전환 리스크를 파악하고, 투자자들에게 오늘날 기후변화를 해결함으로써 수평선의 비극을 피할 것을 이렇게 촉구했다. "아직 행동할 시간은 있지만, 기회의 창은 한정되어 있고 점점 줄어들고 있습니다."[4]

물리적 리스크

기후변화는 지구에 물리적 변화, 특히 기온과 해수면의 점진적인 상승을 초래할 것이다. 지구 평균 기온은 2050년까지 1℃ 더 상승할 것으로 예상되지만, 평균은 오해의 소지가 있다.[5] 카니의 견해에 따르면 미래의 비교적 사소한 물리적 변화가 오늘날의 자산 가치에 큰 위험을 초래한다는 것이다. 이러한 리스크를 평가하는 것은 평균의 작은 변화가 어떻게 더 큰 변화를 가져올 수 있는지 이해하는 것부터 시작된다.

테일 리스크의 이해

미국 전역에서 온열 지수 37.7℃를 초과하는 폭염이 29개 도시에 매년 한 달 이상 나타나고 있다.[6] 과학자들은 금세기 중반까지 미국 도시 250곳 이상에서 극심한 이상 기온으로 수백만 명의 미국인이 잠재적으로 치명적인 더위에 노출될 것이라 예측한다. 인체의 정상 온도인 36.5~37.5℃보다 높은 기온은 야외 활동을 제약하고 건강에 심각한 리스크를 초래한다. 생산성은 감소할 것이고, 의료비는 증가할 것이다. 눈에 띄지 않는 1~2℃의 온도 변화가 어떻게 이런 큰 영향을 미칠 수 있을까?

날씨 패턴은 정규 확률 분포를 따르므로 평균 기온이 조금만 변해도 이상 기온이 발생하는 횟수가 대폭 증가한다. 평균이 이동하면서 이상 기온이 발생한 확률은 훨씬 더 증가하는 것이다. 그림

10.2에서 평균 기온의 작은 변화가 어떻게 이상 기온 확률을 크게 증가시키는지 볼 수 있다.

기온의 정규 분포가 오른쪽으로 이동함에 따라 오른쪽의 '꼬리' 아래 영역이 급격히 넓어진다. 만약 '더운 날씨' 기준이 32.2°C도가 넘는 날이라면, 평균 기온에서 단 1°C만 변하더라도 32.2°C 넘는 날의 확률은 크게 증가한다. 극단적으로 '기록적인 더운 날씨'라면, 확률 증가는 훨씬 더 크다. 예를 들어 워싱턴 D.C.에서 현재 온열 지수 37°C 이상의 일수는 연간 7일이지만, 과학자들은 2050년까지 그러한 극심한 더위가 발생할 일수가 41일로 증가할 것이라고 예측한다.[7]

테일 리스크는 기온에만 국한되지 않으며 해수면 상승 및 홍수 발생에도 동일하게 적용된다. 현재 해수면은 천천히 변화해 2050년까지 6~18인치 상승할 것으로 예상된다.[8] 그리고 일부 도시에

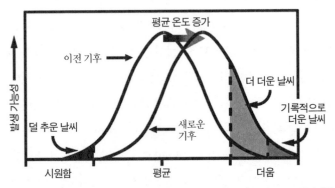

그림 10.2. 온도의 정규 분포. "기후변화 2007: 작업 그룹Working Group I: 물리과학적 근거"

서는 테일 리스크 확률 증가에 따라 홍수가 매우 빈번하게 발생할 것이다. 평균 해수면이 상승하면 정규 분포상의 꼬리 부분 넓이가 증가하고 홍수 발생 확률은 훨씬 증가한다. 예를 들어, 1960년 이후 해수면은 6인치밖에 상승하지 않았지만, 노스캐롤라이나주 윌밍턴 지역은 같은 기간 홍수 발생 횟수가 연간 1일에서 43일로 기하급수적인 증가를 보였다.[9]

자산 가치의 테일 리스크

마크 카니Mark Carney 총재는 투자자들에게 "미래 재앙의 모습은 오늘날의 테일 리스크에서 볼 수 있다"라고 경고했다.[10] 즉, 기후 변화로 인한 물리적 리스크는 대부분 미래 수십 년 동안 발생하겠지만, 테일 리스크로 인한 리스크 증가를 자산 가격에 반영하기 시작했다. 예를 들어, 플로리다 지역은 매년 조수 범람이 1년에 단 며칠인 수준에서 2050년에는 200일 정도로 증가할 것이라 예상된다. 이미 범람이 증가하는 상황에 처한 부동산은 현재까지 평가 가치의 11퍼센트, 즉 총 50억 달러의 가치가 하락했다.[11] 이것은 앞으로 일어날 일의 힌트일 뿐이다.

매킨지McKinsey & Company는, 보험사들이 리스크가 있는 주택에 대해 보험 제공을 거부할 것이고 은행들은 30년 만기 주택 담보 제공을 중단할 우려가 있다고 했다. 또한 침수된 부동산 가치 하락에 인접한 주택들의 가치하락에 이어 지방세 기반까지 잠식되는 악순환을 경고했다. 매킨지는 주택 소유자들과 투자자들의 미래가 어두울 수 있다고 밝혔다. "심각한 잦은 홍수로 인해 부동산 가격이 크게 하락할 수 있으며, 심지어 잠재적인 매수자가 없을 경우 가격이 0원까지 떨어질 수도 있습니다. (…) 구매자들이 미래의 리스크를 예상하고 가격을 책정하면, 집값은 기후로 인한 심각한 재산 파괴나 홍수와 관련된 불편을 겪기 전에 조정될 수 있습니다."[12]

다시 말해, 기후변화의 물리적 영향은 앞으로 수십 년 후의 미래이지만 위험 자산의 가치는 그보다 훨씬 전에 먼저 하락할 수 있다는 것이다.

설상가상으로, 자산 소유자는 기후변화 리스크를 관리하거나 낮추는 데 어려움을 겪을 것이다. 주택 소유자는 일단 홍수로 인한 직접적인 피해를 보상받기 위해 보험에 가입할 수는 있지만, 집값 하락에 대한 보험은 없다. 그리고 기후위기에 처한 부동산 투자자는 주택 소유자와 함께 손실을 입을 것이다. 부동산 데이터 제공업체인 질로Zillow는 2050년까지 미국에서 2,000억 달러 상당의 주택이 빈번한 홍수에 상습 침수 가능성이 있다고 추정했다.[13]

전환 리스크

산불, 홍수, 거센 폭풍우와 같은 물리적인 기후위기는 대부분 언론의 관심사지만, 전환 위험(새로운 정부 규제, 법적 책임 및 기술 변화로 인한 잠재적 손실)은 투자자에게 더 큰 걱정거리다. 고객이 시중 은행과 기타 공공 투자자의 기후변화 대응이 뒤처진다는 것을 발견하면 투자자도 평판 리스크에 노출된다. 그러나 규제 변화는 하루

아침에 투자 수익률을 바꿀 수 있기에 가장 큰 전환 리스크다.

기후변화의 현실이 명확해지면서 각국 정부는 행동에 나설 수밖에 없다. 그리고 정부가 대응을 천천히 해왔기 때문에, 결국 대응에 나서더라도 오랜 지체로 인해 갑작스럽고 무질서한 대응이 될 가능성이 높다.[14] 2020년 선거 이후 미국의 정책 구상에서 나타난 경합이 이것을 증명한다.

트럼프 행정부는 기후변화 대응을 거부하고 100개 이상의 환경 규정을 철회하면서 온실가스 배출 제한과 차량 연비 기준을 약화시켰다.[15] 그러나 1부에서 설명한 기후변화 트렌드는 트럼프 대통령 재임 중 가속화되었고, 새 정부에 들어 불가피한 정책 대응이 필요하게 되었다. 바이든 대통령의 행정부는 빠르게 방향을 선회했다. 이에 증권거래위원회SEC, Securities and Exchange Commission와 다른 정부 기관들은 기후 관련 금융 리스크에 대한 보고 의무와 기후변화에 대한 금융 시스템의 복원력에 대한 감독을 요청하는 행정명령을 내렸다.[16]

수년간의 불확실성 끝에, 대부분의 사업가와 투자자는 기후변화 및 관련 금융 리스크에 대해 명확해진 규제를 환영했다. 지금 투자자에게 핵심 과제는 다음과 같다. "기후 리스크를 어떻게 측정하고 관리할 것인가?"

기후 리스크의 측정

2015년 카니가 보험사 경영진을 대상으로 한 연설에 이어, 규제

당국과 투자자들은 금융기관이 기후 리스크를 평가할 수 있는 방법론을 만들기 위해 기후변화 관련 재무정보공개 태스크포스TCFD, Task Force on Climate-Related Financial Disclosure를 설립했다. 마이클 블룸버그Michael Bloomberg가 의장을 맡고 있는 TCFD는 기후변화 리스크와 물리적 리스크를 측정하는 가이드를 제공했다.

TCFD는 기후변화가 재무 안정성에 미치는 리스크를 측정하기 위해 고안되었다. TCFD 가이드를 따르는 기업은 대차대조표와 현금 흐름에 미치는 영향을 평가하기 위해 시나리오 분석을 사용한다. 그리고 이를 통해 전환 리스크(규제, 기술, 시장 및 평판 리스크 포함)과 물리적 리스크(급성 및 만성 리스크 모두)를 평가한다.[17] 시나리오 분석은 금융권에 잘 알려져 있지만, TCFD는 이를 기후 관련 리스크에 최초로 적용했다.

기후 리스크를 측정하는 것은 기후변화에 대응하는 광범위하고 잠재적인 방법들로 인해 훨씬 더 어려워진다. 예를 들어, 세계 경제가 화석연료에서 재생에너지로 전환되는 경우 석유 회사의 가치는 하락할 것이다. 이에 대한 대안으로 이산화탄소를 분리하기 위해 탄소 포집을 사용하는 방법은 화석연료를 지속적으로 사용할 수 있게 해 향후 몇십 년간 석유 회사 운영을 지원할 것이다. 리스크 측정 관점에서, 투자자는 저탄소 미래로 가는 수백 가지의 다양한 방법론과 함께 위와 같은 양쪽의 가능성을 모두 평가해야 한다.

이러한 어려움이 있음에도 TCFD에 대한 투자자들의 지지는 크게 증가했다. 65조 달러 이상의 자산을 운용하는 600개 이상의 투자자들이 TCFD의 권고에 따라 세계 최대 기업들의 기후위기 보고를 장려하기 위한 클라이밋 액션 100+Climate Action 100+에 가입했다.[18] 그러나 대다수의 상장 기업은 기후변화가 기업에 미치는 재무적 영향에 대해 여전히 보고하지 않는다.[19] 보고하는 기업이라도 기후 리스크 데이터는 재무자료나 연간보고서가 아닌 지속 가능 보고서로 제공되는 경우가 가장 많았다. 이로 인해 기후 리스크를 측정하는 투자자에게 비교 가능한 데이터가 부족하다는 핵심적인 문제가 명확히 드러났다.

미국에서는 아직 기업이 재무보고서상에 배출량이나 기후 데이터를 제공할 법적 의무가 없으며, 공식적인 보고 기준도 없다. 이로 인해 축소 보고나 그린워싱greenwashing 사례가 발생했고, 기업 간 데이터 비교의 어려움으로 이어졌다. 2020년 TCFD의 검토에 따르면 "기업들은 여전히 애널리스트와 관리자들의 의사결정에 신뢰할 만한 정보를 제공하지 못하고 있다"라고 결론지었다.[20] 이러한 문제를 염두에 둔 듯, 국제재무보고 기준을 정하는 IFRS 재단은 2021년 말 기후변화 대응을 위한 공시기준을 개발할 계획이라고 발표했다.[21] 이와 유사하게, 2022년 SEC는 온실가스 배출에 대한 보고 의무와 기후 관련 리스크를 등록명세서와 연차보고서 상에 공시할 것을 제안했다.[22]

투자자는 규제당국이 보고기준을 정립하고 시행하기 전까지는 정확한 리스크 측정에 어려움을 겪을 것이다. 그럼에도 많은 투자자들은 기후 리스크 관리를 위해 데이터를 평가하고, 이를 의사 결정에 반영하기 시작했다.

기후 리스크는 투자 리스크

점점 더 많은 투자자들이 "기후 리스크는 투자 리스크"라는 블랙
락의 래리 핑크Larry Fink의 말에 동의하기 시작했고, 이를 염두에 두
고 자산을 관리하고 있다.[23] 실질적으로, 이것은 투자자들이 가장
큰 리스크에 처한 자산을 매각하는 대신 리스크를 해소하려고 노
력하는 기업에 자본을 배치하고 있음을 말한다. 또한 기후 솔루션
을 가진 기업에 투자하는 등 다양한 투자 전략을 조합하여 기후 리
스크를 관리하고 있다는 것을 의미한다.[24] 기관 투자자들의 기후
리스크에 대한 인식과 우려가 커지고 있지만, 이를 해소하기 위해
합의된 단일 전략은 없다.

기후 리스크 관리에 초점을 맞춘 투자 전략은 기본적으로 방어
적이다. 그러나 방어적이라고 해서 시장수익률보다 낮은 수익률
을 의미하는 것은 아니다. 얼라이언스 번스타인AllianceBernstein 자산
운용사는 컬럼비아 대학교의 기후 학교와 제휴하여, 기후 리스크
를 재무제표에 연결하고 투자 분석에 통합했다.[25] 포트폴리오 매
니저 미셸 던스턴Michelle Dunstan은 "기후변화 해결을 강력하게 고려
하는 기업은 현금 흐름에 대한 리스크를 최소화하고 있습니다. 일
반적으로 기후변화 해결을 더 고려하는 기업은 더 지속 가능한 현
금 흐름으로 고객에게 더 나은 재무적 성과를 제공합니다"라고 설
명했다.[26]

그뿐 아니라 얼라이언스 번스타인은 애널리스트와 포트폴리오
관리자가 기후 리스크를 고려하도록 교육하는 데 앞장서고 있다.

리스크 해소는 기후변화 시대에 투자자 사이에서 빠르게 받아들여지고 있는 전략이다.

리스크를 기회로

엑스프라이즈XPrize와 싱귤래리티Singularity 대학교의 설립자인 피터 디아만디스Peter Diamandis는 "세계의 가장 큰 문제는 세계에서 가장 큰 사업 기회이기도 합니다"라는 말을 즐겨한다.[27] 기후변화는 투자자에게 많은 위기를 초래하지만, 21세기의 가장 큰 문제를 해결하는 데 도움을 줄 수 있는 기회와 많은 수익을 낼 수 있는 기회도 제공한다. 3부의 나머지 부분은 리스크를 최소화할 뿐만 아니라 수익을 극대화시키기 위해 고안된 기후변화 시대의 투자 전략을 설명한다.

11장
투자철회

"투자철회는 이보다 더 간단할 수 없습니다:
기후를 파괴하는 것이 잘못이라면,
그 파괴된 폐허에서 이익을 얻는 것도 잘못입니다."

그림 11.1. 빌 매키번

화석연료 기업에 대한 투자 거부는 논란의 여지가 있지만 점점 더 인기를 끌고 있는 기후변화 투자 전략이다. 투자철회는 투자자의 개인적 가치와 행동이 일치하기 때문에 많은 사람들에게 직관적이고 매력적인 전략이다. 역사적으로 투자철회는 순수하게 윤리적 이유 때문에 이루어졌지만, 기후변화 시대에 투자자들은 투자철회가 더 높은 투자 수익으로 이어진다는 것을 알 수 있다.

투자철회 운동이 시작되었을 때…

투자철회 전략의 최초 지지자는 종교 단체인 퀘이커Quaker 교인들이었다. 그들은 노예 제도와 자신의 종교가 양립할 수 없다고 생각했다. 퀘이커 교인들은 "하나님의 빛은 모든 남자와 여자에게 동등하게 존재한다"[1]라고 공언했고, 노예 제도는 그들의 평등에 대한 이상과 반했다.[2] 1776년 필라델피아의 친우회The Society of Friends in Philadelphia는 노예 무역에 참여하면 공동체에서 추방시킬 것이라는 공식적인 결정을 내렸다. 이들은 이 결정으로 노예제뿐만 아니라 노예 무역으로부터 이윤을 추구하는 것까지 반대하는 입장을 가진 최초의 단체가 되었다.[3] 미국에서 노예제도 폐지를 위해 싸우는 폐지론자에게 윤리적 지원을 하는 한편, 퀘이커 교도는 자신들의 윤리적 가치와 종교적 신념에 충실할 수 있었다.

현대적인 투자철회 운동은 1970년대 인종차별에 반대하는 대학생들이 인종차별 제도하의 남아프리카공화국에서 사업을 하는 기업의 주식을 매각하도록 대학 기금에 요청하면서 시작되었다.[4] 햄프셔Hampshire 대학은 남아프리카공화국과 상업적 관계를 맺은 기업에 투자철회를 약속한 최초의 대학이 되었다. 1988년까지 100여 개의 대학에서 (주식을) 매각했으며,[5] 캘리포니아 대학교에서만 31억 달러 상당의 상장기업 주식을 매각했다.[6] 인종차별 정책을 시행한 남아프리카공화국 마지막 대통령인 데클레르크F. W. de Klerk는 "투자철회 운동이 시작되었을 때, 나는 인종차별이 종식되어야 한다는 것을 알게 되었다"라고 밝히면서, 투자철회 운동이 변화를 가져온 것으로 인정했다.[7]

투자철회와 기후변화

2008년, 작가이자 환경운동가인 빌 매키번Bill McKibben은 화석연료 사용을 종식시키기 위한 비영리 단체인 350.org를 설립했다. 이러한 노력의 일환으로 350.org는 투자철회를 장려하는 캠페인을 시작했다. 환경오염 기업에 대한 투자를 철회하고 기후변화를 해결하기 위한 전략이었으며, 화석연료 산업에 투자한 대학 기금을 회수하는 것이었다.[8] 2013년까지, 미국 전역 수백 개의 대학 캠퍼스에서는 투자철회 운동이 활발하게 진행되었다.[9]

화석연료 투자철회 운동의 목적은 남아프리카공화국에서의 반인종차별 캠페인의 성공 사례를 재현하여 해당 기업의 운영 자금 조달 능력을 줄이는 것이었다. 그리고 그 캠페인과 마찬가지로, 투자철회 이유는 윤리적인 것이었다. 매키번은 "기후를 파괴하는 것이 잘못이라면, 그 파괴된 폐허에서 이익을 얻는 것도 잘못이다"라며 투자철회의 논리를 명확히 설명했다.[10]

기후변화는 독특한 윤리적 문제다. 오늘날 온실가스 배출에 책임이 있는 사람들이 자신이 야기한 오염에 피해를 입지 않을 가능성이 높기 때문이다. 경제적 측면에서, 이러한 온실가스 배출은 음의 외부성externality을 지닌다. 기후변화의 경우 외부성 문제는 특히 골칫거리다. 그 영향이 문제에 기여하지 않은 사람들, 즉 개발도상국과 미래 세대에게 불균형적으로 영향을 미치기 때문이다.

온실가스는 대부분 부유한 선진국에서 배출된다. 세계 인구의 11퍼센트밖에 안 되는 미국과 유럽은 누적 이산화탄소 배출량의 47퍼센트를 차지하지만, 정작 개발도상국에 사는 훨씬 더 많은 사람들이 최악의 기후변화 영향을 받을 것으로 예상된다.[11] 더 큰 문제는 기후변화에 대한 기여도는 미래 세대로부터 훔쳐 온 것이라는 점이다. 매우 심각한 기후변화의 영향은 수십 년 후에 주로 느껴질 것이기 때문이다.

2014년, 스탠퍼드Stanford 대학교는 화석연료 투자에서 최초로 철수를 하여 주목받는 대학이 되었으며, 석탄 채굴 회사에 더는 직접 투자를 하지 않겠다고 발표했다.[12] 스탠퍼드 대학교 총장은 대학의 검토 결과 "석탄은 가장 탄소 집약적인 에너지 생산 방법 중 하나이며, 다른 에너지원으로 쉽게 대체할 수 있다. (⋯) 석탄에 투자하지 않는 것은 작지만 건설적인 조치이다"라고 밝혔다.[13] 그러나 스탠포드 대학교는 석탄 외에 다른 화석연료 기업들에 대한 투자 철회는 거절했는데, 이는 기금 포트폴리오의 수익률을 감소시킬 것을 우려했기 때문이다.[14]

투자철회에 대한 반론

화석연료 퇴출을 지지하는 사람들은 그것이 윤리적 의무라고 주장하는 반면, 퇴출을 반대하는 사람들은 비용이 많이 들고 비효율적이라고 주장한다.

자산 관리의 기초가 되는 현대 포트폴리오 이론은, 자산 간의 수익률이 완벽하게 상관관계가 없는 한 모든 잠재적 자산에 분산 투자하는 것이 위험 조정 수익률을 향상시킬 수 있다고 가정한다. 쉽게 말해, 자산을 여러 분야에 투자하는 것이 위험 조정된 투자 수익을 극대화하려는 투자자들에게 적합하다. 따라서 투자 가능한 분야를 인위적으로 제한하는 것, 예를 들어 투자철회는 자산의 다각화를 줄여서 위험이 조정된 수익률을 낮출 수 있다는 것이다.

2015년에 발표된 연구에 따르면, 화석연료 투자철회 전략은 투자 포트폴리오의 수익률을 연간 약 0.5퍼센트 감소시키는 것으로 나타났다.[15] 대학 기금에 대한 또 다른 연구는 투자철회가 매년 약 0.23퍼센트의 수익을 감소시킨다는 결론을 내렸다.[16] 두 연구 모두 잠재적 투자 풀을 제한하면 장기적으로 투자 수익을 감소시킬 것이라는 현대 포트폴리오 이론의 예측과 확신을 검증하는 것으로 보였다.

게다가 반대론자들은 화석연료에 대한 투자철회(350.org의 설립 목표)가 화석연료 기업의 자금 조달 접근성을 줄이거나 온실가스의 배출을 줄이는 데 비효율적이라고 주장했다. 이는 투자자가 주식을 매각할 때마다 다른 투자자가 주식을 매입하여 기업 자체에 아무런 영향을 미치지 않는다는 논리다. 이론적으로는, 상당수의 투자자들이 화석연료 기업의 주식 매입을 거부한다면 그 주식 가치는 하락하고, 화석연료 기업들은 추가 자본 조달이 어려울 수 있다. 그러나 많은 화석연료 기업이 수익을 내고 있고, 추가 자금이 필요한 기업조차 기후변화에 대한 윤리적 관점이 다른 투자자를 찾고 있다.

또한 투자철회 반대론자들은 투자자와 화석연료 기업 간의 지속적인 관여가 더 나은 결과를 가져올 수 있다고 주장한다. 투자자는 주식을 처분함으로써 정기 주주총회에서 의결권을 상실하게 되고, 화석연료 기업의 경영진은 주식을 처분한 투자자들보다 현재 주주들의 요청에 응할 가능성이 높다. 데이비드 스웬슨David Swensen은 예일 대학교의 300억 달러 기금을 꾸준히 성과를 내며 잘 관리하는 것으로 유명한 전설적인 기부금 관리자로 알려져 있다.[17] 그는

"기업의 경영진과 직접 대화하는 것이 기후변화 리스크를 해결하는 가장 효과적인 수단이다"[18]라고 말했다.

투자철회에 반대하는 주장은 한동안 효과적이었다. 규모가 큰 대학 기금 중에 하버드 대학교, 캘리포니아 대학교와 프린스턴 대학교는 여타의 많은 소규모 대학들처럼 투자철회를 모두 거절했다.[19] 투자철회를 실행한 몇 안 되는 기금은 대부분 석탄 기업에 대한 투자만 철회(대부분 부분적으로만 철회)한 것이며, 한편 훨씬 더 큰 석유와 가스 부문에는 계속 투자했다. 투자철회 지지자들의 윤리적 주장은 대학 캠퍼스의 학생들을 동요시켰지만, 그들이 속한 같은 대학의 기금 투자 관리자들은 대부분 그 주장을 무시했다.

좌초자산

전통적인 펀드 매니저들은 투자철회 전략으로 인해 자신의 수익이 감소할 것으로 우려했다. 그러나 수익률에만 초점을 맞춘 투자자들은 온실가스 배출에 대한 정부 규제 확대, 저탄소 기술의 빠른 혁신, 물리적 환경 변화, 진화하는 사회 규범 등 기후변화 대응 흐름으로 인해 자산 가치가 하락시킬 리스크를 간과할 가능성이 있다. 이러한 리스크 중 하나가 '좌초자산'이라는 개념이다.

옥스포드 대학교는, 화석연료 기업이 더는 자신이 보유한 매장 자원을 투자자에게 팔지 못할 수도 있는 좌초자산 리스크를 조사했다. 매장량은 기업이 채산성이 있고, 앞으로 판매가 가능할 것으로 예상되는 석탄, 석유, 천연가스의 양을 나타낸다. 투자자들은 전통적으로 매장량을 화석연료 기업이 보유한 가치 있는 자산으로 보고 있으며, 매장량이 많은 기업일수록 그 주식에 더 높은 가치를 부여해 왔다.[20] 그러나 투자자들이 잘못 계산했을 가능성이 존재한다.

현재 화석연료 회사들이 보유한 총매장자원에는 3,000기가톤 미만의 잠재적 이산화탄소 배출량이 포함된 것으로 추정된다.[21] 그러나 만약 그 모든 매장량을 모두 태운다면, 지구 온난화라는 거대한 재앙을 야기할 것이다. 연구자들은 2℃의 목표를 달성하려면 석유 매장량의 3분의 1, 가스 매장량의 절반, 그리고 현재 석탄 매장량의 80퍼센트 이상이 채굴되지 않고 땅속에 남아 있어야 한다고 결론지었다.[22] 1부에서 논의한 바와 같이, 소비 패턴의 변화와 정부 규제의 잠재적 변화는 많은 매장 자원을 '태울 수 없는' 잠재적 좌초자산으로 취급하여, 경제성이 없도록 만들 가능성이 있다. 2020년 기준, 분석가들은 석유 및 가스 회사들이 시가 총액의 3분의 1에 해당하는 최대 9,000억 달러의 좌초자산을 보유하고 있다고 추정했다.[23] 따라서 스탠포드 대학교 연구원들은 투자자들이 가치평가가 잘못된 자산을 보유하고 있다고 결론내렸다.[24]

투자철회의 재평가

화석연료 투자철회와 좌초자산 리스크에 대한 투자자들의 관심은 투자 전략에 대한 추가적이고 면밀한 조사로 이어졌다. 투자자들은 투자철회 비용에 대한 두 개의 초기 연구를 미국 독립석유협회Independent Petroleum Association of America에서 의뢰 및 자금을 지원해 주었다는 사실을 알게 되었으며, 이 초기 보고서에 대한 객관성에 의문을 제기했다.[25] 투자자들은 투자철회 전략을 재평가하기 시작했다.

추가 연구에 따르면 화석연료 주식을 투자철회한 포트폴리오의 재무 수익률이 체계적으로 다르지 않다는 사실이 밝혀졌다. 2017년 동료 검토를 거친 초기의 연구는 "역사적 산입 기간 및 지수들 중 특정한 것만 반영시킨" 것이기에, 실제로는 "화석연료에 대한 투자철회가 투자 포트폴리오의 재무 성과를 크게 저하시키는 것은 아니다"라고 결론지었다.[26] 연구원들은 화석연료 주식은 "단지 상대적으로 포트폴리오 다양화에 따른 제한된 분산효과만 있다. (…) 화석연료 주식은 시장 지수(베타가 1, 베타: 시장민감도, 베타 1의 예시: 코스피가 10퍼센트 상승했을 때 해당 주식 10퍼센트 상승)가 나타내는 것보다 다른 것으로도 대체 가능하다"라고 밝혔다. 즉, 현대 포트폴리오 이론하에서 제한적 이익만 있다는 것이다.

학계 밖에서는 펀드운용사 GMO의 설립자인 영국의 유명 투자자 제러미 그랜덤Jeremy Grantham이 2018년 '화석연료 투자철회의 근거 없는 위험성'이라는 제목의 강연을 했다. 그랜덤은 S&P 500 지수상 1925년에서 2017년 사이에 에너지 주식을 포함한 연간 수익률과 제외한 연간 수익률 간의 차이가 −7bp에서 +3bp 수준으로 실질적인 차이가 없다고 밝혔다.[27]

투자철회의 수용

서서히 시작된 시장의 분위기 변화에 화석연료 회사에 대한 투자철회는 대학과 대학 기금들 사이에서 점점 더 인기를 얻어가고 있었다. 게다가, 투자철회 약속은 석탄 기업에 국한된 관심을 넘어 훨씬 더 큰 규모의 석유 및 가스 부문으로 확장되었다. 2019년 캘리포니아 대학교는 간접 투자를 포함한 전체 투자철회[28]를 발표했다. 캘리포니아 대학교는 "장기 투자자로서, 우리는 대학과 이해관계자들이 석유와 가스에 도박을 하는 것보다 대체 에너지 분야의 유망한 기회에 투자함으로써 훨씬 더 나은 서비스를 제공한다고 믿는다"라고 밝혔다. 2020년 브라운 대학교는 "화석연료에 대한 투자는 장기적 재무 리스크가 너무 크다"라고 밝히며, 포괄적인 투자철회를 발표했다.[29] 2021년 초 컬럼비아 대학교는 석탄 기업 투자철회를 넘어 석유 및 가스 기업을 포함시키면서 "2050년까지 합계 순배출량을 0으로 전환하기 위한 신뢰할 수 있는 계획"[30]을 보유한 기업은 예외로 할 수 있다고 했다. 그리고 2021년 9월, 수년간 학생과 동문들의 투자철회 요청을 거부해 왔던 하버드 대학교도 더는 화석연료 기업에 투자하지 않겠다고 발표했다.[31]

대학교와 대학의 기금은 초기에 투자철회에 대한 리더십을 제공했지만, 미국 전체 대학교 및 대학 기금의 투자금은 6,000억 달러 수준[32]으로 미국 연기금이 관리하는 23조 달러에 비해 미미한 수준이었다.[33] 예상대로 연기금도 투자철회를 수용하기 시작했다. 기후변화가 포트폴리오 가치에 미치는 장기적 리스크, 특히 정부 규제 리스크와 화석연료 자산에 대한 기술 고도화 등에 우려가 있기 때문이다. 이제 연기금들은 투자철회 전략을 전면에 내세우고 있다. 1,890억 달러의 자산을 가진 뉴욕시 연기금은 2018년에 투자철회 계획을 발표했다.[34] 이어 뉴욕의 2,260억 달러 규모의 퇴직연금이 5년 안에 화석연료에 대한 투자철회 및 2040년까지 기후변화를 일으키는 다른 기업의 주식을 매각할 것이라고 발표했다.[35] 그렇게 총 40조 달러에 달하는 투자 자본이 화석연료에 대한 투자를 철회했거나 거부했다.[36]

시작…

초기의 투자철회 반대론자들은 그것이 화석연료 회사에 대한 자본 투자를 줄이는 데 효과적이지 않다고 주장했다. 수년 동안 환경오염 기업에 대한 자금 투자를 줄이는 350.org의 목표는 기껏해야 희망으로밖에 보이지 않았다. 그러나 상황이 변화하고 있다. 2020년 《파이낸셜 타임스Financial Times》는 석탄 기업의 금융 접근성이 줄어들고 있다고 보도했고,[37] 국제에너지기구IEA는 신규 탄광이 자금을 조달하는 데 어려움을 겪고 있다고 보고했다.[38] 투자은행 골드만 삭스는 석탄 기업들이 겪는 자금조달 문제가 화석연료 부문 전체에 영향을 미치고 있다고 경고했다.[39]
19세기에 토머스 클락슨Thomas Clarkson은 노예제도 폐지 운동에 대해 다음과 같이 썼다. "가장 위대한 결과에는 반드시 시작이 있다. (…) 우리가 행하는 일이 시작은 미약하고 진행이 더디게 보이더라도, 우리의 노력에 대한 궁극적인 결과에 낙담할 필요가 없다."[40] 투자철회 운동 또한 서서히 시작되었고, 실질적인 효과가 나오기까지 거의 10년이라는 시간이 걸렸다. 지금은 화석연료 부문으로의 자본 흐름이 점차 줄어들고 있다. 투자철회가 전략상 실패했던 점을 성공시키기 위해서는 지속 가능성 개선과 기후변화 대응에 초점을 맞춘 기업으로의 자본 흐름 증대가 요구된다. 이를 위해 ESGEnvironmental, Social and Govenance 투자라는 다른 전략이 필요하다.

12장
ESG 투자

"비즈니스 리더 여러분, 다음과 같이 제안합니다. (…)
우리 UN은 글로벌 시장에 인간적인 면모를 부여할 공유 가치와 원칙인
글로벌 콤팩트Global Compact를 시작하고자 합니다."

그림 12.1. 코피 아난, UN 사무총장

투자철회는 원치 않는 주식을 포트폴리오에서 제외하는 네거티브 투자 전략이다. ESG 투자는 리스크를 최소화하고 수익을 극대화하기 위해 투자 연구 과정에서 환경, 사회 및 거버넌스 요소를 사용하는 매우 정교한 투자 전략이다. 투자철회 운동의 역사와 교훈을 바탕으로, ESG는 기후변화의 리스크와 기회에 힘입어 수조 달러 상당의 자산을 관리하는 것으로 빠르게 성장했다.[1] 놀랍게도, 이 모든 것은 2004년 코피 아난Kofi Annan UN 사무총장(그림 12.1)이 55개 주요 투자 회사의 CEO에게 보낸 서한에서 시작되었다.[2]

편지 한 장에서 100조 달러까지

코피 아난은 취리히에서 열린 회의에 금융 지도자, 학계 및 스위스 정부를 초청했고, 다 같이 모여 재무 분석 및 자산 관리에 환경Environment, 사회Society 및 지배구조Governance 요소를 통합하는 지침을 개발했다.[3] ESG라는 용어는 골드만 삭스, 모건 스탠리 및 기타 18개 주요 금융기관이 배석한 초기 회의의 권고 사항 요약과 함께 발표된 결과 보고서인 「관심을 가진 자가 승리한다Who Cares Wins」에서 처음 사용되었다.[4] UN은 이 첫 회의의 후속 조치로 "ESG 문제를 투자 분석 및 의사 결정 프로세스에 통합한다"라는 문구로 시작하는 여섯 가지 자발적 지침인 책임투자 원칙PRI, Principle for Responsible Investment을 발표했다.[5]

2022년까지 거의 4,000여 명의 자산 소유자와 운용사들이 PRI에 서명했는데, 이는 121조 달러에 달하는 엄청난 총자산을 대표한다.[6] 세계 최고 자산 운용사의 절반 이상이 PRI에 서명했다.[7] ESG의 개념은 "세상에 인간다운 면을 보여주고 싶다"라는 코피 아난의 소망에서 시작되었다. 하지만 이런 투자 전략의 이례적인 성장은 ESG 요소가 기업과 투자자에게 가치를 창출할 수 있다는 점에서 추진력을 얻었다.

ESG 투자 전략

연구 분석가들과 포트폴리오 관리자들은 투자 여부를 결정할 때 많은 요소를 고려하는데, 이 과정을 기초 분석Fundamental Analysis이라고 한다. 기초 분석은 최소한의 요소로 재무성과, 경영품질, 제품과 브랜드 가치, 경쟁사, 시장 규모, 성장 기회 등을 고려한다. ESG 투자 전략은 관심이 있는 투자 대상에 중요한 요소를 추가적으로 고려한다. ESG 요소에 대한 평가는 항상 투자 기초 분석을 대체하는 것이 아니라 중요 요소를 더 추가하여 보는 것이다. 기업 비즈니스에 중요한 ESG 요소는 산업, 지리적 위치 및 기업의 특수한 사항에 따라 달라진다. 환경적 요인에는 필연적으로 온실가스 배출이 포함되며, 회사에 따라 다른 오염물질, 물, 토지 사용뿐만 아니라 회사 제품 사용에 따른 후속 영향이 포함될 수 있다. 사회적 요인에는 기업의 고용 관행과 고객 및 이해관계자에게 미치는 영향 등이 포함된다. 거버넌스 요인은 이사회 구성, 임원 보수 및 감독과 같은 요소에 중점을 두는 경향이 있어 지역별로 다양하다.

많은 투자자들에게 기후변화는 ESG 분석에서 가장 중요한 범주가 되었다. 모닝스타Morningstar의 지속 가능성 연구 책임자는 "기후가 ESG 투자의 가장 큰 테마가 되었다"[8]라고 하며, PRI 지침은 기후변화를 ESG 투자자의 최우선 관심사로 꼽았다.

수탁자의 의무는 어떻게 되는가?

기관 투자자는 고객을 대신하여 자본을 관리하고 고객의 최대 이익을 위해 행동할 법적 의무가 있다. 이것이 수탁자의 의무이다. 일부 투자자들은 ESG 투자가 수탁자의 의무와 양립할 수 있는지에 대해 의문을 제기해 왔다. ESG 투자가 투자자뿐만 아니라 '사회 전반'에 이익이 되는 요소를 고려하기 때문이다. 그렇다면 ESG 요소에 대한 고려는 고객의 이익을 최우선으로 하겠다는 기관 투자자의 약속을 위반하는 것은 아닌가?

이 질문에 대한 답은 2005년 영국의 한 법무법인이 작성한 「프레시필즈 보고서「Freshfields Report」에서 처음 다루어졌다. 이 보고서는 "재무성과를 더 안정적으로 예측하기 위해 ESG 고려사항을 투자 분석과 통합하는 것은 분명히 허용되며 틀림없이 모든 관할에서 요구된다"라고 결론지었다. 그러나 많은 투자자들, 특히 미국에 기반을 둔 투자자들은 「프레시필즈 보고서」에 대해 확신하지 못하고 ESG 투자 전략에 참여하는 것을 주저했다. 투자자들은 고객의 리스크를 조정하여 재무 수익을 극대화해야 한다는 점에서 우려를 표했다. 이러한 우려가 해소되기까지는 10년이 넘게 걸렸다.

2015년, 기업 연금 제도를 감독하는 미국 노동부U. S. Department of Labor는 ESG 투자와 수탁자 의무 논란에 대해 모두가 오랫동안 기다려 온 가이드라인을 제공했다. 노동부는 "수탁자가 투자 경제성만을 근거로 신중하게 그 투자의 정당성을 결정할 경우" 기관 투자자들이 ESG 투자 전략을 사용할 수 있다고 결론 내렸다.[9] 그러나 2020년 트럼프 대통령 시절, 노동부는 방침을 뒤집고 수탁자의 ESG 요소에 대한 고려를 제한하는 지침을 발표했다. 반면 2021년 바이든 대통령 시절, 노동부는 다시 한 번 더 방향을 바꿔 "수탁자들이 투자 결정을 할 때 기후변화와 환경·사회·지배구조ESG 등의 요소들을 고려할 수 있다"라고 발표했다.[10]

이 논란에 대한 규제 변화가 불안정함에도, 하버드 경영대학원의 로버트 에클스Robert Eccles는 ESG 투자와 수탁 의무를 논하면서 "최근의 법률 의견과 규제 지침은 이러한 요소들을 고려하지 않는 것이 의무 위반임을 분명히 한다"라고 평가했다.[11] ESG 요소들은 사회를 위한 가치 창출이 목적이며, 또한 기업과 투자자를 위한 가치도 창출할 수 있다.

기업을 위한 가치 창출

ESG 투자자들은 기업이 재무 실적을 보고하는 것처럼 기업의 환경, 사회, 지배구조 성과에 대한 데이터를 요구한다. 그러나 재무 보고 형태는 거의 한 세기 동안 유지해 왔고, 기업들은 오랫동안 표준 회계 및 보고 규칙을 지켜왔다. 최근 몇 년간 이와 유사한 ESG 표준이 개발되었으며, 이 표준은 점점 더 널리 사용됨에 따라 지속적으로 개선되고 있다.

글로벌 리포팅 이니셔티브GRI, Global Reporting Initiative는 지속 가능성 보고를 위한 글로벌 표준을 만들었고, 이를 글로벌 대기업의 80퍼센트가 사용하고 있다.[12] 이와 유사하게, 지속가능 회계기준위원회SASB, Sustainability Accounting Standards Board는 재무회계기준처럼 기업이 투자자에게 제공해야 하는 가장 중요한 지속 가능성 문제를 식별할 수 있는 기준을 개발했다.[13] 기준에 의하면 기업은 추가적인 데이터 수집 및 보고작업을 수행해야 한다. 그러나 이러한 노력은 보상받을 수 있을 것이다. ESG 측면에 집중하는 것이 기업과 주주에게 상당한 가치를 창출하는 것으로 입증되었기 때문이다.

중요한 ESG 요소에 주의를 기울이고 이를 잘 관리하는 기업은 동종업계보다 우수한 성과를 내는 경향이 있다. 하버드 비즈니스 스쿨Harvard Business School의 연구에서는 "커다란 ESG 성과는 정확한 가치평가와 기대성장률 및 낮은 자본 비용과 상관관계가 높다"[14]

라는 점을 밝혔다. 자세히 살펴보면, ESG 요소에서 좋은 성과를 내는 기업은 충성도 높은 직원, 고객, 투자자라는 세 가지 중요한 경쟁 우위를 갖고 있기 때문에 이는 그리 놀라운 일이 아니다.

컬럼비아 비즈니스 스쿨의 바네사 버바노Vanessa Burbano의 연구에 따르면 "직원들은 사회적 책임을 다한다고 믿는 회사에서 훨씬 낮은 임금을 감수하고라도 기꺼이 일할 생각이 있다"라고 한다.[15] 반대로 경쟁사와 같은 임금을 주더라도 사회적 책임이 높은 기업은 더 높은 성과를 내는 직원을 채용할 수 있다. 이는 사회적 책임이 더 높은 기업이기 때문만은 아니다. 오히려 직원들은 "기업의 사회적 책임을 고용주가 직원들을 어떻게 대우할지에 대한 의미"로 해석한다. 버바노의 연구에 따르면, 사회적 책임에 대한 정보는 최고의 성과를 내는 직원에게 가장 큰 영향을 미치는 것으로 나타났다. 기업이 최고의 직원을 확보하기 위해 경쟁이 심한 노동 시장에서 강력한 ESG 성과는 신규 채용과 기존 직원의 이탈을 막는 데 중요한 이점을 제공할 수 있다.

또한 고객은 지속 가능한 기업으로 보이는 회사를 선호한다. 닐슨Nielsen이 2만 9,000명의 소비자를 대상으로 실시한 조사에 따르면, 소비자의 50퍼센트가 사회적 책임을 다하는 기업의 제품에 더 많은 비용을 지불할 의향이 있다고 답했다.[16] 또 다른 닐슨의 조사에 따르면, 전 세계 소비자의 81퍼센트가 기업이 환경 개선에 큰 기여를 해야 한다고 답했다.[17] 다른 연구에서도 비슷한 결론이 도출되었으며, 소비자들은 사회적 혹은 환경적 기여를 하는 상품을 선호한다는 사실을 발견했다.[18] 경쟁이 치열한 시장에서는 ESG

요소에 잘 대응하는 기업이 고객을 유치하는 데 더 유리한 고지를 점할 수 있다.

마지막으로, 강력한 ESG 성과는 기업이 투자자를 유치하는 데 도움이 될 수 있다. 하버드 비즈니스 스쿨의 조지 세라핌George Serafeim은 기업의 지속 가능성 보고와 투자자 구성 관계를 연구했다. 세라핌은 ESG 성과를 가진 기업에서 "특정한 목적을 가진 한시적 투자자의 비율"은 낮고, "더 장기 투자자를 기반"으로 갖고 있다고 밝혔다.[19] 이후 투자은행 모건 스탠리의 연구에 따르면, 선진국 시장과 신흥국 시장에서 모두 높은 ESG 점수와 낮은 자본 비용 간의 상관관계가 발견되었다.[20] ESG 요소들을 잘 관리하는 기업은 경쟁사보다 장기 투자자본을 더 저렴하게 조달할 수 있으며, 이는 상당히 유리한 경쟁 우위를 점할 수 있는 요인이다.

직원, 고객, 투자자는 지속 가능성 지표에서 높은 순위를 차지하는 기업을 선호하기 때문에, ESG는 기업에 가치를 창출하여 경쟁사보다 우위를 점할 수 있게 해준다. 또한 이러한 기업은 기후변화의 물리적 리스크와 전환 리스크를 포함한 ESG 리스크를 더 잘 관리할 수 있기에 경쟁 업체보다 우위를 확보할 수 있다. 지속 가능성이 기업에게 좋은 전략이라면 투자자에게도 좋은 전략일까?

투자자를 위한 가치 창출

지수 대비 초과이익을 목표로 주식을 선택하는 적극적인 투자자들은 성과, 즉 '알파alpha'를 개선하기 위해 ESG 전략을 점점 더 많이 사용한다. 한 설문조사에 따르면 시장 참여자의 63퍼센트가 투자 의사결정에 ESG 정보가 중요하다고 답했다.[21] 더욱 중요한 것은, 하버드 대학교의 연구에 따르면 ESG가 위험 조정 수익률을 향상시킨다는 것이다. "ESG 심사로 평균 연간 수익률이 약 0.16퍼센트 상승하게 된다."[22] 0.16퍼센트는 사소한 수치처럼 보일 수도 있지만, 펀드매니저에게는 평균 성과와 초과 성과를 가르는 차이가 될 수 있다.

다른 연구에서도 ESG 전략이 투자자의 하방downside 위험을 줄일 수 있다는 사실이 밝혀졌다. 모건 스탠리의 분석에 따르면 지속 가능 펀드의 위험 수준이 기존 펀드에 비해 감소한 것으로 나타났다.[23] 지속 가능 펀드의 하방 편차 중간 값은 기존 펀드에 비해 약 20퍼센트 낮았다.

최근에는 코로나19 팬데믹을 겪으면서도 지속 가능 펀드 성과가 회복세를 보이고 있다.[24] 블랙락BlackRock은 변동성이 컸던 2020년 1분기에 지속 가능 지수의 94퍼센트가 벤치마크 대비 초과수익을 달성했다고 밝혔다.[25] 학술 연구에 따르면 블랙락과 다른 투자자들이 팬데믹 기간 동안 경험한 결과는 "주식 시장이 붕괴하기 시작하면서 ESG와 비정상적인 수익률 사이에 점점 더 강력한 연관성이 나타난다"[26]라는 것이다.

위험이 조정된 수익률 개선의 잠재력을 감안할 때, 이러한 기회를 활용하기 위해 ESG를 중시하는 펀드가 새롭게 많이 생겨났다. 모닝스타는 ESG 전략에 초점을 맞춘 펀드가 3,300개, 운용자산이 8,400억 달러에 달한다고 추정했다.[27] 적극적인 관리자들은 이 기회를 빠르게 활용하고 있으며, 많은 운용사들이 아직 확립되지 않은 ESG 보고 및 성과의 특성을 알파의 원천으로 보고 있다.[28]

지수에 연계되도록 설계된 주식 포트폴리오를 선택하는 패시브 Passive(소극적) 투자자는 ESG 투자 전략에 참여하더라도 적극적인 투자자와는 다른 스타일로 투자한다. 패시브 투자자는 ESG 지표에서 우수한 성과를 내는 기업을 선별하기 위해 특별히 고안된 지수를 활용한다. 최근 몇 년 동안 이러한 투자 수요를 충족시키기 위해 S&P 500 지수와 같이 인기 있는 시장의 벤치마크에 연계하는 지수 상품이 활발히 출시되고 있다.

주식형 펀드 운용사들이 가장 먼저 ESG 지표를 도입한 반면, 채권 운용사들도 투자 프로세스에 ESG 지표를 통합하고 있다.[29] 대출채권담보부증권CLOs, Collateralized Loan Obligations과 같은 난해한 채권 상품도 일부 통합된 ESG 요소를 포함하기 시작했다.[30] 연구에 따르면 채권 ESG 펀드는 주식 펀드와 달리 높은 수익 추구보다는 하방 위험 관리에 더 집중하는 경향이 있는데, 이는 일부 높은 ESG 등급을 보유한 발행사의 신용 스프레드(회사채 신용등급 간 금리격차)가 더 타이트할 수 있기 때문이다.[31]

사모 펀드 투자자들도 실사 및 투자 절차에 ESG 요소를 통합하고 있다. 블랙스톤Blackstone과 칼라일Carlyle 같은 기존 포트폴리오에 ESG를 통합하기 위해 노력하는 펀드도 있고, 다른 사모 펀드 자산운용사들은 ESG 투자전략 전용 펀드를 새로 출시하는 등 접근 방식은 펀드마다 다르다.[32] 투자자들은 환경, 사회, 지배구조 문제가 매우 복잡하다는 사실을 인지하면서 ESG 요소를 잘 관리하는 기업이 잘 운영된다는 것을 알게 되었다. 즉, ESG 요소에 대한 강점은 기업 경영진의 수준을 반영한다는 것이다.

연구를 넘어선 행동주의

기후변화 대응에 헌신하는 ESG 투자자들은 상장기업의 온실가스 배출량 감축과 재무수익률 개선을 장려하기 위해 행동주의를 활용한다. 주주는 법적으로 소유권을 가진 권리자이며, 이 행동주의는 주주들에게 이익을 줄 수 있다. 기후변화를 우려하는 주식 투자자들의 주주 행동주의는 '회사 경영에 대한 관여'와 '연례 정기총회에서 투표', 두 가지 방법으로 이루어진다.

주주관여는 주주(기관 투자자)가 기업과 만나 장기적인 재무 성과에 영향을 미칠 수 있는 ESG 이슈에 대해 논의하는 활동이다. 블랙락은 매년 3,000개 이상의 기업 경영진과 만나 기후변화 및 기타 ESG 이슈에 대해 우려를 전달하고 피드백을 제공하며 의견을 공유한다고 밝혔다.[33] 상장기업은 일반적으로 기관 투자자와 적극적으로 소통하지만, 때로는 주주가 투표를 통해 적극적인 조치를 취해야 하는 경우도 있다.

투자자는 연례 정기총회에서 투표를 제안할 수 있는 법적 권리가 있다. 기업은 기본 사업과 관련이 없다고 판단되는 제안을 제외할 수 있지만, 제외를 결정할 최종 권한은 증권거래위원회SEC, Securities and Exchange Commission에 있다. 미국 상장 기업의 주식을 1년 이상 보유한 2만 5,000달러 이상의 주주라면 누구나 주주 제안을 할 수 있으므로, 소액 투자자도 행동주의에 참여할 수 있다. 기후 관련 제안에 대한 지지는 2019년 28퍼센트에서 2021년 49퍼센트로 크게 증가했으며, 파리 협정에 따라 기업의 온실가스 배출량 감축을 요구하는 결의안이 가장 인기 있는 안으로 나타났다.[34]

연례 총회에서 자신의 제안에 대한 표결을 원하는 투자자는 다른 투자자에게 위임장을 요청하는 경우가 많다. 위임 투표는 주주 총회에 참석할 수 없는 다른 투자자를 대신해 투표할 투자자를 지정하는 것이다. 상장기업은 주주 제안에 대해 경영진이 반대할 때 특정 주주가 다른 주주들을 설득하여 의결권 있는 주식들로 세력화하기 때문에 주주 위임장 관련 싸움에 휘말릴 수 있다. 옥스포드 대학교의 로버트 에클스Robert Eccles와 콜린 마이어Colin Mayer는 "위임장 투표는 강경 투쟁이지만, 이는 행동주의 헤지펀드가 오랜 기간 동안 연마해 온 기술이다"라고 말했다.[35] 기후변화 시대에 강경 투쟁이 어떻게 유용할 수 있는지 보여주기 위해 엔진 넘버원Engine No.1이라는 작고 이상한 이름의 투자회사가 만들어졌다.

2021년, 엔진 넘버원은 반체제 주주 그룹을 이끌고 엑슨모빌 ExxonMobil 이사회에 저탄소 전략을 지지하는 4명의 신규 이사 선임을 제안했다. 엔진 넘버원은 블랙락, CalSTRS, 뉴욕주 공동 퇴직기금 등 주요 기관 투자자들의 지지를 이끌어 냈다. 놀랍게도 과반수의 주식을 보유한 주주들이 경영진의 반대가 심함에도 엑슨모빌 이사회에 세 명의 신규 이사진을 추가하는 데 성공했다. 엑슨모빌을 상대로 한 행동주의 전략은 처음으로 이사회 이사들을 이러한 방식으로 교체한 최초의 사례다.[36] 블룸버그의 분석가들은 엔진

넘버원의 참여 전략이 "ESG 문제, 특히 기후변화 이슈가 주류라는 또다른 신호"라고 결론지었다.[37]

ESG의 긍정적인 피드백의 순환고리

자산가들의 지속 가능한 투자에 대한 요구로 인해 많은 펀드 매니저들이 책임 투자 원칙PRI, Principles for Responsible Investment에 서명하게 되었고, 펀드의 분석가들은 의사 결정 과정에 ESG 지표를 통합하도록 강요받았다. 이로 인해 상장기업의 환경, 사회, 지배구조들의 데이터에 대한 분석가들의 수요가 생겨났고, 이는 글로벌 리포팅 이니셔티브The Global Reporting Initiative와 같은 표준 설정 기관에 대한 기업의 참여를 유도했다. 이후 기업들이 ESG 요소를 관리함에 따라 직원, 고객, 투자자들은 기업이 경쟁 우위를 확보했다는 사실을 알게 되었고, 이는 기업에게 환경, 사회, 지배구조 문제에 더욱 집중하도록 장려하는 긍정적인 피드백의 순환고리를 만들었다. 그리고 투자자들은 ESG 투자 전략이 알파, 즉 초과 성과를 창출할 수 있다는 사실을 알게 되었다.

ESG 투자 전략을 통한 긍정적인 투자 결과는 중요한 피드백 순환을 형성했고, 투자자가 기업에게 더 유용한 데이터를 수집하고 ESG 표준을 준수하도록 촉진했다. 또한 초과 수익이 실현 가능하도록 동기를 부여함에 따라 기업의 지속 성장을 촉진시킬 수 있게 되었다. 이러한 피드백 순환고리는 매우 효과적이었기에 PRI에 서명하는 것만으로도 자산 운용사로 유입되는 자금이 분기당 4.3퍼센트 증가할 수 있었다.[38] 이것이 121조 달러의 자산을 운용하는 약 4,000개 기업이 서명을 한 이유일 것이다.[39] 사실상 주요 자산 운용사가 대부분 참여하고 있으며, 여기에는 블랙락, 핌코PIMCO, 뱅가드Vanguard, 스테이트 스트리트State Street 같은 운용사들이 포함되어 있다. 골드만 삭스는 이러한 긍정적인 피드백 순환 고리의 결과를 "한때 부업으로 여겨지던 ESG 투자가 결정적으로 주류가 되었다"[40]라고 요약했다.

ESG 투자가 기후변화에 미치는 영향

세계 대부호들의 최대 자산운용사인 UBS는 "매우 부유한 고객들은 자신의 투자로 더 좋은 세상을 만드는 데 일조하고 싶어 하기에 ESG 투자는 인기가 있다"라고 밝혔다.[41] 이 이야기의 전제는 ESG 투자 전략이 긍정적인 영향을 미친다는 것이다. 그러나 현실은 명확하게 보이지 않는다.

ESG 투자의 성장이 놀라움에도, 이 전략은 여전히 상당한 도전을 받고 있다. 그중 가장 큰 문제는 환경(E), 사회(S), 지배구조(G) 요인 등에 대해 기업이 보고하는 일관되고 비교 가능한 데이터가 부족하다는 점이다. 보고는 자발적으로 이루어지지만, 기업들은 종종 눈에 띄는 데이터만 선택적으로 보고하는데, 이를 '그린워싱Greenwashing'이라고도 한다. 컬럼비아 비즈니스 스쿨의 시바 라즈고팔Shiva Rajgopal은 기업들의 ESG 데이터를 분석하면서, "기후변화는 실질적인 관심사이며 기업은 착한 일을 함으로써 좋은 성과를 거둘 수 있다. 그러나 어떤 기업이 착한 일을 함으로써 좋은 성과를 거두고 있는지 파악하는 것은 결코 쉬운 일이 아니다"[42]라고 했다.

SEC는 기업이 보고하고 펀드 매니저가 마케팅하는 ESG 정보에 대한 관심을 점점 더 높이고 있다. 2021년 미국과 독일의 규제 당국은 도이체 방크Deutsche Bank의 자산운용 계열사가 ESG 기준을 과장했다는 의혹에 대해 조사를 시작했고, 이는 ESG 투자 업계 전반에 큰 반향을 일으켰다.[43] 유럽 규제 당국은 ESG를 부적절한 방법으로 마케팅하는 펀드 매니저들을 단속하고, SEC는 미국 내에서 잠재적인 위법 행위가 있었는지 조사하기 위해 태스크포스를 구성했다.

좋은 데이터가 있더라도 분석가들은 재무 성과를 평가하고 특정 환경(E), 사회(S), 지배구조(G) 문제를 해결하는 데 어떤 정보가 중요한 것인지 판단하는 데 어려움을 겪는다. ESG 투자가 기후변화에 미치는 영향을 평가하는 것도 이러한 과제 중 하나다.

ESG 투자는 기후변화에 대한 인식을 높이고 기업의 개선된 환경 영향 정보를 공개하는 데 효과적이다. 이미 세계 250대 기업의 93퍼센트 이상이 지속 가능성 지표를 보고하고 있다.[44] 더 나아가 ESG 투자자들은 실질적으로 기업이 온실가스 배출을 줄이도록 장려한다. 일례로 S&P 500 기업의 탄소 총배출량은 2009년부터 2017년까지 11퍼센트 감소했으나,[45] 오히려 같은 기간 매출이 36퍼센트 증가한 것은 매우 인상적인 성과다.[46] 그러나 배출량의 감소는 S&P 500 기업이 제조업에서 서비스업으로 전환했기 때문일 수도 있으며, ESG 투자와 온실가스 배출량 감소 사이의 직접적 연관성을 입증해 내기는 어렵다.

역사상 가장 큰 한 번의 투자기회

앨 고어Al Gore 전 미국 부통령은 치명적인 기후변화의 리스크를 강조한 연설과 영화 〈불편한 진실'An Inconvenient Truth〉로 유명하다. 잘 알려지지 않은 사실은, 고어 부통령이 투자를 선택할 때 기후변화를 특히 고려하는 ESG 전략을 활용하여 큰 이익을 얻었다는 점이다.

고어 부통령은 2004년에 ESG 투자 전략만을 사용하는 최초의 주요 독립 자산운용사인 제너레이션 투자 관리GIM, Generation Investment Management를 공동 설립했다. 설립 후 10년 동안 GIM의 주력 펀드는 매년 5.6퍼센트씩 MSCI 세계지수MSCI World Index를 상회하는 수익률을 기록했다.[47] 이 기간 동안 펀드 투자자들은 3배 이상의 수익을 올렸고 GIM은 세계 최고의 펀드 중 하나로 자리매김했다. 2018년까지 MSCI 세계지수는 8.6퍼센트인 반면 주력 펀드의 수익률은 연간 17.5퍼센트를 기록했다.[48] 고어 부통령이 ESG 투자 전략을 사용한 근거는 간단하다. "미래세대에 빚지지 않고 삶의 질을 개선하는 것은 역사상 가장 큰 투자기회"[49]라는 것이다.

ESG 투자는 이 책의 1부에서 살펴본 저탄소 기술의 급격한 혁신, 물리적 환경 변화, 정부 규제의 확대, 사회적 인식 수준의 향상 등 체계적인 기후 트렌드의 혜택을 받고자 하는 전략이다. GIM은 이러한 트렌드와 투자 수익률 간의 연관성을 입증한 최초의 펀드 중 하나로, 2022년까지 시장 수익률을 크게 상회하며 운용 자산을 390억 달러로 성장시켰다.[50] GIM과 초기 다른 ESG 투자자들의 성공은 전통적인 자산 관리자들에게 기후 트렌드를 투자 전략에 통합함으로써 얻을 수 있는 가치를 확신시켜 주었다.

많은 투자자들에게 ESG 투자 전략의 매력은 전체 포트폴리오에 적용할 수 있다는 점이다. 하지만 ESG는 솔루션에 초점을 맞추는 전략이 아니다. 자본과 기후변화의 교차점에서 보다 목표 지향적인 접근 방식을 추구하는 투자자들은 테마적 임팩트 투자라고 부르는 다른 전략을 사용한다.

13장
테마적 임팩트 투자

"우리 시대의 핵심 과제를 해결하는 데 도움이 되는 훌륭한 기업을 구축하는 것은
일부에서 제기하는 것처럼 모순이 아니며,
이러한 목표는 서로 밀접하게 연관되어 있다고 생각합니다."

그림 13.1. 낸시 펀드, DBL 파트너스

테마적 임팩트 투자는 기후변화와 같은 특정 환경 문제 또는 사회적 문제를 해결하는 사업에 자금을 지원하는 투자 전략이다. ESG 투자와 달리 테마적 임팩트 투자는 주로 민간 기업에 자금을 지원한다. 주제Theme는 전문성과 수익에 대한 기대치에 기초하여 선택한다. 모건 스탠리의 조사에 따르면 임팩트 투자자의 72퍼센트가 기후변화 문제를 해결하고자 하는 것으로 나타났다.[1]

선한 일을 함으로써 좋은 일을 하는 것

테마적 임팩트 투자는 선구적이고 헌신적인 투자 전문가들에 의해 1990년대 후반에 시작되었다. 이들 전문가는 세계에서 가장 어려운 환경 문제와 사회 문제를 해결하는 동시에 매력적인 재무적 이익을 창출할 수 있다고 믿었다. 하지만 다소 급진적인 발상이었다. 당시 대부분의 투자자들은 테마적 임팩트 투자 전략이 시장 수익률보다 투자 수익이 낮을 것이라고 믿었으며, 선한 일을 하는 것과 좋은 일을 하는 것 사이에는 상충관계가 있다고 생각했다. 한 연구에서는 "선한 일을 하여, 돈을 벌 수 있다"라는 것은 환상이라는 결론을 내리는 등 학계 연구도 이러한 관점을 뒷받침했다.[2] 전통적인 자산 소유자들의 관심은 거의 없었지만, 최초의 테마적 임팩트 투자자들은 이러한 관점에 반기를 든 금융 혁신가였다.

초기 테마적 임팩트 투자 펀드인 SJF 벤처스SJF Ventures와 DBL 파트너스DBL Partners는 모두 초기 자본을 조달하는 데 어려움을 겪었다. 1999년 저소득 지역사회 고용창출에 중점을 두고 설립된 지속 가능 일자리 기금SJF, Sustainable Jobs Fund은 기후변화, 건강, 교육 등으로 주제를 넓혔다. 첫 기금은 1,700만 달러에 지나지 않아, 초기 좋은 일자리를 만들고 높은 재무 수익을 창출할 수 있는 투자 기회를 찾는 데 어려움이 많았다.

DBL 파트너스도 마찬가지로 고용 확대를 목표로 소외된 지역사회에 투자하는 데 중점을 두고 시작했다. DBL이라는 이름은 'Double Bottom Line'의 약자로, 첫 번째first 라인Line은 재무적 성과, 두 번째 라인은 사회적 또는 환경적 영향을 나타낸다. 2001년에 출범한 DBL의 초창기 펀딩은 7,500만 달러의 소박한 목표를 달성하는 데 거의 3년이 걸렸다.[3]

그러나 10년 후 SJF와 DBL은 테마적 임팩트 투자 전략에 참여하고자 하는 투자자들의 초과 청약으로 수억 달러의 펀드를 조성했다.[4] 놀랍게도 최초의 테마적 임팩트 투자자들은 선한 일을 하는 것이 실현 가능할 뿐만 아니라 수익성이 있다는 사실을 발견했다.

제휴의 발견

DBF와 SJF는 초기 펀딩에 어려움을 겪었지만 중요한 교훈을 두 가지 얻었다. 테마적 임팩트 투자자는 그들이 투자하는 기업가와 더 잘 어울리고, 기업가는 직원 및 고객과 더 잘 어울리는 사업을 만든다는 사실이다. 이러한 교훈을 바탕으로 DBL과 SJF는 테마적 임팩트 투자자가 매우 매력적인 재무적 수익을 창출할 수 있다는 점을 증명했다.

인기가 있거나 관심이 뜨거운 분야의 경우, 민간 기업의 투자자들은 비슷한 업계의 기업가를 쫓아 거의 비슷한 자금 조달 조건을 제시한다. 자본은 그 자체로 대체가 가능하기 때문에 투자자들은 가장 유망한 거래에 대한 경쟁에서 차별화를 위해 노력해야 한다. 많은 기업가들이 보기에 투자자들 사이에서 차별화되는 핵심 요소는 지속 가능성 및 기후변화와 같은 문제와 관련하여 그들이 제시하는 가치이다.

사회적 미션을 가진 기업가들은 종종 테마적 임팩트 투자를 선호한다. SJF가 투자한 태양광 기업의 공동 설립자이자 CEO인 브렌트 알더퍼Brent Alderfer는 "가치 중심 기업을 구축하려는 우리 회사와 뜻을 함께하는 투자자를 만난 것은 행운이었다"라고 회상했다.[5] 테마적 임팩트 투자자는 기존 벤처 캐피털 및 사모 펀드 투자자들보다 경쟁 우위를 점할 수 있었다. 기후변화 해결책을 보유한 기업가는 열정을 공유하는 투자자로부터 자금 조달과 조언을 원하기 때문이다.

최고의 기업가들을 끌어모은 테마적 임팩트 투자자들은 기후에 초점을 둔 사업이 번창하는 데 도움이 될 수 있는 몇 가지 장점을 알게 된다. 명확한 사회적 기여 목적을 가진 기업은 더 우수한 직원과 충성도 높은 고객을 유치한다. 벤처 단계 사업의 경우, 유능한 직원을 고용하고 초기 고객을 유치하는 것은 창업 초기의 기업 생존에 특히 중요하다. 하지만 이러한 경쟁 우위는 기업의 사업 모델이 목표로 하는 효과impact와 진정으로 일치할 때만 가능하다.

목표 효과와 수익의 조화

DBL과 SJF는 환경 또는 사회적 기여 목표와 수익이 상호 작용할 때, 테마적 임팩트 투자자들이 매우 매력적인 재무적 이익을 창출할 수 있다는 것을 알게 되었다. 기후변화가 바로 그 예다. 예를 들어, 태양광 발전 회사는 더 많은 태양광 패널을 판매할수록 기후변화와 회사의 수익 모두에 긍정적인 영향을 미친다는 기업 목표와 완벽하게 일치한다. 마찬가지로 온실가스 배출을 줄이는 자동차를 판매하는 전기차 기업도 자동차 판매량 비중이 높아지면 투자자 수익률이 상승하고, 수송 부문의 탄소 집약도가 낮아져 상호 긍정적인 결과를 가져온다. DBL은 이러한 재무적·환경적 수익의 잠재력을 보고 초기 테슬라에 투자했다.

DBLDouble Bottom Line과 같은 테마적 임팩트 투자자들은 창업자 낸시 펀드Nancy Pfund(그림 13.1)의 말을 빌리자면, "첫 번째 수익(재무성과 보텀 라인bottom line)과 두 번째 수익(사회적 또는 환경적 영향

보텀 라인)이 상호 배타적인 것이 아니라 실제로 상호 강화된다"라는 가설을 입증했다".[6] DBL의 첫 번째 펀드는 투자자들에게 같은 해에 투자된 동급의 펀드 수익률에 7.7퍼센트를 더한 24.4퍼센트의 IRR을 창출했으며, 2015년 기준 2억 5,000만 달러 미만을 운용하는 상위 25개 펀드 중 2위를 차지했다.[7] 테마적 임팩트 투자자들은 수익성과 공익성 사이에서 절충점을 찾는 대신, 기후변화에 적극적으로 대응하면서 동시에 기존 투자자들을 넘어서는 성과를 창출할 수 있음을 증명했다.

모방은 가장 진실한 형태의 칭찬이다

최초의 테마적 임팩트 투자자는 DBL과 SJF 같은 소규모 스타트업 펀드였다. 이 펀드들은 10년 이상 조용히 기후변화와 기타 사회, 환경 문제를 해결하기 위한 사업을 하는 기업가에게 자본을 투입하고 매력적인 투자 수익을 창출함으로써 투자자, 기업가, 직원, 고객 간의 제휴를 통한 투자 전략을 증명해 냈다. 예상대로 전통적인 투자 펀드들이 주목했다.

2015년 1,050억 달러의 자산을 운용하는 선도적인 사모 펀드 운영사인 베인 캐피털Bain Capital은 데발 패트릭Deval Petrick 전 매사추세츠 주지사와 함께 더블 임팩트 펀드Double Impact Fund를 출범했다.[8] 베인 캐피털은 새로운 펀드가 "중요하고 측정 가능한 사회적 효과를 미치는 프로젝트에 투자하여 매력적인 재무적 수익을 제공하는 데 집중할 것"이라고 발표했다.[9] 베인의 새로운 펀드는 당시

이 분야에서 전례 없는 3억 9,000만 달러의 약정을 빠르게 받았다.[10] 자산 소유자들은 테마적 임팩트 투자 전략의 잠재력에 눈을 뜨게 되었다.

베인이 이 분야에 진출한 후 다른 여러 투자 펀드들도 빠르게 이 분야에 뛰어들었다. 사모 펀드인 TPG 캐피털은 1,000억 달러의 자산을 관리하고 있으며, 20억 달러 펀딩을 야심찬 목표로 하여 테마적 임팩트 투자 회사인 라이즈 펀드Rise Fund를 출범시켰다. 라이즈 펀드는 초기 목표를 달성했을 뿐만 아니라 2020년까지 50억 달러를 운용하고 있다.[11] 전설적인 사모 펀드인 KKR도 "재무 성과와 사회적 효과가 본질적으로 일치할 수 있는 기회에 투자하는" 10억 달러 규모의 글로벌 임팩트 펀드Global Impact Fund를 출범하며, 이 분야에 뛰어들었다.[12] 기존 펀드들은 펀드의 목적, 기업의 사업 모델, 기후변화와 같은 환경 문제 간 연계를 추구하는 최초의 테마적 임팩트 투자자들을 모방해 왔다. 세계에서 가장 크고 가장 성공적인 투자자들은 "선한 일을 함으로써 좋은 일을 하는 것"이 가능하다는 것을 배웠다.

인식의 변화로 세상을 변화시키기

테마적 임팩트 투자 펀드는 기후변화에 긍정적인 영향을 미치기 위해 가장 상징적인 벤처 기업에 자금을 지원했다. DBL은 각 분야의 선두주자인 전기차 제조업체 테슬라와 주택용 태양광 회사 솔라시티SolarCity에 초기 투자한 바 있다. SJF는 넥스트래커Nextracker, 재생에너지 개발업체인 커뮤니티 에너지Community Energy 등에 투자하여 연간 280만 톤 이상의 이산화탄소를 감축하는 데 기여했다.[13] 그러나 테마적 임팩트 투자자의 가장 큰 영향impact은 리스크에 대한 인식을 바꾸는 것이었다.

기업가와 스타트업이 사업 모델을 입증하고 운영을 하기 위해서는 상당한 투자 자본이 필요하다. 투자 유치 이후에는 수익을 내고 현금 흐름을 만들어 성장을 지속할 수 있다. 하지만 기존 투자자들은 리스크를 회피하고자 하며, 경험이 거의 없는 사업 분야에 자본을 투자하는 것에 주저한다. 투자자들은 종종 리스크가 높다는 인식으로 낯선 분야에 대한 높은 투자수익률을 요구한다. 문제는 기후변화에 대응하는 사업을 하는 기업가에게 기후변화에 대한 경험이 없는 투자자가 리스크를 높게 인식하고 높은 투자 수익을 요구하여 기업의 자본조달 비용을 증가시킨다는 점이다. 안타깝게도 낮은 금리로 자금을 조달할 수 있는 기존 사업자에 비해 신규사업자에 대한 높은 자본 비용은 새로운 사업의 경쟁력을 낮추게 된다.

재생에너지 부문이 대표적인 사례다. 투자은행 라자드Lazard는 재생에너지 부문에 대한 연례 보고서를 발간하면서, 2011년에는 풍력 및 태양광 프로젝트에 대한 사용 가능한 자본의 감소와 비용 증가를 강조했다. 재생에너지 프로젝트는 자본 집약적이기 때문에 자본 비용이 높으면 석탄 및 천연가스 프로젝트에 비해 경쟁력이 떨어지게 된다. 그러나 2020년에는 재생에너지에 대한 리스크 인식이 크게 감소하여 투자자들이 화석연료 프로젝트보다 더 낮은 투자 수익률을 요구하게 되었다. 국제에너지기구IEA는 석유 및 가스 기업의 자기자본 비용이 12퍼센트 이상으로 증가한 반면, 재생에너지에 투자하는 기업은 6퍼센트 미만으로 자본에 접근할 수 있다고 보고했다.[14]

리스크에 대한 인식이 가장 많이 바뀐 분야는 전기차다. 2006년 DBL과 소수의 투자자들은 최초의 순수 전기차 회사인 테슬라에 매우 위험해 보이는 투자를 감행했다. 피스커Fisker와 같은 경쟁 전기차 브랜드가 파산을 피하기 위해 고군분투하고 있었기 때문이다.[15] 하지만 2020년까지 테슬라는 100만 대 이상의 자동차를 생산하며 전기차 산업을 일으켰다.[16] 블룸버그의 분석가들은 2022년에는 전 세계적으로 500개 이상의 다양한 전기차 모델이 출시되어 한 회사가 할 수 있는 이상의 영향력을 발휘할 것으로 예상하고 있다.[17]

DBL과 SJF와 같은 테마적 임팩트 투자자들은 재생에너지, 전기차 및 기후변화를 해결하기 위한 기타 산업에서 위험에 대한 인식의 변화를 꾀했다. 그 결과, 자본 비용을 낮추고 해당 사업의 경쟁력을 높이는 데 중요한 역할을 해왔다. 전통적인 투자자들은 재생에너지와 전기차 기업의 상업적 성공을 보면서 투자의 실제 리스크가 처음 인식했던 수준보다 훨씬 낮다는 것을 알게 되었다. 그리고 점차 기후변화에 초점을 둔 기업가들에게 매력적인 조건으로 자본을 지원하게 되었다. 테마적 임팩트 투자자들은 단순히 세계에서 가장 상징적인 기업에 자금을 지원하는 것 이상의 성과를 이루었고, 기존 투자자들이 전 분야에 투자하는 방식을 변화시켰다.

테마적 임팩트 투자자들은 점점 더 다양한 기후변화 솔루션에 자본을 투자하고 있다. 그러나 일부 기술과 혁신은 너무 위험하고 장래의 이익이 불투명하므로, 가장 공격적인 테마적 임팩트 투자자도 선뜻 투자할 수 없는 분야가 있다. 이러한 분야는 임팩트 우선 투자impact first investing라는 완전히 다른 전략이 필요하다.

14장
임팩트 우선 투자

"우리는 기꺼이 다른 유형의 펀드들보다
수익을 얻는 데 더 오래 기다릴 수 있다."

그림 14.1. 빌 게이츠, 마이크로소프트 설립자이자 브레이크스루 에너지 벤처스
설립자

임팩트 우선 투자자는 사회 및 환경 문제 해결에 초점을 맞추며, 더 큰 효과를 위해 시장보다 낮은 재무적 수익을 기꺼이 받아들인 다. 따라서 임팩트 우선 투자 전략은 투자 측면에서 더 나은 방법 은 아니지만 기후변화를 해결하는 데는 더 나은 방법일 수 있다.

박애주의에서 박애자본주의까지

1970년대 박애주의자들은 사회 문제 해결을 위해 투자를 하는 특이한 아이디어를 논의하기 시작했다.[1] 미국 세법은 자선 목적에 부합하고 시장보다 낮은 수익이 예상되는 한 재단foundation이 투자 를 할 수 있도록 변경되었다. 포드 재단은 보조금 지급의 대안으로 프로그램 연계투자PRI, Program-Related Investments라는 새로운 기회 기 회를 찾기 시작했다.

포드 재단은 전통적으로 비영리 단체에 보조금을 지급해 왔으므로 PRI가 잘 받아들여지지는 않았다. 사회적 목적을 달성하기 위해 비영리 단체에 투자한다는 아이디어가 바로 와닿지 않았기 때문이다. 그러나 포드 재단은 PRI가 두 가지 방법을 통해 목적을 달성할 수 있다고 보았다. 첫째, PRI를 통해 재정적 이익이 발생하면 시장 수익률보다 낮더라도 나중에 회수한 금액을 재투자하거나, 보조금으로 기부하게 하여 영향력을 증가시키고 재단의 사회적 기여 목적을 더욱 강화할 수 있기 때문이다. 둘째, 투자금을 성공적으로 관리하면 기존 투자자들에게 비영리단체도 신용도가 높다는 시그널로 작용하여 상업 자본의 접근 기회를 제공할 수 있게 된다. 또한 일부 기부자들은 부채 상환이 PRI 대출을 받는 비영리단체의 운영을 더욱 엄격하게 하여 비영리단체 운영의 효율성과 효과를 개선할 수 있을 것이라고 기대할 수 있다.

비영리단체는 구조적으로 자기자본을 위한 주식 발행이 금지되어 있기 때문에 최초의 PRI는 대출이었다. 적격 대출자는 저렴한 주택과 같은 소득 창출 모델을 보유한 비영리 단체였으며, 대출 이자율은 시장보다 훨씬 낮지만 상환을 기대할 수 있는 제로 금리 또는 낮은 이자율로 책정되었다. PRI는 미국의 재단을 위해 고안되었지만 초기 투자의 대부분은 해외에서 이루어졌다.

개발도상국에서 빈곤층을 대상으로 소액 대출을 제공하는 기관들이 빈곤을 줄이기 위한 방법으로 PRI에 대한 초기 실험을 진행했다. 방글라데시의 그라민 은행Grameen Bank은 이러한 최초의 대출 기관 중 하나였다. 그라민 은행의 설립자인 무하마드 유누스Muhammad Yunus가 처음 시골 마을에 사는 가난한 여성들에게 대출해 줄 것을 제안했을 때 다른 은행가들은 그의 제안을 비웃었지만, 유누스는 "가난한 사람들은 자본에 접근할 수 없기 때문에 여전히 가난하다"[2]라고 생각했다.

결국 유누스는 은행가들이 틀렸다는 것을 증명했다. 그라민 은행은 가난한 사람들에게 상대적으로 낮은 이율로 대출해 주었고, 방글라데시에서 900만 명의 대출자(97퍼센트가 농촌 여성)로부터 낮은 이자를 받으면서 서비스를 성장시켰다.[3] 그라민 은행은 '저수익' 모델도 재정적으로 지속 가능하고 매우 효과적일 수 있다는 것을 보여주었다. 2006년 유누스는 상업적인 방법으로 노벨 평화상을 수상한 최초의 인물이 되었고, 소액금융은 그동안 자본에 접근할 수 없었던 1억 4,000만 명의 사람들에게 대출을 제공하고 1만 개 이상의 회사가 참여하여 자본을 대는 글로벌 산업으로 성장했다.

소액금융 부문의 놀라운 성장과 성공은 금융을 이용해 사회적 문제를 해결할 수 있음을 보여주었고, 박애주의자들이 투자investing와 영향력impact에 대해 생각하는 방식을 변화시켰다. 기부자들은 보조금만 제공하던 방식에서 저금리 대출을 제공하는 방식으로, 그리고 사회적 문제를 해결하는 영리기업에 자기자본을 투자하는 방식으로 전환했다. 대출을 해주는 것도 어려웠지만, 지분 투자는 훨씬 더 복잡했다. 박애주의자들의 높아진 관심을 충족시키기 위해 금융 전문가들은 임팩트 우선 투자 펀드impact first fund를 설립했다.

이 모델은 아큐먼 펀드Acumen Fund의 노력으로 개척, 개발되었다. 2001년 재클린 노보그라츠Jacqueline Novogratz가 시작한 아큐먼은 세계 최빈국 시민에 대한 자선활동에 초점을 두고 시장 기반 확장성의 장점을 최대한 활용하고자 했다. 이를 위해 아큐먼은 인내자본patient capital이라고 하는 고위험 장기 투자를 승인했다.[4] 포트폴리오 대상 기업이 영향력과 잠재력을 발휘할 수 있도록 하기 위해 그들은 기업에 대한 집중적인 감독 및 지원과 함께 투자를 실행했다.

2006년《이코노미스트》는 "박애자본주의의 탄생"이라는 제목으로 기부자들이 전통적인 투자 방법인 대출과 주식 투자를 사용하여 전 세계 사회 및 환경 문제를 해결하는 방식을 설명했다.[5] 이듬해 록펠러Rockefeller 재단이 주도한 기부자 회의에서 "재정적 수익과 사회적 또는 환경적 영향을 모두 성취하기 위해 의도된 투자"로 정의하는 임팩트 투자impact investing라는 용어가 만들어졌다.[6] 이는 투자 효과와 자선 자본을 결합하여 기후변화에 대처하는 새로운 전략이 시작되었음을 의미한다.

시장 수익률 미만의 수익률 재검토

미국에서 프로그램 연계 투자PRI를 하는 재단은 법에 따라 시장 수익률보다 낮은 수익을 얻어야 한다. 기술적으로 시장 수익률을 추구하는 신중한 투자자가 투자에 참여하지 않는다면, 시장 수익률을 밑도는 기대치는 충족될 수 있다. 임팩트 투자 초창기에는 재단이 은행 대출이나 다른 형태의 상업 자본과 비교하여 시장보다 훨씬 낮은 금리 또는 제로 금리로 대출을 제공함으로써 이 조건을 충족할 수 있었다. 또는 투자가 매우 위험한 경우 시장 기준에 부합하지 않는 것으로 분류할 수도 있었다. 기후변화에 초점을 둔 박애주의 단체의 경우, 고위험 투자에 자금을 지원하는 것이 임팩트 우선 투자에서 선호되는 유형이 되었다.

리스크Risk는 투자에 대한 재정적 수익이 예상 수익과 다를 확률로 정의된다. 두 수익이 일치할 확률이 낮을수록 투자자의 자본 투입을 유도하려면 기대 수익률이 높아야 한다. 위험은 새로운 분야, 불안정한 국가 또는 지역, 검증되지 않은 기술 또는 비즈니스 모델, 혁신적인 투자 구조, 유동성 등 다양한 형태로 발생한다. 시장 이익을 추구하는 전통적인 투자자는 위험이 조정된 수익률, 즉 모든 위험을 고려한 후의 기대 수익률이 덜 위험한 투자의 수익률보다 낮으면 위험한 투자를 피한다. 반면에 임팩트 우선 투자자는 위험성이 높은 자산에 투자할 것이며, 실제로 법에 의해 그렇게 하도록 강제된다. 하지만 놀랍게도 이러한 투자는 종종 높은 이익을 내기도 한다.

아큐먼 펀드는 디 라이트d.light에 첫 번째 임팩트 우선 지분 투자를 했다.[7] 디 라이트는 전력망이 부족한 개발도상국 가정에서 등유 램프를 대체할 저렴한 태양광 램프를 개발하기 위해 2007년 샌프란시스코에 설립된 회사다. 태양광 램프는 기존 등유 램프보다 안전하고 오염이 적었으며, 소비자들의 생활 수준을 개선하면서도 온실가스 배출량은 줄였다. 사회적 효과를 목표로 하는 영리 회사로 설립된 디 라이트의 사업 모델은 검증되지 않았다. 처음에는 보조금, 벤처 경연대회 우승상금, 아큐먼의 투자로 자금을 조

달했다.[8]

디 라이트는 점점 더 큰 규모의 투자자들로부터 연속적인 벤처 자금을 유치하여 몇 년 동안 총 1억 9,700만 달러의 자본을 확보했다.[9] 사업 모델이 입증되자 아큐먼은 2018년에 지분 일부를 매각하여 투자자본의 2.4배에 달하는 수익을 얻어 투자금을 회수했다.[10] 아큐먼은 디 라이트를 통해 얻은 이익을 소외된 지역사회에 청정에너지를 공급하는 기업의 자금을 지원하는 펀드에 재투자했다.[11]

아큐먼의 디 라이트 투자는 매우 위험했기에 2008년에는 어떠한 상업적 투자자도 이 회사에 자금을 지원하지 않았다. 그럼에도 아큐먼은 같은 기간 벤처 캐피탈 펀드 평균 수익률을 상회하는 2배 이상의 수익을 얻었다.[12] 아큐먼에게 디 라이트의 성공은 70여 개 국가, 약 1억 명에게 탄소배출이 없는 조명을 제공하는 등 재무적 이익 이상의 영향impact을 미쳤다.[13]

상업 자본 모금

기후변화에 초점을 둔 임팩트 우선 투자자는 두 가지 방식으로 변화를 만들고자 했다. ① 온실가스 배출을 줄이는 사업에 자금을 지원하는 것, ② 새로운 기술, 사업 모델 및 해당 영역에 투자할 수 있음을 증명하는 것이었다. 첫 번째 목표는 디 라이트와 같은 기업의 성장이 대부분 정부 주도 혹은 비영리로 시작하는 것보다 훨씬 신속하게 화석연료 사용을 줄이고 온실가스 배출량을 줄이는 즉각적인 효과를 볼 수 있기 때문에 중요했다. 그러나 훨씬 더 큰 영향력은 두 번째 목표, 즉 상업적 투자자에게 이러한 기회가 위험 조정 기준으로 매력적이라는 사실을 알리는 데서 비롯된다.

임팩트 우선 투자 전략의 한계는 투자할 수 있는 자본이 상대적으로 적다는 것이다. 전통적인 투자자가 수탁자인 경우 시장 수익률보다 낮은 투자를 할 수 없기 때문이다. 따라서 임팩트 우선 투자 자본의 기반은 자선가(박애주의자)들로 한정된다. 미국의 경우 총자선활동은 연평균 4,500억 달러로 금융자본 100조 달러에 비해 극히 일부에 지나지 않는다.[14] 임팩트 우선 투자자들은 기후변화와 같은 거대한 문제를 해결하기에는 단순히 너무 작고 자금이 부족하기 때문에, 그들의 목표는 상대적으로 소량의 임팩트 자본으로 상업적 투자자를 끌어 모으는 것(크라우딩 인)이다.

크라우딩 인Crowding-in은 민간투자 유도 프로세스를 설명하는 경제 용어다. 크라우딩 인은 주로 소규모 투자 펀드를 조성하여 상업 시장의 공백을 메우고, 일반 투자자들이 너무 위험하다고 생각하는 영역에 투자하는 방식이다. 이러한 투자 펀드가 성공하면 일반 투자자들에게 매력적인 수익을 얻을 수 있는 기회를 놓치고 있다는 것을 알려서 상업 자본의 투자를 촉진할 수 있다.

검증되지 않은 새로운 기술, 분야 또는 국가에 상업 자본을 유치하는 것은 결코 쉬운 일이 아니며, 종종 몇 년이라는 기간만큼 오래 걸리기도 한다. 디 라이트의 사례에서 아큐먼은 10년간 투자하여 수익을 얻었고, 투자 수익성을 입증할 수 있었다. 기후변화 해결을 위한 상업 자본의 조달을 빠르게 하기 위해 임팩트 우선 투자자들은 몇 가지 전략을 사용하는데, 혼합 금융blended finance이라고 하는 전략은 아래와 같다.

- 상업적 투자자의 위험을 줄이기 위해 초기 손실 자본을 제공한다. 예를 들어, 우선주 대신 보통주로 임팩트 우선 투자를 자본 스택stack에서 더 낮게 배치하는 형태로 구조화한다.
- 임팩트 우선 투자자를 희생하여 상업적 투자자에게 더 높은 수익을 제공하는데, 예를 들자면 상업적 투자자는 더 높은 배당금을 받을 수 있는 주식을 가질 수 있다.
- 상업적 투자자의 위험을 줄이기 위해 보증을 제공한다. 임팩트 우선 투자자는 최소 수익 또는 최대 손실(한계)을 보장하여 상업적 투자자의 참여를 유도할 수 있다.

이러한 전략은 디 라이트와 같은 기업에 대한 투자가 매력적인 위험이 조정된 재무 수익을 얻을 수 있다는 점을 증명하는 것이 목적이며, 자금력이 있는 상업적 투자자들을 모으기 위해 구상되었다. 그러나 이 전략이 역효과를 발생시키는 상황도 있다.

시장 왜곡 방지

임팩트 우선 투자자들은 새로운 기술이나 시장에 대한 기후변화 투자와 관련하여 위험에 대한 기존 투자자들의 생각을 긍정적으로 바꿀 수 있다. 그러나 임팩트 우선 투자자는 시장을 왜곡하여 득보다 실이 더 많은 문제를 야기할 수도 있다. 이런 경우는 임팩트 우선 투자자가 지속 가능성이 없는 사업에 자금을 지원할 때 발생한다.

사하라 사막 남쪽 아프리카에서의 태양광 랜턴 지원 사례를 생각해 보자. 비영리 단체가 가난한 사람들을 위해 태양광 랜턴을 원가 이하로 판매하도록 태양광 조명 회사에 자금을 지원하거나 랜턴을 무료로 나눠주기도 한 경우, 물론 인도주의적 관점에서 칭찬할 만한 일이다. 하지만 디 라이트와 같은 기업이 보조금을 받는 경쟁업체와 경쟁할 수 없기 때문에 시장의 장기적 성장을 왜곡하게 된다. 시장 왜곡은 지속 가능한 비즈니스 모델이 부족한 기업에 자금을 조달할 수 없는 상업 자본의 '투자자금 경색'을 초래할 위험이 있다.

임팩트 우선 투자자는 도전적인 역할을 맡는다. 이들은 상업적 투자자의 참여를 독려할 수 있는 투자 기회를 찾아야 한다. 그러나 임팩트 우선 투자자는 위험이 조정된 시장 수익률보다 낮은 수익률로 자본을 투입하기 때문에 사업 부문을 왜곡하고 장기적인 전망을 망칠 수 있다. 따라서 임팩트 우선 투자자가 성공하려면 입증되지 않은 사업 모델과 재무적 지속 가능성의 잠재력을 모두 갖춘 기회를 탐색해야 한다. 이를 위해서는 집중력과 인내심, 그리고 큰 자금이 필요하다.

기후변화 시대의 임팩트 우선 투자자

시장보다 낮은 수익률을 받아들일 능력이나 의지가 있는 투자자는 거의 없기 때문에 임팩트 우선 투자자는 소수다. 거의 모든 전통적인 투자 펀드와 자산 운용사를 포함하는 신탁사는 고객의 수익을 극대화해야 할 법적 책임이 있기 때문에, 임팩트 우선 투자전략을 취하는 것이 금지되어 있다. 개인 투자자 중 장기간에 걸쳐 상당한 위험과 낮은 수익을 감당할 수 있는 재정적 능력을 갖춘 사람도 소수에 지나지 않는다. 또한 대부분의 개인 투자자는 투자 기회를 평가할 수 있는 전문 지식이 부족하고, 교육과 인맥을 통해 투자 대상에게 지원을 하거나 상업 자본을 끌어오는 것도 어렵다. 따라서 임팩트 우선 투자자는 소수일 뿐이다.

법적 문제와 현실적인 문제를 고려할 때, 임팩트 우선 투자자는 일반적으로 투자 가능 자산이 3,000만 달러 이상인 초고액 순자산가라고 볼 수 있다. 이는 미국 인구의 0.03퍼센트에 지나지 않고 약 7만 명 정도로 추정되는 엘리트 그룹이다.[15] 특히 매우 부유한 초고액 순자산가는 가족 중 한 명이나 소수가 자금을 관리하고 통제하기 위해 설립한 '가족 회사FamilyOffice'를 통해 투자하는 경우가 많다. 가족 회사는 증권거래위원회SEC에 등록할 필요가 없으며, 자산 관리 방식에 대해 대부분 전적인 재량권을 갖는다.[16] 초고액 자산가 가족은 매우 장기적인 투자를 선호하는 경우가 많으며, 가족 회사에서 임팩트 투자를 평가하고 지원 가능한 투자 전문가를 고용할 수 있다.

초고액 순자산가들은 자선 목표를 추구하기 위해 효과적인 세금 관리 방법으로 재단을 설립하여 프로그램 연계 투자PRI를 하는 경우가 많다. 임팩트 우선 투자 전략을 개발한 아큐먼펀드와 같은 비영리 단체도 주로 초고액 자산가와 그들의 재단으로부터 자금을 지원받았다.[17] 다행히도 초고액 자산가들은 투자 자본의 부족한 부분을 보완해 준다. 가장 부유한 미국인 중 한 명인 빌 게이츠(그림 14.1)가 대표적인 예다.

기술적 위험에 대한 용인

브레이크스루 에너지 벤처스Breakthrough Energy Ventures는 기후변화에 초점을 둔 세계 최대 규모의 임팩트 우선 투자 펀드이다. 이 펀드는 2016년 빌 게이츠와 개인 투자자 연합이 설립했는데, 약 10억 달러를 "저렴하고 신뢰 가능한 청정에너지를 전 세계에 공급할 수 있는 잠재력을 가진 과학적 혁신에 투자"하고 있다.[18] 빌 게이츠 외에도 제프 베조스Jeff Bezos, 마이클 블룸버그Michael Bloomberg, 레이 달리오Ray Dalio를 비롯한 수십 명의 억만장자가 투자자로 참여하고 있다.

브레이크스루 에너지 벤처스는 네 가지 구체적인 투자 기준을 통해 명확히 정의된 투자 전략을 개발했다. 첫째, 이 펀드는 전 세계 온실가스 배출량의 약 1퍼센트에 해당하는 연간 5억 톤 이상의 온실가스를 감축할 수 있는 잠재력을 가진 기술에만 투자하여 규모의 영향력에 중점을 둔다. 둘째, 투자를 원하는 기업가는 기술적으로 대규모 실현 가능한 기술이라는 점을 증명해야 한다. 셋째, 이 펀드는 기존 투자자들이 기피하는 분야에 집중하여 자금 조달의 공백을 메운다. 넷째, 이 펀드는 결국 다른 투자자로부터

자금을 유치하여 상업 자본을 모금할 수 있는 기업에 지원하고자 한다.[19]

빌 게이츠는 자신의 블로그에 임팩트 우선 투자자의 역할을 이렇게 기재해 두었다. "우리는 다른 유형의 펀드보다 수익을 얻는데 더 오랜 시간 기다릴 수 있다. 어떤 기술이 성공할지 예측하기 어렵다는 것을 알기 때문에 기술적 위험에 대한 용인이 더 높다."[20] 이처럼 브레이크스루 에너지 벤처스는 일반적인 상업 펀드들보다 훨씬 길게 인내심을 가지고 20여 년이 넘도록 투자해 왔다. 이를 통해 이 펀드는 시장에 큰 영향을 미칠 수 있는 잠재력이 있는 기술, 기존 투자자들이 외면한 기술에 대한 투자 지원을 할 수 있었다.

브레이크스루 에너지 벤처스는 태양광 발전 및 에너지 저장 분야에서 입증되지 않은 기술을 보유한 기업에 지원했으며, 최첨단 혁신 분야에 자금을 지원할 수 있었다. 그러나 이 펀드는 투자 중 많은 부분을 저탄소 콘크리트, 청정 비료, 마이크로그리드 등 기후변화 대응에 잠재력은 크지만 주목받지 못한 분야에 투자하고 있다.[21] 이러한 투자의 대부분은 재무적 이익을 얻지 못하지만 임팩트 우선 투자 모델을 고려할 때 용인할 수 있는 수준이다. 단 한 건의 투자만 성공해도 전 세계 온실가스 배출량을 줄이는 데 기여하고, 여러 건의 투자가 성공한다면 기후변화 영향을 확연히 줄인 공로를 인정받을 수 있을 것이다.

촉매 자본

브레이크스루 에너지 벤처스는 기후변화에 대응하기 위해 임팩트 우선 투자 전략을 추구하는 가장 큰 규모의 자본이다. 다행히 이 회사만 있는 것은 아니다. 기후변화에 초점을 둔 다른 임팩트 우선 투자자로는 150여 개 이상의 초고액 자산가들로 구성된 네트워크인 프라임 연합PRIME Coalition과 그 외 여러 소규모 그룹이 있다. 임팩트 우선 투자 전략은 매우 부유한 투자자들 중 일부만 사용하지만, 그 중요성은 매우 크다.

기후변화 대응의 측면에서 임팩트 우선 투자자는 입증되지 않은 기후 솔루션을 가진 고위험 기업들에게 초기 단계의 '촉매 자본'을 제공하는 중요한 역할을 한다. 풍력, 태양광, 전기차와 같은 검증된 기술로 온실가스 배출량을 절반으로 줄이면 나머지 절반을 해결할 새로운 기술과 솔루션이 필요하다.[22] 궁극적으로 임팩트 우선 투자자는 유의미한 변화를 창출할 수 있도록 확장 가능한 기술과 기업에 지원을 시작함으로써 치명적인 기후변화를 완화하는 데 기여하고 있다.

전략에서 제품까지

3부에서 설명한 투자 전략(기후위기 관리, 투자철회, ESG, 테마적 임팩트, 임팩트 우선)은 투자자에게 기후변화 시대에 투자할 수 있는 프레임워크를 제공한다. 다음으로 4부와 5부에서는 투자자가 이용할 수 있는 상품을 실물자산과 금융자산으로 나누어 설명한다. 6부에서는 이 모든 것을 종합하여 투자자의 행동과 기후변화의 미래 모습을 연결할 것이다.

4부
실물자산 투자

실물자산은 개발과 건설에 막대한 자본이 투입되며, 기후변화 투자 흐름의 대부분을 차지한다. 실물자산에 대한 투자는 기술적 전문성과 막대한 자금이 필요하며 전문 투자자의 영역이다. 그러나 모든 투자자는 기후변화 해결책을 제공하는 실물자산에 투자할 때 발생하는 기회와 리스크를 이해해야 한다. 실물자산은 이 책 5부에서 설명하는 많은 금융자산의 기반이 되기 때문이다.

15장
재생에너지 프로젝트

"우리는 풍력이나 태양광에 대한 큰 기대를 갖고 있습니다.
내일 누군가 10억 달러 혹은 30억 달러가 필요한 태양광 프로젝트를 제안해도
우리는 준비가 되어 있습니다. 많으면 많을수록 좋습니다."

— 워런 버핏, 버크셔 헤서웨이

그림 15.1. 해상풍력 발전소

풍력 및 태양광 프로젝트에의 자금 조달은 안정적인 위험 조정 수익을 추구하는 투자자에게 매력적이다. 기술적인 리스크가 낮고, 현금 흐름은 장기적으로 안정적이며, 큰 규모로 빠르게 성장하는 분야이기 때문이다.

태양광 프로젝트 투자

태양광 발전 프로젝트는 놀라울 정도로 예측 가능한 전력을 생산하므로 현금 흐름을 정확하게 모델링하여 투자 수익을 예측할 수 있다. 일사량은 구름의 유무, 계절에 따라 연중 달라지지만 연간 일조량은 비교적 일정하다. 미국 정부는 전국 어디서나 일사량, 일조량에 대한 온라인 정보와 데이터를 제공한다.[1] 다양한 형태의 태양광 발전을 이해하면 투자자에게 명확한 기회를 제공할 수 있다.

태양광 섹터 개요

미국의 태양광 프로젝트는 주택용, 상업용, 커뮤니티용, 유틸리티용으로 네 가지 유형이 있다. 모든 태양광 프로젝트에 사용하는 태양광 패널은 동일하며, 가장 큰 차이는 프로젝트의 규모다.

주택용 태양광 프로젝트는 주택 소유자가 사용하는 태양광 패널 발전으로 가정집에 설치하는 유형이다. 태양광 패널의 급격한 가격 하락으로 미국의 많은 주택 소유자들이 주거용 태양광을 저렴한 비용으로 설치할 수 있게 되었고, 설치 비용을 고려하더라도 전기 요금을 절감할 수 있게 되었다. 미국 주택 소유자의 절반 이상이 이미 주택용 태양광 패널을 설치했거나 설치를 고려하고 있다.[2] 그러나 투자자의 경우 주택용 태양광 프로젝트는 개별적으로 자금을 조달하기에 너무 규모가 작다. 그 대신 5부에서 설명할 투자 수단들을 통해 자금을 조달한다.

상업용 태양광 프로젝트는 건물이나 사업장에 전력을 공급한다. 주거용 태양광 프로젝트와 마찬가지로 대부분의 상업용 태양광 프로젝트는 건물 옥상에 설치되지만, 간혹 건물 옆의 토지에 설치하는 경우도 있다. 다시 말하지만 상업용 태양광 프로젝트는 주거용 태양광 프로젝트와 마찬가지로 현장에서 사용하는 전력을 직접 생산한다. 건물 소유주는 전기 요금을 절약하기 위해 주택 소유주와 같은 이유로 상업용 태양광 프로젝트를 설치한다. 주거용 태양광과 마찬가지로 상업용 태양광 프로젝트도 5부에서 설명할 투자 수단들을 통해 자금을 조달한다.

커뮤니티 태양광은 비교적 새로운 형태의 태양광 프로젝트로, 여러 주택 소유자 및 사업체가 공유하는 전력을 생산한다. 커뮤니티 태양광 프로젝트는 주택이나 사업장에 태양광 패널을 설치하는 대신 다른 토지를 임대하여 설치하고, 생산되는 전력은 전력망을 통해 판매한다. 프로젝트의 이익은 시설을 소유한 사람들이 공유한다. 커뮤니티 태양광은 태양광 프로젝트를 진행할 수 없는 많은 미국 내 거주자와 기업, 다세대 건물 거주자나 태양광 설치가 불가능한 지붕을 가진 집에 사는 사람들에게 매력적이다. 커뮤니티 태양광은 점점 인기를 얻고 있지만, 외부 투자자에게는 참여 기회를 주지 않는다.

실물자산 투자 기회를 찾는 투자자는 유틸리티 프로젝트에 집중한다. 이러한 프로젝트는 규모가 크고 생산된 전력은 전력망을 통해 공급한다. 예를 들어 가장 작은 유틸리티 규모의 태양광 프로젝트는 5에이커(6,129평)의 부지에 약 4,000여 개의 패널로 구성되며, 가장 큰 규모의 프로젝트는 수천 에이커의 부지를 차지한다. 예를 들어, 텍사스에서 건설 중인 삼손Samson 태양광 프로젝트는 수백만 개의 태양광 패널을 설치하여 30만 가구가 사용할 수 있는 전력을 생산할 계획이다.[3] 유틸리티 규모 프로젝트는 미국에서 건설되는 신규 태양광 발전의 4분의 3 이상이며, 수천억 달러의 프로젝트 투자 자본에 대한 수요를 만들어 낸다.[4] 워런 버핏Warren Buffet의 버크셔 헤서웨이Berkshire Hathaway와 같은 기관 투자자들은 대규모 프로젝트의 자본 수요에 대한 주요 자금 조달원이다. 소규모 투자자는 21장에서 서술될 자신의 프로젝트 포트폴리오에 포함된 펀드에 자본을 투자하여 유틸리티 규모의 태양광 프로젝트에 참여한다.

유틸리티급 태양광 프로젝트 투자

유틸리티 규모의 태양광 프로젝트 투자자는 다음과 같이 자본 비용, 운영비, 전력 생산량, 전력 구매계약, 정부 인센티브 등 주요 프로젝트 요소들을 모델링하여 투자 수익을 계산한다.

- 태양광 프로젝트의 제반 시스템 구축에는 자본 비용이 발생한다. 여기에는 태양광 패널과 구조물을 고정하는 랙rack, 발전된 직류DC 전기를 교류AC로 변환하는 인버터, 전기 케이블 및 모니터링 장비를 포함된다. 일부 프로젝트에서는 태양광 패널이 태양을 따라 움직이는 추적식 시스템을 설치하기도 한다. 유틸리티 규모의 태양광 프로젝트는 전력망에 연결하므로 송전선 건설과 접속설비를 설치한다. 엔지니어링, 조달 및 건설EPC 비용에는 패널 설치와 시스템 구축에 필요한 인건비가 포함된다. 태양광 프로젝트에는 소싱 비용, 부지 소유자와의 계약, 인허가, 간접비, 이윤 등의 기타 비용도 발생한다.
- 운영비가 저렴하다. 태양광 발전 시스템은 추적 시스템을 제외하면 움직이는 부품이 없기 때문에 유지 관리가 거의 필요하지 않다. 주요 운영비는 태양광 패널이 설치된 토지의 임대료다. 토지를 농사나 다른 용도로 동시에 사용할 수 없기 때문에 토지 임대료는 1에이커당 250달러에서 2,000달러 상당 수준이 될 수 있다.[5] 기타 운영비에는 일반적으로 보험료, 관리비 및 재산세가

포함된다.

- 태양광 패널은 오랜 기간 작동할 수 있으나 일반적인 경우 25~ 30년을 가정한 프로젝트 기간으로 발전량을 예측한다. 태양광 패널의 발전 용량은 제조업체로부터 연간 약 0.5퍼센트 이하의 효율감소degradation를 보장받는다.[6] 발전량은 전체 태양광 패널 용량에 패널에 도달하는 태양광 일조량을 곱한 값이다.
- 전력 구매계약PPA, Power Purchase Agreement은 태양광 프로젝트 소 유자와 전력을 구매하는 유틸리티 또는 기업 간의 장기 고정가 격 계약이다. 태양광 프로젝트 수익은 단순하게 발전량에 PPA 계약가격을 곱한 것이므로, 투자자는 프로젝트 기간 동안 수익 을 고정할 수 있게 된다. 투자자의 경우, 태양광 프로젝트는 일 반적으로 신용도가 높은 거래 상대방과 장기 PPA를 체결한다. PPA 기간은 일반적인 태양광 프로젝트 발전 용량의 기간에 맞 춘 10~25년으로 한다.[7]
- 미국에서 태양광 프로젝트에 대한 정부 인센티브는 프로젝트 경 제성에 중요한 요소를 제공하며, 주로 아래 기술된 세금 인센티 브와 RPS 인센티브라는 두 가지 형태를 갖추고 있다.

연방 세법상의 인센티브

미국 연방 세법은 특히 에너지 산업의 인프라 프로젝트에 대한 투자를 장려하기 위해 세금 공제를 해준다. 특히 태양광 프로젝트 는 투자자에게 프로젝트 자금 조달에 대한 인센티브를 제공하기 위해, 의회에서 승인한 투자세액공제ITC, Investment Tax Credit 혜택을 받을 수 있다. ITC는 투자자가 미국 정부에 납부해야 하는 소득세를 1달러당 1달러씩 감면해 준다. 2022년 현재 ITC는 2023년까지 착공하는 프로젝트 자본 비용의 26퍼센트를 감면해 주며, 2024년에는 22퍼센트, 그 이후에는 10퍼센트로 줄어든다.[8]

태양광 프로젝트는 가속 감가상각분에 대한 연방 세금 혜택도 받을 수 있다. 수정가속상각제도MACRS, Modified Accelerated Cost Recovery System를 사용하면 태양광 프로젝트의 자본 비용은 프로젝트 실제 운영기간과 관계없이 5년에 걸쳐 감가상각을 할 수 있다. 태양광 프로젝트 투자자는 과세 소득을 줄이고 세후 투자 수익을 개선하기 위해 MACRS를 사용한다.

미국 내의 태양광 프로젝트는 세액 공제 및 프로젝트의 가속 감가상각에 대한 대가로 자본을 제공하는 틈새 금융 부문인 세금 지분 투자자로부터 유리한 조건으로 자본을 유치할 수 있다. 태양광 프로젝트의 전통적인 투자자는 세금 자산 투자자와 공동 투자함으로써 세금 자산이 희석되지 않으므로 더 높은 수익을 얻을 수 있다.

RPS

미국의 30개 주에서는 주에 소재한 전력회사가 최소 일정 비율의 전력을 재생에너지로 조달하도록 의무화하고, 이를 위반할 경우 벌금을 부과하는 규정을 담은 RPSRenewable Portfolio Standards를 제정했다.[9] 예를 들어, 뉴저지의 RPS는 전력회사가 주에서 판매하는 전력의 22.5퍼센트를 재생에너지로 조달하도록 규정하고, 최소 4.1퍼센트는 태양광 전원이어야 한다고 명시하고 있다.[10] RPS 규정은 태양광 프로젝트에 대한 추가 수요를 창출함으로써 개발을 독려하고 있다.

RPS를 운영하는 주에서는 태양광 프로젝트에 재생에너지 공급인증서RECs, Renewable Energy Certificates를 발급하며, 1REC은 재생에너지로 생산한 1MWh(메가와트시)의 전력을 인증한다.[11] 재생에너지로 생산한 전력은 화석연료로 생산한 전력과 구분할 수 없으므로 RECs는 에너지원을 추적하는 유용한 방법이다. 일부 주에서는 다른 재생 가능 에너지원에서 생성된 RECs와 구별하기 위해 SRECs Solar Renewable Energy Certificates라고 부르기도 한다.

RECs는 RPS 의무이행을 위해 전력회사에 판매할 때 추가 수익원을 만들어 태양광 프로젝트의 재무 이익을 개선한다. 그러나 태양광 프로젝트 투자자는 REC와 SREC의 가격이 위치하는 주와 해당연도에 따라 크게 다르다는 사실을 알아야 한다. 예를 들어, 2021년 뉴저지에서 SREC 가격은 230달러, 매사추세츠에서는 322달러에 거래되었지만,[12] 10년 전 뉴저지에서 생산된 SREC는 600달러 이상에 판매되었다.[13]

투자 리스크

태양광 프로젝트 개발은 고위험 고수익 사업으로 부지 및 토지 임대, PPA 협상, 전력망 연결 계약 확보, 규제 및 인허가 승인 과정에 대한 전문 지식이 필요하다. 프로젝트 개발은 프로세스상의 특정 단계에서 실패하면 잔존 가치가 거의 없이 조기 종료될 수 있기 때문에 위험하다. 그러나 일단 프로젝트가 건설되고 운영을 시작하면, 즉 상업 가동COD이 되면 실패의 리스크는 매우 낮아진다. 태양광 프로젝트 개발자는 일반적으로 COD에 도달한 프로젝트를 장기 기관 투자자에게 매각하고 그 수익금으로 새로운 프로젝트를 개발한다.

유틸리티 규모의 태양광 프로젝트를 운영하는 투자자의 위험도는 낮다. 태양광 패널의 성능은 제조업체가 일반적으로 최대 25년까지 보증하므로 패널 고장의 리스크도 미미하다.[14] 인버터의 성능은 10년 후에 교체하는 경우가 많으므로 약간은 더 리스크가 있다.[15] 프로젝트의 전력 구매자인 PPA의 상대방이 파산을 선언하거나 계약 재협상을 시도하는 경우 계약 리스크가 존재하지만, PPA는 주로 신용도가 높은 대규모 전력회사 또는 기업과 맺기 때문에 이런 경우는 매우 드물다. 대부분의 프로젝트가 REC를 판매하기 위한 계약을 5년 이상 체결하기 어렵다. 그렇기 때문에 REC 가격에는 재무적 리스크가 있지만, 일반적으로 REC 현금 흐름은 전체 프로젝트 현금 흐름에서 차지하는 비율은 크지 않다. 사실 태양광 프로젝트 투자자에게 가장 큰 리스크는 프로젝트 외부 요인인 금리 상승이다.

태양광 프로젝트는 현금 흐름이 안정적이고 장기적이기 때문에 채권과 같은 역할을 한다. 이자율이 하락하면 태양광 프로젝트의 가치가 상승하기 때문에 유리하다. 반대로 금리가 상승하면 프로

젝트 자산 가치는 하락한다. 이러한 방식으로 태양광 프로젝트에
대한 리스크는 대부분의 채권이 갖는 리스크와 매우 유사하다. 태
양광 프로젝트 투자자는 고정 현금 흐름이 있는 자산에 투자할 때
와 마찬가지로 이자율 리스크에 대한 노출을 평가해야 한다.

'견고한' 태양광

장기적이고 낮은 리스크로 이익을 추구하는 투자자들이 태양광
부문에 점점 더 매력을 느끼고 있다. 피치 레이팅스Fitch Ratings가 분
석한 결과, 93퍼센트의 프로젝트가 예상 이상의 성과를 거두는 등
'매우 견고한 성과'를 보이고 있다.[16] 꾸준한 성과를 고려할 때 투
자 수익률이 높지 않지만 놀라운 일은 아니다. 태양광 프로젝트를
안정적인 자산으로 여기는 연기금과 보험사의 수요가 급증하면서
일부 자산은 6퍼센트 미만의 수익률을 기록하기도 했다.[17] 관련 분
야인 풍력발전에도 강력한 투자자 수요가 발생하고 있다.

풍력 프로젝트 투자

풍력발전은 태양광과 비슷한 투자 기회를 제공하지만, 기술 및
정부 인센티브가 약간 더 복잡하다. 태양광과 마찬가지로 풍력 프
로젝트에 투자하려면 투자 수익을 결정하기 위해 현금 흐름을 신
중하게 모델링해야 한다. 태양광과 달리 풍력 프로젝트는 거대한
풍력 터빈을 사용하는 유틸리티 규모utility-scale다(그림 15.1).

프로젝트의 경제성 평가

풍력발전단지 건설 및 운영의 경제성은 우선 풍력발전단지에서 생산된 전기를 송전하기 위한 전력망 연결 자본비용에 의해 결정된다. 가장 큰 자본 비용은 타워, 너셀(타워 상단에 설치된 장비), 블레이드로 구성된 풍력 터빈 자체에서 발생한다. 터빈의 설치는 간단하지만 다양한 구성 요소의 크기가 엄청나기 때문에 공장에서 풍력 발전소 현장으로 터빈을 운송하는 것은 어려운 일이다. 첨단 풍력 터빈은 점보 제트기보다 훨씬 크기 때문에 터빈을 운송하기 위해서는 특수 목적 선박과 트럭이 필요하다.

풍력 터빈은 현장에 도착하면 철근 콘크리트 기초 위에 설치되고 전력망에 연결된다. 전력망 접속 비용은 대부분 풍력발전단지와 가장 가까운 송전선까지의 거리에 따라 달라진다. 미국에서 가장 바람이 많이 부는 다코타, 네브라스카, 서부 텍사스 지역에서 풍력 프로젝트는 전력 수요가 가장 많은 인구중심지에서 멀리 떨어져 있기에 접속 비용이 많이 증가할 수도 있다.[18]

풍력 터빈의 정격 전력 출력은 MW로, 특정 시점에 터빈에서 발전할 수 있는 최대 전력량을 나타낸다. 풍력 터빈에서 생성되는 전력은 정격 전력 출력MW에 작동시간을 곱한 값이다. 물론 풍력 터빈은 날개를 돌릴 수 있을 만큼 바람이 강할 때만 발전할 수 있으며, 일반적으로 풍속이 시속 7마일(약 11Km/h) 이상일 때만 발전이 가능하다.[19]

풍력발전단지의 현금 흐름을 예측하는 데 가장 중요한 것은 터빈이 항상 동작할 때 정격 전력 용량에 대한 실제 전력 출력의 비율로 정의되는 이용률이다. 육지에 위치한 육상 풍력발전단지의 평균 이용률은 35퍼센트이다.[20] 즉, 발전이 가능한 수준의 바람은 연중 터빈의 정격 출력의 평균 35퍼센트라는 의미다. 예를 들어 이용률이 35퍼센트인 5MW 풍력 터빈은 연간 15,330MWh의 전력을 생산한다.[21] 해상 풍력 프로젝트는 일반적으로 해상에서 풍속이 더 빠르고 안정적이기 때문에 이용률이 더 높다는 점을 고려해야 한다.

안타깝게도 풍력 발전량을 예측하는 것은 태양광 발전량을 예측하는 것보다 더 어렵고 정확도가 떨어진다. 풍력 발전량은 풍속의 제곱함수에 따라 달라지는 반면, 태양광 발전량은 일조량과 선형적인 관계를 갖기 때문이다.[22] 미국 정부는 공공 풍력 지도(데이터)를 제공하지만, 풍력 프로젝트 개발자는 발전량을 예측하고 터빈 사이에 바람 흐름의 난류를 최소화하고 터빈의 설치 위치를 결정하기 위해 지역 풍황에 대한 매우 정확한 측정이 필요하다(그림 15. 2는 터빈이 바람의 흐름에 미치는 영향을 보여준다). 대부분의 경우 프로젝트 개발자는 투자 자본을 투입하기 전 최소 1년 동안 풍황을 측정하기 위해 계획한 부지에 풍황계측기를 설치한다.

풍력발전단지의 운영 비용은 주로 터빈이 위치한 토지의 임대료, 프로젝트 운영 및 유지 보수에 드는 비용이다. 풍력 터빈은 자동화되어 있기 때문에 풍력발전단지를 운영하는 데는 감독이나 비용이 거의 필요하지 않다. 하지만 유지 관리에는 비용이 많이 발생할 수 있다. 풍력 터빈은 20년 이상 전기를 생산하도록 설계되었지

그림 15.2. 터빈에 의한 풍황 영향을 볼 수 있는 안개 속 풍력발전단지 운영 사진

만 기계 장치이기 때문에 마모된 부품은 교체해야 한다.

바람 농사

풍력발전단지는 종종 농지에 설치되기 때문에 풍력 프로젝트 소유주에게 농지를 임대하는 농부는 추가 소득을 얻는다. 특정 터빈의 난기류가 다른 터빈의 성능에 영향을 미치지 않도록 설치 간격을 서로 멀리 두어야 하기에 각 터빈마다 약 50~100에이커(약 6~12만 평)의 토지가 필요하다.[23] 풍력 터빈의 크기는 크지만 기초는 작기 때문에 아무리 큰 풍력 터빈이라도 기초에 필요한 토지는 1

에이커(약 1,200평)도 채 되지 않는다. 이는 농부들이 풍력발전단지에 임대한 토지를 가축 방목이나 농작물 재배에 계속 사용할 수 있다는 뜻이다. 미국에서는 일반적으로 농부들이 풍력 터빈 소유주에게 토지를 임대하는 대가로 터빈당 연간 7,000~1만 달러를 받는데,[24] 이는 같은 면적의 토지를 경작할 때 얻을 수 있는 수익보다 훨씬 크다.[25] 풍력 터빈 부지의 임대 기간은 20년 이상 고정이기 때문에 농산물 가격 변동에 따른 수익 변동의 완충 역할을 한다. 또한 풍력 발전 프로젝트로 인한 토지의 가치 상승은 주 및 지방 자치단체의 세수 증가로 이어진다. 아이오와주의 한 농부는 "이것이 우리의 재정적 미래"라고 말했다.[26]

PPA 그리고 Virtual PPA VPPA

풍력 프로젝트는 생산된 전력을 전력망에 직접 송전한다. 따라서 프로젝트 소유자는 전력 구매계약PPA의 체결에 따른 고정가격 또는 전력 도매시장 가격으로 생산된 전력을 판매할 수 있다. 유틸리티 규모의 태양광 프로젝트와 마찬가지로 PPA는 풍력 투자자에게 장기적인 수익 안전성을 제공한다. 풍력 프로젝트 PPA는 일반적으로 15~25년 동안 요금을 고정하여 프로젝트 기간 동안 수익을 확보하고 프로젝트 리스크를 줄인다.[27] 그러나 PPA를 체결하는 것은 어려운 일일 수도 있다. 많은 유틸리티사에 대한 규제가 심하고 전력 추가 공급에 대한 필요성이 거의 없기 때문이다. 이에 대한 대안으로 대기업 구매자와 금융 계약을 통해 가상으로 전력 판매가격을 전력 도매시장 가격에서 장기 고정가격으로 바꾸는 Virtual PPA^{VPPA}가 있다. VPPA를 통해 기업은 전력가격 변동 리스크를 완화하고, 풍력 및 태양광 프로젝트 소유자에게 고정가격을 제공함으로써 양측 모두에게 이익이다.

투자자 입장에서 장기 VPPA를 통해 확보한 풍력 및 태양광 프로젝트는 리스크를 크게 줄일 수 있다. 거래 상대방이 일반적으로 신용도가 높기 때문이다. 아마존^{Amazon}은 미국 전역에서 풍력 및 태양광으로부터 생산된 전력을 조달하기 위해 여러 VPPA를 체결했으며, 아마존뿐만 아니라 스타벅스, 마이크로소프트, 맥도날드, 홈디포^{Home Depot} 등이 2020년에 모두 VPPA를 체결했다.[28] 컬럼비아 대학교 글로벌 에너지 정책센터의 연구에 따르면, VPPA는 전력가격 리스크를 완화하고 재생에너지 개발을 지원하면서 동시에 점점 더 인기가 높아지고 있으며 향후 몇 년 동안 상당한 규모의 성장이 예상된다.[29]

정부 인센티브

연방 정부는 생산세액공제^{PTC, Production Tax Credit}를 통해 풍력 프로젝트 개발에 인센티브를 제공했다. 생산세액공제는 풍력 프로젝트 개발을 장려하기 위해 첫 10년 동안 kWh(킬로와트시) 단위로 할당되는 정책이다. 2020년에는 PTC가 $0.018/kWh로 축소되었고, 전체 프로그램은 2021년 말에 종료되었지만 새로운 법안으로 이를 연장할 가능성이 있다.[30]

2026년 이전에 착공하는 미국 연안의 해상 풍력 프로젝트는 태양광 프로젝트에 대한 인센티브와 마찬가지로 30퍼센트의 투자세액공제ITC, Investment Tax Credit를 받을 수 있다.[31] 미국에서 해상 풍력 산업은 초기 단계이며, LCOE가 상대적으로 높아 다른 발전 방식에 비해 경쟁력이 낮다. 해상 풍력 프로젝트에 대한 투자 세액 공제는 개발 중인 프로젝트의 수를 늘려 비용을 절감하고 장기적으로 해상 풍력을 실행 가능한 전력 공급원으로 만들기 위해 고안되었다.

풍력 프로젝트는 태양광과 마찬가지로 가속 감가상각을 적용받을 수 있으므로 프로젝트의 실제 운영년수와 관계없이 대부분의 자본 비용을 5년 동안 감가상각할 수 있다.

각 주 정부는 RPS 대상에 풍력을 포함하고 있다. 그러나 전국적으로 풍력 프로젝트가 빠르게 개발되고 있기 때문에 많은 주에서 풍력 재생에너지 인증서RECs, Renewable Energy Certificates의 가격은 낮은 편이다. 미국 최고의 풍력발전단지가 있는 텍사스에서는 풍력이 계통전력 수요의 23퍼센트를 공급한다.[32] 당연히 텍사스주의 풍력 REC 가격은 $1/MWh 정도로 매우 낮으며,[33] 이는 전력 도매가격인 $22~38/MWh에 비해 매우 소액일 뿐이다.[34] 저가의 풍력 REC 가격은 미국의 풍력 발전이 다른 발전 전원보다 경쟁력이 있다는 증거이기도 하다.

그린 뱅크

세금 및 제도적 인센티브 외에도 현재 14개 주에서는 금융 공백이 발생하여 민간 부문이 잘 투자하지 않는 재생에너지 프로젝트에 대한 투자를 촉진하기 위해 그린 뱅크가 후원하고 있다. 그린 뱅크는 인프라에 중점을 둔 임팩트 우선 투자자(14장에서 설명)이다. 그린 뱅크의 목표는 프로젝트 초기에 투자하여 다른 투자자들에게 그 리스크가 낮다는 것을 증명하고 후속 프로젝트의 상업적 자금 조달을 독려하는 것이다.

뉴욕주는 2014년에 미국 최대 규모의 그린 뱅크를 설립하여 30억 달러 규모의 민간 부문 청정에너지 투자 촉진을 목표로 11억 달러 투자를 진행했다.[35] 풍력 부문에서 뉴욕 그린 뱅크는 기존 투자자들의 경험이 적었던 해상풍력 프로젝트(9GW급)를 지원하고 있다. 뉴욕 그린 뱅크는 혁신적인 풍력 발전에 특화된 금융 구조를 사용하여 리스크를 낮춤으로써 상업적 투자 자본을 새롭게 성장하고 있는 풍력 프로젝트로 유인할 수 있었다.

투자 리스크

풍력 프로젝트에 투자하려면 기계적 고장, 가뭄, 악천후 등 잠재적 리스크에 대한 이해가 필요하다. 최초의 현대식 풍력 터빈은 특히 기어 박스에서 기계 고장이 자주 발생하여 수리 비용이 많이 들었다. 이후 설계가 개선되면서 기어가 없는 터빈이 등장했고, 이전 모델보다 높은 안정성으로 유지보수 비용이 감소했다. 최신 풍력 터빈의 가용률은 98퍼센트에 달하지만 여전히 1년에 최소 한 번씩은 고장이 발생한다.[36]

격렬한 폭풍과 번개를 포함한 악천후는 풍력 터빈을 손상시킬 수 있다. 풍력 발전은 풍속이 증가하면 어느 수준까지는 더 많은 전력을 생산한다. 일반적으로 풍속이 시속 55마일(약 88km/h)의 차단 기준 속도를 넘어가면 터빈의 날개(블레이드)를 접어서 발전을 자동으로 중지한다.[37] 그러나 풍력 투자자에게 가장 큰 리스크는 거센 바람이 아니라 약한 바람이다.

투자 수익을 예상하려면 풍속을 정확하게 예측하여 프로젝트 기간 동안의 발전량과 수익을 예측하는 것이 필수다. 안타깝게도 이를 정확하게 예측하는 것이 쉽지 않다. 풍력 프로젝트 엔지니어는 P50* 수치를 계산한다. P50은 프로젝트 개발 전 최소 1년 동안 수집한 현장 풍황 측정값을 사용하여 결정한다. 이론상 P50은 풍황과 발전량 사이에 비교적 정확한 예측을 제공한다. 실제로 국제신용평가기관인 피치 레이팅스Fitch Ratings는 바람의 변화나 터빈의 부적절한 위치 선정으로 인해 풍력 프로젝트의 24퍼센트만이 P50의 발전량을 달성한다는 사실을 발견했다. 이러한 리스크를 감안하여 투자자는 일반적으로 예상 풍속보다 낮은 풍속에 의한 프로젝트 현금 흐름에 대해 민감도 분석을 수행한다.

---

* (옮긴이 주) 에너지 산출 수준이 예측치와 같거나 그보다 더 높을 확률이 50퍼센트임을 의미한다.

"투자자들이 바람을 사랑하는 것을 배우다"

《월스트리트 저널》은 2020년에 풍력 프로젝트가 투자자에게 주는 이점이 안정적이고 장기적인 수입과 한 자릿수의 높은 수익률이라고 요약한 기사에서 이와 같이 제목을 붙였다.[38] 북미에 위치한 위험도가 낮은 운영 프로젝트라면 IRR 6~8퍼센트 수준이 일반적이며, 주식 투자자는 금융 레버리지를 활용하여 수익률을 높일 수 있다.[39] 풍력 프로젝트 자산에 직접 투자하는 것은 풍속의 변동성이 크므로 태양광 프로젝트보다 조금 더 위험하다. 하지만 풍력 프로젝트는 일반적으로 태양광 프로젝트보다 규모가 훨씬 크고, 위험 조정수익이 반영된 안전 자산에 대규모 기관 투자자가 자본을 투자할 수 있는 기회를 제공한다는 점에서 큰 이점이 있다.

풍력 및 태양광 프로젝트의 간헐성, 즉 바람이 불거나 날씨가 맑을 때만 전력을 생산하는 재생 가능 자원의 특성으로 인해 에너지 저장 장치라는 실물자산 투자 기회가 발생하고 있다.

에너지 저장 프로젝트

태양광 및 풍력 프로젝트의 급속한 성장은 당연히 에너지 저장 프로젝트에 대한 수요를 증가시켰다. 미국에서는 역사적으로 양수발전이 에너지 저장에 선호되는 기술이었지만, 대부분의 신규 프로젝트에서는 배터리를 사용한다. 배터리 에너지 저장 시스템 BESS, Battery Energy Storage System은 유연한 구성, 빠른 충전과 방전, 높은 출력, 유지보수가 거의 없다는 점 등 많은 이점이 있다. 또한 배터리 시스템의 비용이 하락함에 따라 점점 더 매력적이게 되었다.

이 분야는 초기 단계이다. 미국 내 투자액은 고작 2021년에 60억 달러 수준으로 예상되지만 전력망에서 재생에너지로 인한 간헐성 문제가 증가함에 따라 확대될 것이 분명하다.[40] 에너지 저장 프로젝트는 투자자에게 더 높은 수익을 제공한다. 풍력이나 태양광 프로젝트보다 훨씬 복잡하고 위험하기 때문이다.

에너지 저장장치로서의 가치 창출

전력 생산을 통해 가치를 창출하는 태양광 및 풍력 발전과 달리 에너지 저장장치 투자는 다양한 방식으로 가치를 창출할 수 있으며, 프로젝트 소유자는 아래와 같은 방식으로 수익을 창출할 수 있다.

• 단기 저장: 6시간 미만의 시간에 대하여 풍량이 적고 흐린 날, 신재생의 간헐성에 대응하여 전기를 계통에 공급하여 가치를 창출한다.

• 피크 용량: 미국의 전력망은 전력 수요가 많은 날, 특히 에어컨 사용이 많은 더운 여름철에 전력 생산을 위해 1,000개 이상의 피커 발전기에 의존하고 있다.[41] 미국의 피커 발전기는 대부분 천연가스로 구동되며 1년에 며칠만 사용하는 경우도 많아 매우 비싸다.[42] 가격 경쟁력이 있는 에너지 저장 프로젝트는 피커 발전기를 대체할 수 있기 때문에, 거의 사용하지 않는 시설에 투자하거나 유지 관리를 하지 않아도 된다.

- 장기 저장: 6시간 이상의 시간에 대하여 며칠, 몇 달 동안 폭풍이 몰아치거나 바람이 약하거나 구름이 계속 끼어 있는 기간 동안 전력망에 전력을 공급하여 가치를 창출한다.

- 에너지 이동: 에너지 저장 시스템은 한밤중에 발전량이 수요를 초과할 때 전력을 구매하여 저장했다가 낮에 수요가 많을 때 전력을 판매할 수 있다. 에너지 이동을 통해 풍력 및 태양광 에너지를 최적으로 사용하면서 수요가 많은(시장가격이 높은) 기간과 적은(시장가격이 낮은) 기간의 전력 도매시장 가격 차이를 활용하여 차익거래를 실현한다.

- 송전, 배전설비 업그레이드 연기: 에너지 저장장치를 사용하면 비용이 많이 드는 전력망 업그레이드를 연기하거나 피할 수 있다. 전력망을 최대 용량으로 운영하는 지역은 수요가 증가할 때 고비용의 업그레이드를 해야 하는 경우가 많다. 에너지 저장 프로젝트는 고객 수요에 가까운 전력망의 노드에 전력을 공급함으로써 업그레이드 필요성을 낮추거나 없앨 수 있다.

정부 인센티브

배터리 에너지 저장 시스템은 연방 투자 세액 공제ITC를 받을 수 있지만, 이 시스템이 재생에너지 프로젝트와 결합된 경우에만 해당된다. 최근 ITC를 독립형 BESS 프로젝트까지 확대하는 법안이 제안되었다. 태양광과 마찬가지로 ITC는 2023년까지 착공하는 프로젝트의 자본 비용의 26퍼센트를 2024년 22퍼센트, 그 후에는 10

퍼센트로 적용한다. 또한 에너지 저장장치는 프로젝트에서 재생에너지와 결합되는 비율에 따라 7년 또는 5년 단위로 가속 감가상각을 적용받을 수 있다.

각 주에서는 재산세 인센티브부터 저장 목표에 이르기까지 에너지 저장 프로젝트에 대한 다양한 인센티브를 제공한다. RPS와 유사하게 설계된 저장 목표는 주에서 운영되는 전력회사에게 최소 용량을 개발하도록 의무화한다. 2013년에 캘리포니아는 최초로 에너지 저장 목표를 설정했으며, 미국 에너지 저장 목표에 따라 캘리포니아주의 3개 투자자 소유 전력회사들은 2020년까지 약 5개의 피커 발전소에 해당하는 1,325MW를 개발해야 했다. 캘리포니아의 발전회사들은 1년 일찍 목표를 달성했으며, 캘리포니아주 에너지 저장 프로젝트는 미국을 선도하고 있다.[43]

함께 더 나아지기

에너지 저장장치 프로젝트 개발자는 에너지 저장 장치를 태양광과 풍력 프로젝트에 결합할 때 재무적 이익을 최적화할 수 있다는 사실을 알게 되었다. 재생발전은 부하의 이동과 피크 용량을 통해 에너지 저장 장치의 가치를 창출하는 반면, 에너지 저장장치는 단기 저장을 통해 풍력 및 태양광의 가치를 창출한다. 이 전략을 사용하여 미국 최대 재생에너지 소유자인 넥스트에라NextEra Energy Resources는 오클라호마에서 250MW의 풍력, 250MW의 태양광, 200MW의 4시간 배터리 저장 장치를 포함하는 '트리플 하이브리드Triple Hybrid' 프로젝트를 개발하고 있다.[44] 넥스트에라는 다음과 같이 발표했다. "저렴한 재생에너지와 저장장치의 결합은 미국의 발전 부문에 점점 더 큰 영향을 끼치고, 향후 10년 동안 상당한 성장 기회를 제공할 것으로 예상한다."[45]

투자자에게 에너지 저장 장치, 특히 풍력, 태양광과 결합된 에너지 저장 장치에 대한 자금 조달은 확실한 것처럼 보인다. 하지만 프로젝트 투자 기회를 분석할 때 고려해야 할 큰 리스크가 있다.

에너지 저장 장치 리스크 및 수익

위에서 설명한 것처럼, 에너지 저장 장치 프로젝트는 다양한 방식으로 부가가치를 창출하여 여러 가지 명목으로 매출을 발생시킬 수 있다. 그러나 투자자는 프로젝트 후반에 가격 및 수익 하락의 위험에 노출된다. 에너지 저장 장치 프로젝트에 대한 표준 수익 창출 모형은 없으며, 풍력 및 태양광 프로젝트처럼 장기 PPA 계약이 없기 때문이다.

에너지 저장장치 프로젝트 투자자는 기술적 리스크에도 부딪친다. 풍력이나 태양광 프로젝트와 달리 배터리 에너지 저장 시스템은 아직 초기 개발 단계에 있으며, 리튬 이온, 레독스 및 바나듐 플로우, 아연-공기 등 여러 가지 배터리 기술이 경쟁하고 있다. 일반적으로 리튬 이온은 더 나은 단기 해결책을 제공하는 반면, 플로우 배터리는 장기 보관에 더 유리하다. 프로젝트에 최적의 기술을 선택하는 것은 여전히 어려운 과제이다.

투자자는 또한 배터리의 불확실성에 노출된다. 배터리 제조업체가 제공하는 보증은 보통 2년으로 태양광 및 풍력 관련 제품보다 훨씬 기간이 짧지만, 최대 10년까지 보증 연장하는 제품을 구매할 수 있다.[46] 배터리는 또한 충전 및 방전 횟수가 배터리 수명에 영향을 미치기 때문에 상대적으로 충/방전 횟수가 많을수록 빠르게 수명이 감소한다. 라자드Lazard는 BESS의 경우 연간 2~3퍼센트, 태양광 패널의 경우 0.5퍼센트 성능 저하를 추정하므로 프로젝트 투자자는 재무 손익을 모델링할 때 배터리 교체를 가정해야 한다.[47]

몇 에이커 이상의 토지가 필요하지도 않은 BESS는 의외로 부지 선정이 어려울 수 있다. 뉴욕시는 화재 위험 때문에 2020년 이전에 BESS 사용을 금지했다. 또한 많은 지역에서 저장 장치 프로젝트 인허가 승인이 늦어져 투자자는 투자 기회와 수익이 감소할 수 있다.[48]

배터리 에너지 저장 장치 시스템에 대한 대출은 기술적 리스크와 제한된 보증으로 인해 프로젝트가 'Unbankable'로 고려될 수 있기 때문에 대출을 받기 어렵거나 높은 이자율을 감수해야 한다.[49] 프로젝트에 대한 낮은 금융 레버리지는 수익률을 감소시킨다. 그러나 리스크가 클수록 보상 또한 크며 에너지 저장 장치 시장도 예외는 아니다. 투자은행 라자드는 여러 방면에 걸쳐 프로젝트를 검토한 결과 최저 8.1퍼센트에서 최고 33.7퍼센트의 수익률을 예상했다.[50] 수익률은 이 분야가 성숙함에 따라 낮아질 가능성이 높다.

이후 전망

간헐성이 있는 태양광 및 풍력 발전 프로젝트의 놀라운 성장과 함께 에너지 저장 장치 비용이 급격히 감소하면서, 향후 몇 년 동안 큰 시장이 형성될 것으로 예상된다. ESS 회사 샐리언트Salient의 CEO인 라이언 브라운Ryan Brown은 이 기회를 이렇게 요약했다. "최고의 순간은 아직 오지 않았다. 에너지 저장 산업은 거의 모든 면에서 아직 초기 단계이다. 이미 유의미하게 빠른 속도로 저장 장치가 도입되고 있어, 청정에너지 세상에서는 수조 달러 상당의 추가 용량이 설치될 것이다. 2020년대는 에너지 저장 장치 분야에 획기적인 10년이 될 것이다."[51]

블룸버그는 글로벌 에너지 저장 시장이 향후 20년간 122배 성장하여 6,620억 달러의 투자 자본이 필요할 것으로 예상했다.[52] 투자자에게 에너지 저장 장치는 태양광 및 풍력 프로젝트와 함께 점점 더 매력적인 실물자산 투자 기회가 될 것으로 보인다.

재생에너지 및 저장 장치 프로젝트 투자

코로나19 팬데믹 기간 동안 풍력과 태양광 프로젝트의 성과에서 알 수 있듯이, 재생에너지 프로젝트에 대한 투자는 안정적 재무 수익을 얻을 수 있었다. 피치 레이팅스Fitch Ratings는 "현재 진행 중인 글로벌 팬데믹은 수요에 대한 리스크 영향이 거의 없었고, 운영 안정성을 유지하고 있어 신용도에도 큰 영향이 없었다"[53]라고 평가했다.

　미국의 풍력 및 태양광 프로젝트는 연간 500억 달러 규모에 달하는 시장이다. 여기에 에너지 저장 장치가 추가되면서 이 분야는 더욱 성장할 가능성이 높다.[54] 급전 가능한 전원으로서 저가의 전기를 공급하는 데에서, 앞으로 풍력, 태양광, 저장 장치를 결합한 하이브리드 프로젝트는 기존의 석탄 및 천연가스 발전소 대상으로 점점 더 경쟁이 치열해질 것으로 보인다. 실물자산 투자자들에게 풍력, 태양광, 에너지 저장 장치는 향후 수십 년 동안 매력적인 투자 기회를 지속적으로 제공할 것이다.

16장
부동산

"여기서 작동한다는 것을 증명할 수 있다면, 어디서든 작동할 것이다."
— 다나 로빈스 슈나이더Dana Robbins Schneider, SVP, 엠파이어 스테이트 빌딩

그림 16.1. 뉴욕시의 엠파이어 스테이트 빌딩

거의 한 세기 전에 지어진 미국의 상징적인 엠파이어 스테이트 빌딩은 현재 기후변화 시대의 투자 최전선에 서 있다. 2010년에 건물 소유주는 1,300만 달러를 투자하여 창문과 LED를 교체하고 엘리베이터에 장치를 추가하여 에너지 효율을 향상시키는 프로젝트를 완료했다. 이 투자로 에너지 비용을 절감하여 10년 동안 매년 440만 달러를 절약할 수 있었으며, 단 3년 만에 투자금을 회수할 수 있었다.[1] 또한 이 프로젝트를 통해 건물의 온실가스 배출량을 40퍼센트까지 줄였다.[2]

엠파이어 스테이트 리얼티 트러스트의 CEO인 토니 말킨Tony Malkin은 에너지 개선 프로젝트로 건물 운영 비용을 절감하고 더 높은 임대료를 받을 수 있었다고 밝혔다.[3] 말킨은 그 결과에 깊은 인상을 받아 배출량을 40퍼센트 더 줄이기 위한 두 번째 프로젝트를 발표했다.[4] 엠파이어 스테이트 빌딩은 미국에서 상징적인 건물이기도 했고, 이를 계기로 에너지 효율 향상 투자로 인한 비용 절감

효과를 널리 알리게 되었다.

매력적이지만 예측하기 어려운 수익률

건물 부문은 미국 전체 온실가스 배출량의 13퍼센트를 차지하는데, 안타깝게도 업그레이드나 교체에 상당한 투자가 필요한 수명이 긴 자산이다.[5] 뉴욕시의 5만 개 건물을 분석한 결과, 배출량 감축 목표를 달성하려면 상업용 건물에만 200억 달러의 투자가 필요한 것으로 나타났다. 다행히도 이미 상용화된 기술을 사용하여 건물의 에너지 효율을 개선하면 리스크가 거의 없이 매력적인 투자 수익을 창출할 수 있다.[6] 도시녹색위원회Urban Green Council의 존 맨디크John Mandyck는 뉴욕과 다른 대도시에서 건물의 탄소배출량을 줄일 수 있는 기회에 대해 이렇게 묘사했다. "저탄소 미래로 가는 길은 말 그대로 우리 눈앞에 있다."[7]

에너지 효율 프로젝트의 매력적인 주요 투자 수익은 주로 추가 전력을 생산하는 것보다 '네가와트Negawatt'라고 부르는 전기 절약이 더 경제적이라는 개념에서 출발한다. 대형 건물의 경우 지붕, 창문, 문을 개조하면 난방 및 냉방 수요를 40퍼센트까지 줄일 수 있으며, 백열등을 LED로 교체하는 것만으로도 필요한 전력을 80퍼센트까지 줄일 수 있다.[8] 고도의 건물 자동화 및 제어 시스템은 비용을 더욱 절감할 수 있다. 안타깝게도 건물 소유주는 투자 비용보다 이로 인한 비용 감소분이 얼마인지 검증하는 것이 더 큰 과제인 경우가 많다.

상업용 건물에서 흔히 볼 수 있는 트리플 넷 리스Triple Net Lease 계약은 건물관리비를 임차인에게 전가하는 방식이다. 에너지 효율 프로젝트에서는 임대인이 자금을 조달하는 반면 절감액은 임차인이 가져가므로 문제가 발생한다. 또한 구매자는 에너지 비용 절감을 가격에 반영하는 것을 꺼리고, 소유주는 효율 개선 효과가 나타나기 전에 매각할 수 있기 때문에 건물을 업그레이드하는 것을 꺼려한다. 이러한 어려움을 감안한 건물주들은 C-PACECommercial Property Assessed Clean Energy라는 금융 상품으로 이러한 에너지 효율 향상의 한계를 극복하려고 한다.

금융 혁신

C-PACE는 주 및 지방 정부에서 수십 년 동안 사용해 온 금융 시스템을 최근에 적용한 것이다. 정부는 건물 소유주가 지역 재산세를 통해 최대 20년간 상환하는 대출로 전환해 자금을 조달할 수 있도록 허용한다. 에너지 효율을 장려하기 위해서다. C-PACE 대출 이자율은 매우 낮다. 세금을 평가하는 방법론이 안전하고 리스크가 매우 낮기 때문이다. 중요한 것은 세금 평가가 매각 시 부동산과 함께 이전되므로 대출금이 남아 있는 건물을 매각할 위험이 없다는 점이다. 미국 30개 주에서는 C-PACE 파이낸싱을 승인했고 소규모 건물 소유주와 쇼핑몰 소유주인 사이먼 프로퍼티 그룹Simon Property Group과 같은 대기업도 활용 중이다.[9]

부동산 소유주에게 수익을 개선하고 이산화탄소 배출량을 줄일 수 있다는 점에서 건물 업그레이드와 에너지 효율에의 투자는 매력적이다. 하지만 훨씬 더 큰 기회는 기후변화 및 물리적 자산과 관련된 리스크 관리에 있다.

기후 리스크

기온 상승으로 인한 열 팽창으로 전 세계 해수면이 상승하고 있으며, 산림이 건조해져 산불 발생 빈도와 강도가 증가하는 등 위험 지역에 위치한 집과 건물에 위협이 되고 있다. 부동산에 대한 기후 위험을 이해하면 투자자 수익을 개선하고 잠재적 손실을 줄일 수 있다.

부동산 투자자는 물리적 리스크와 전환 리스크라는 두 리스크에 직면한다. 학계 연구에 따르면 해수면 상승에 노출된 주택은 그렇지 않은 부동산보다 7퍼센트 낮은 가격에 판매되고,[10] 가격 하락은 2050년까지 15~35퍼센트에 이를 것으로 예상된다.[11] 부동산 데이터 회사인 질로Zillow는 2050년까지 미국에서 총 80만 채, 4,510억 달러 규모의 주택이 침수, 범람의 위험에 처할 것으로 추정했다.[12]

기온 상승은 숲을 건조하게 하고 강수량이 감소하는 등 기후변화로 인한 산불 발생 확률을 증가시킨다. 컬럼비아 대학교의 과학자 박 윌리엄스Park Williams는 산불로 인한 문제를 이렇게 설명했다. "건조해진 숲이 대형 화재를 촉진하는 현상의 발생빈도는 비선형적인데, 이는 온난화를 발생시키며 점점 더 영향력이 커지고 있다."[13] NCA^{National Climate Assessment}에서는 미국 서부에서 화재가 발생하는 연간 면적이 2050년까지 2~6배 증가할 것으로 예상하고 있다.[14]

부동산 및 기타 실물자산에 투자하는 투자자들은 종종 다음과 같은 잘못된 결론을 내린다. 부동산에 대한 물리적 리스크는 수십 년 후의 일이기 때문에, 자산에 대한 리스크가 먼 미래라고 생각하는 경우가 많은 것이다. 하지만 전환 리스크는 자산 가격에 즉각적인 위협이 될 수 있다. 부동산 투자자는 기후변화의 실제 위험이 발생하기 수십 년 전부터 리스크에 노출되어 있다.

악순환의 반복

전환 리스크는 기후변화에 노출된 부동산 소유주가 자산에 자금을 조달할 때 보험에 가입할 수 없거나 높은 이율로 가입할 경우에 발생한다.[15] 이는 부동산 가치 하락으로부터 세수 감소, 구매자 감소, 자금 조달 감소의 악순환을 일으켜 가격이 더욱 낮아지게 된다.

주택 소유자를 위한 전통적인 30년 모기지 상품은 홍수가 발생하기 쉬운 지역의 대출자에게 상환 전까지 담보 가치 하락이라는 리스크에 노출되는 약점이 있다. 은행의 투자 동향을 투자자들이 조사한 결과 홍수 발생 위험이 있는 모기지 상품을 미 연방주택저당공사^{Fannie Mae}(Federal Nation Mortgage Association의 약칭)와 미 연방주택담보대출공사^{Freddie Mac}(Federal Home Loan Mortgage의 약칭)

로 옮기고 있는 것으로 나타났다.* 툴레인Tulane 대학교의 부교수인 제시 키넌Jesse Keenan은 다음과 같이 경고했다. "지금까지의 모기지는 수많은 금융 위기에서 살아남았지만, 기후위기에서는 살아남지 못할 수도 있다."[16]

기후변화에 노출된 부동산은 보험 가입조차 어려운 상황이다. 보험사들은 증가하는 산불 위협에 노출되지 않기 위해 화재가 발생하기 쉬운 지역에서 서비스를 제공하지 않기 때문이다. 미국 최악의 산불을 여러 차례 경험한 캘리포니아는 이러한 기후변화 위험을 경험하고 있다. 캘리포니아주의 보험 설계자는 이러한 문제에 대해 다음과 같이 요약했다. "보험에 가입하지 못하면 결국 집을 팔 수 없게 됩니다. 집을 팔지 못하면 그 지역의 재산세에 영향을 미칩니다. 이것은 심각한 혼란을 야기하고 있습니다."[17]

전환 리스크는 자산의 수명 기간 내에 물리적 리스크가 나타날 것이라는 시장의 예상이다. 부동산의 경우, 이행 리스크에는 급격히 높아진 모기지와 보험 금리에 대한 노출, 홍수 및 기상이변으로 인한 재산 피해, 지역 사회 수리 및 복원 비용을 지불하기 위한 재산세 상승이 포함된다. 주택 구매자와 고용주가 위험 지역을 피하기로 결정함에 따라 유동성이 감소하는 것도 이러한 리스크 부담에 더해진다.

---

* (옮긴이 주) '연방주택저당공사Fanni Mae'와 '연방주택담보대출공사Freddi Mac'는 주로 모기기 보증, 모기지 대출들을 모아 유동화하여 MBSMortgage-backed securities를 만든다. 이는 연방 정부에서 100퍼센트 지불을 보증하므로 안정성이 국채만큼 높다.

이러한 리스크에 처한 지역사회의 부동산 투자자들은 정부가 나서서 해결해 주길 바라고 있다.

인프라 강화

홍수나 산불의 가능성에 노출된 지자체들은 위험에 대처하기 위한 계획을 세우고 있다. 마이애미비치는 홍수가 자주 발생하는 지역의 도로를 높이고 있으며, 뉴욕시는 해수면 상승에 대비해 폭풍우 해일 방벽을 설계하고 있다.[18] 뉴욕 프로젝트에는 1,190억 달러가 소요되고 건설에 약 25년이 걸릴 것으로 예상된다.[19] 부동산이 집중된 재정적으로 넉넉한 지자체의 경우 이러한 비용이 받아들여질 수 있다. 그러나 많은 국가에서 기후변화에 적응하기 위한 정부 지출은 비용이 많이 들고 비효율적일 가능성이 높으며 기껏해야 임시방편일 뿐이다.

기후변화는 정부 지원을 통한 정책보다 더 빠르게 진행될 수 있기 때문에 인프라 개선은 어려운 과제다. 경제적·문화적 가치가 큰 저지대 도시인 이탈리아 베니스는 2003년에 선견지명을 가지고 해수면 상승 8인치에 대비한 홍수 방벽 건설을 시작했다. 안타깝게도 프로젝트가 시작되었지만 해수면 상승은 2100년까지 14인치로 증가할 것으로 전망되었다. 베니스 대학교의 루스코니Rusconi 교수는 홍수 장벽을 "비용도 비싸고 제대로 작동한다는 보장이 없는 쓸모없는 프로젝트"라고 비판했다.[20] 또한 뉴욕에서 제안한 홍수 장벽 프로젝트에 대한 비관론자들은 정부의 계획이 수십 년 안에 쓸모없게 될 수 있다고 강조한다.

전 세계 국가의 정부는 사회 기반시설의 비용이 많이 들고, 성공 여부가 불확실하다는 점 때문에 기후변화에 대한 장기적 솔루션 투자가 어렵다는 것을 알게 될 것이다. 단순하게 생각하면 대다수의 기후변화 리스크에 처해 있는 주택 소유자와 세입자는 이사하는 것이 더 쉬운 결정일 것이다.

장수명 자산의 장기적 위협 직면

기후변화가 부동산에 미치는 리스크는 새로운 것도 아니고 논란의 여지가 있는 것도 아니다. 미 연방주택담보대출공사의 수석 이코노미스트는 2016년에 해수면 상승이 "수십억 달러의 부동산에 피해를 입힐 가능성이 있다"라고 경고했다.[21] 부동산 투자자에게 문제는 기후변화로 인한 자산 가치의 하락 여부가 아니라 그 시기가 문제이다. 건물의 유동화 주식은 1년에 1~3퍼센트 정도 회전하는 장주기형 상품이다.[22] 장기적인 관점에서 투자하는 것이 전통적으로는 경쟁 우위로 여겨져 왔지만 이제는 아니다. 기후변화는 이제 지속적인 위험이다. 장기 투자를 선호하던 부동산 투자자들은 가치가 급격히 하락하는 자산을 보유하고 있는 자신의 모습을 발견할 수 있다.

기후변화 시대에 부동산을 보호할 수 있는 쉬운 해결책은 없다. 현명한 부동산 투자자들은 기후변화로 인한 단기적인 전환 리스크와 장기적인 물리적 리스크를 자산 가치 평가에 반영하고 있다. 많은 투자자에게 가장 좋은 전략은 리스크에 처한 자산을 매각하고 기후변화의 영향이 적은 부동산으로 대체하는 것이다.

17장
임업과 농업

"일부 농민들은 기후변화는 믿지 않더라도 돈은 믿습니다."
— 《석세스풀 파밍 매거진Successful Farming Magazine》

그림 17.1. 수확 중인 건초더미

전 세계에서 농업을 위한 산림 파괴로 매년 4,000만 에이커의 산림 면적이 줄어들고 있다.[1] 브라질의 목장부터 인도네시아의 팜유 농장에 이르기까지, 인구와 경제가 빠르게 성장하고 있는 열대 국가에서 산림 훼손이 가장 크다.[2] 산림을 개간하면 나무에 격리되어 있던 탄소가 방출되고 숲의 이산화탄소 흡수 능력이 파괴되므로 나무와 다른 식물이 이산화탄소를 포집하고 저장하는 생물학적 과정을 역전시켜 기후변화에 영향을 미친다. 전 세계적으로 산림 벌채는 온실가스 배출량의 11퍼센트를 차지한다.[3]

산림파괴로 인한 피해를 되돌리기 위한 조림 프로젝트에의 투자는 확장 가능하고 저렴한 기후변화 솔루션을 제공한다. 예일 대학교와 하버드 대학교 연구진의 연구에 따르면, 조림을 통해 이산화탄소를 줄이는 데 드는 비용은 톤당 1달러에서 10달러 수준이다. 이는 다른 기후 솔루션보다 훨씬 저렴한 비용이다.[4] 또한 이러한 산림에 대한 투자는 2030년에 전 세계 배출량의 20퍼센트 이상인

연간 약 80억 톤의 이산화탄소를 줄일 수 있다.[5]

임업에 대한 프로젝트는 나무가 벌채되지 않도록 보호하는 것 (산림 벌채 방지)과 나무를 심는 것(재조림 및 식림)의 두 가지 형태로 이루어진다. 두 프로젝트 유형 모두 확장 가능하고 비용이 저렴하다. 하지만 임업 프로젝트 투자자들이 직면한 중요한 문제는 배출량 감축에 대한 가치를 확보하는 것이다. 탄소 시장은 이 문제를 해결할 수 있다.

이론적 탄소 시장

탄소 시장의 기반이 되는 경제학 이론은 1968년 무명의 캐나다 경제학자 존 데일스John Dales가 처음 제안한 이론이다. 데일스는 어떤 정부 기관도 배출량에 대한 가격을 정확하게 책정하는 것이 매우 어렵다는 점에서 출발했다. 새로운 기술, 혁신, 시장 상황에 따라 배출량 감축 비용이 끊임없이 변화하기 때문이다. 배출량을 줄이는 데 드는 비용을 알지 못하면 정부가 배출량에 가격을 매기는 것이 거의 불가능하며, 가격이 없으면 기업은 공해를 줄이기 위한 투자를 꺼리게 된다.

다행히도 데일스는 단순하면서 명쾌한 솔루션을 가지고 있었다. 이는 전체 배출 상한선을 설정하고 기업이 총량 내에서 배출할 수 있는 권리를 할당하는 것이었다. 중요한 것은 기업들이 배출에 대한 권리를 거래할 수 있도록 허용하는 시장을 만드는 것이었다. 데일스는 "시장 메커니즘의 장점은 어떤 개인이나 기관도 가격을 정할 필요가 없다는 것입니다. 구매자와 판매자 간의 거래에 의해 가격이 정해집니다"[6]라고 했다.

탄소 시장에서 한도가 정해진 참여자는 직접 배출량을 줄일지, 다른 참가자로부터 배출권을 구매할지 결정한다. 시장 참여자들은 배출량 감축에 들어가는 비용이 정부의 규정 위반에 대해 부과하는 과징금보다 낮을 경우 자신의 포지션에 따라 서로 거래한다. 이러한 방식으로 시장의 보이지 않는 손은 수많은 방법 중에서 가장 비용이 적게 드는 배출 감축 기술을 찾아내고, 기업이 지속적으로 비용이 적게 드는 새로운 솔루션을 찾도록 장려하여 시장 전체의 비용 절감을 창출한다.

이론에서 현실까지

데일스의 이론은 1990년 조지 부시 정부에서 대기오염 방지법 Clean Air Act안이 제청될 때에야 실효성을 검증받게 되었다. 이에 따라 산성비를 유발하는 석탄 화력 발전소의 온실가스 배출을 해결하기 위해 배출권 거래 시장Cap and Trade Market의 설립을 허용하는 법안이 마련되었다. 배출량 상한에 직면한 시설은 직접 오염배출량을 줄이거나 다른 배출권 업체로부터 배출권을 구매하여 전체적인 배출량을 줄일 수 있게 되었다. 이 시장은 오염 물질 배출량을 빠르고 많이 양을 줄이기 위해 만들어졌다. 발전 업체들은 초과 배출권을 판매할 수 있었기 때문에 가능한 한 빠르고 많은 양을 줄여 금전적 인센티브를 확보했고, 배출량 감소에 대한 대가를 수익으로 창출했다.

산성비 배출권 거래제는 매우 낮은 비용으로 배출량을 50퍼센트까지 줄이며 놀라운 성공을 거두었다.[7] 더 중요한 것은 이 프로그램을 통해 시장 기반 시스템이 원하는 수준으로 배출량을 제한하여, 가장 낮은 비용으로 배출량을 줄일 수 있음을 입증했다는 점이다. 미국 산성비 배출권 거래제 프로그램의 극적인 성공은 좋은 사례가 되었다. 기후변화를 연구하는 경제학자들이 온실가스 배출을 줄이기 위한 유사한 시스템을 설계하기 시작했고, 이를 탄소 시장Carbon Markets이라고 부르게 되었다.

탄소 시장과 프로젝트 투자

탄소 시장은 정부가 최저 비용으로 온실가스 배출을 줄이기 위해 만들어진 것으로, 시장을 통해 배출권 가격이 형성되고 그에 따른 투자결정 가이드를 제시한다. 이를 통해 산림과 같이 다른 에너지 솔루션 대비 경제적인 기후 솔루션들에 대한 효율적인 자본 배분을 할 수 있게 되었다.

목재를 판매하고 그에 따라 만들어진 땅은 농업에 사용되었기에 토지 소유주의 수익 창출을 목적으로 산림 벌채가 이루어졌다. 탄소 시장은 나무를 베어내는 대신 나무를 더 가치 있게 만들 수 있는 대체 수익원을 창출하여 산림 보호를 위한 투자를 장려한다. 대기로 유입되는 온실가스를 줄이거나 공기 중 탄소를 제거하는 프로젝트는 탄소배출권을 획득할 수 있는 기회를 얻는다. 탄소 1크레딧은 이산화탄소 1톤과 동등한 가치를 갖는다. 탄소 시장에서의 전문 용어는 혼동을 줄 수 있기 때문에 이 책에서는 배출권, 허용량, 탄소상쇄권 등의 용어를 탄소배출권carbon credit으로 통칭할 것이다.

　탄소배출권을 판매하면 산림 보호에 대한 대가로 수익을 얻을 수 있는 현명한 방법이다. 하지만 탄소배출권을 창출하기 위한 산림 프로젝트의 투자자는 몇 가지 구체적인 과제를 알고 있어야 한다.

- **추가성**Additionality: 탄소배출권을 받으려면 프로젝트의 수행으로 인한 배출권의 추가량을 입증해야 하는데, 이는 프로젝트가 없는 자연적인 경우의 벌채될 나무를 보호하거나 자연적으로 발생하는 것보다 더 빨리 나무를 심는다는 것을 의미한다. 이러한 추가성은 탄소배출권 프로젝트에서 온실가스 배출량 감소에 기여하도록 생성된 권리가 되며, 이를 통해 다른 곳에서 이산화탄소를 배출할 수 있게 된다. 투자자에게 프로젝트는 추가성 검증이 있어야 할 것이다. 탄소 감축량에 대한 추가성을 입증하지 못하면 프로젝트가 탄소배출권을 획득하지 못하게 되고, 프로젝트의 수익이 전혀 없을 수 있다.

- **영속성**Impermanence: 관리되는 숲이 산불, 질병 또는 해충에 의해 파괴될 수 있다. 해충으로 산림이 파괴되어 저장된 탄소가 대기 중으로 방출되고 산림 프로젝트의 긍정적인 기후 영향이 역전될 수 있다. 지구 온난화로 인해 자연환경의 변화가 가해지면 이러한 리스크는 더욱 커질 수 있다.[8] 투자자는 산림 영속성을 감소

시키는 사건의 발생 확률을 고려하고, 이를 프로젝트의 이산화탄소 격리 예상치에 반영하여 발행할 탄소배출권의 예상 수를 줄여야 한다.

- **누출**Leakage: 한 지역의 산림을 보호하는 프로젝트는 의도치 않게 다른 지역의 산림 벌채를 증가시켜 프로젝트의 기후변화 혜택을 없애는 결과를 초래할 수 있다. 투자자는 프로젝트의 배출권 리스크를 평가하고 프로젝트에서 발생하는 탄소배출권을 결정할 때 이를 고려해야 한다.

- **인증**Verification: 산림 프로젝트에서 포집 및 격리되는 탄소에 대해 탄소배출권을 받으려면 공신력 있는 감사 기관의 정확한 인증을 매년 받아야 한다. 나무를 물리적으로 측정하고 세는 것은 현실적으로 불가능하기 때문에 산림에서의 배출량 감소분을 입증하는 것은 어려울 수 있다. 그 대신, 인증 담당자들은 정교한 위성 이미지와 비행기 또는 드론의 LiDAR 측정을 결합하여 산림의 탄소 저장량을 측정한다.[9]

- **가격**Prices: 탄소배출권 가격은 시장의 수요와 공급의 변화에 따라 변동한다. 이는 장기 계약 형태가 아니기에 탄소배출권을 판매하려는 산림 프로젝트의 투자자에게 리스크를 발생시킨다. 산림 프로젝트 투자자는 탄소배출권 가격의 변동성을 평가하고 향후 발행되는 배출권을 판매하기 위해 구매자와 계약을 체결하여 미래 수익 리스크 헤지hedge 여부를 검토해야 한다.

각 프로젝트의 투자자는 생성된 탄소배출권을 규제적 탄소 시장

CCM, Compliance Carbon Market 또는 자발적 탄소 시장VCM, Voluntary Carbon Market에서 판매할지 여부를 결정해야 한다.

규제적 탄소 시장

정부가 만들고 시행하는 탄소 시장은 시장 참여자가 배출 상한선 이하로 유지하지 않으면 벌금을 내야 하기 때문에 규제적 시장 Compliance Markets이라고 한다. 또한 규제적 시장은 추가성과 프로젝트 적격성을 정의하는 정부 기관에 의해 규제된다. 규제적 시장은 법이라는 강제성을 가지고 있어 참여자가 규정 위반 시 처벌을 받도록 한다. 그 결과, 규제적 시장의 탄소배출권 금액은 정부의 통제가 없는 자발적 시장보다 훨씬 높은 경향이 있다. 2021년, 규제적 시장의 평균 탄소배출권 가격은 거의 $35/톤[10]이었고, 자발적 시장의 평균 탄소배출권은 가격은 $5/톤[11] 미만이었다.

캘리포니아의 배출권 거래 프로그램은 미국에서 가장 큰 탄소 규제적 시장으로, 주 정부의 계획의 일환으로 만들어졌다.[12] 이는 2050년까지 온실가스 배출량을 1990년 수준 대비 80퍼센트까지 효율적으로 감축하기 위한 조치였다. 캘리포니아는 2013년 시장 출시 이후 2억 3,300만 개의 탄소배출권을 발행했으며, 그 가치는 70억 달러에 달한다.[13] 탄소배출권의 80퍼센트 이상이 산림 프로젝트를 통해 획득한 것으로, 나무가 저비용으로 확장 가능한 기후 솔루션을 제공한다는 시장 증거를 제공한다.

하지만 규제적 시장을 구축하려면 각국 정부가 온실가스 배출을 규제하는 법률을 제정해야 한다. 유감스럽게도 정치적 의지가 부족한 경우가 많기 때문에 많은 프로젝트 투자자들은 자발적 탄소 시장에 남아 있다.

자발적 탄소 시장

정부의 개입이 없는 상황에서 개발자들은 자발적 탄소배출권을 개발해 낮은 비용으로 온실가스 배출량을 상쇄했다. 자발적 탄소 배출권 프로젝트는 규제적 탄소배출권 프로젝트와 규제 기관 및 배출권 발행자가 정부가 아닌 독립적인 조직이라는 점만 제외하면 동일한 구조다. 자발적 탄소 시장은 개인과 기업이 온실가스 배출량을 상쇄하기 위해 운영이 되며, 온실가스 감축을 약속한 기업들의 수요 증가로 인해 빠르게 성장하고 있다.

일례로 델타 항공Delta Air Lines의 CEO 에드 바스티안Ed Bastian은 2020년에 완전히 탄소중립 항공사가 될 것이라고 발표했다.[14] 그러나 항공사는 온실가스 배출을 줄이기 위해 연료 효율이 높은 엔진을 구매하거나 바이오 연료를 사용하는 것은 비용이 많이 들어 한계가 있었다. 그는 "항공 연료를 사용하지 않는 미래가 올 것 같지는 않습니다"라고 언급했다. 자발적 탄소배출권은 이러한 문제에 대해 해결책을 제시할 수 있다. 델타 항공은 2020년에 3,000만 달러의 예산을 책정하여 1,300만 개의 자발적 탄소배출권을 산림 프로젝트로부터 구매하여, 항공사의 연료 연소에 따른 온실가스를 상쇄했다.[15]

산림 프로젝트 투자자는 탄소배출권을 자발적 탄소 시장에 판매하여 수익을 발생시킬 수 있다. 그러나 자발적 탄소 시장에는 규제적 탄소 시장에서 발생되는 리스크 외에도 추가적으로 낮은 가격과 상대적으로 수요가 약한 시장이라는 두 가지 단점이 존재한다. 미국 캘리포니아 규제적 탄소 시장의 가격은 2021년에 $31/톤 이상의 프리미엄 가격으로 거래된 반면,[16] 자발적 탄소 시장은 평균 $6/톤밖에 되지 않았다.[17] 그리고 자발적인 탄소 시장은 더 큰 평판 리스크에 직면해 있다.

자발적 탄소 시장은 규제적 탄소 시장보다 규제가 약하고 정부의 감독과 벌금을 부과할 수 있는 강력력도 부족하다. 이는 투자자들에게 '그린워싱greenwashing(위장환경주의)' 또는 기후 성과가 허상으로 비춰질 수 있다. 자연보호단체The Nature Conservancy가 개발한 산림 프로젝트에 대한 블룸버그의 조사에 따르면, 추가적인 탄소배출권 생성이 없었음에도 자발적 탄소 시장을 통해 J. P. 모건, 블랙락, 디즈니에게 판매했다고 보고했다.[18]

이러한 문제를 해결하기 위해 영국은행의 마크 카니Mark Carney 전 총재와 스탠다드차타드 은행Standard Chartered Bank의 CEO 빌 윈터스Bill Winsters는 탄소배출권의 유효성을 보장하고 자발적 탄소 시장 확장 목적을 가진 특별기구를 구성했다. 이 특별기구는 영속성, 누출량을 결정하는 방법론과 탄소배출권의 검증 및 발급 프로세스에 대한 시장 표준을 만들고 있다. 세계 표준에 대한 합의는 탄소배출권 프로젝트에 대한 신뢰도를 높이고 투자자의 리스크를 줄여 빠른 성장을 가능하게 할 것이다. 매킨지는 2050년까지 자발적 탄

소 시장은 100배 성장할 것으로 전망하고 있다.[19]

특히 해외에서는 기업의 수요를 충족하고 자발적 탄소 시장이 확대됨에 따라 배출량을 상쇄하기 위한 산림 프로젝트에 투자 기회가 확대될 것이다.

열대 우림

대부분의 산림 벌채는 개발도상국에서 일어나고 있다. 열대기후에 위치한 국가들은 1년 만에 1,200만 헥타르(벨기에 면적에 상당)의 산림 면적을 잃었다.[20] 이는 당연하게도 산림 탄소상쇄 프로젝트의 기회의 90퍼센트가 개발도상국에 있다는 것을 의미한다.[21]

이로 인해 투자자들은 훨씬 더 큰 규모의 산림 프로젝트를 추진하게 되었다. 그중 가장 야심 찬 프로젝트는 세일스포스Salesforce의 CEO인 마크 베니오프Marc Benioff를 포함하여 수많은 국가와 자선가가 후원과 지원으로 2020년 다보스에서 시작된 'Trillion Tree Initiative'이다.[22] 이러한 프로젝트의 영향력은 상당할 수 있다. 《사이언스》지에 실린 한 연구 논문에서는 10억 헥타르의 산림을 추가로 심으면 대기 중 이산화탄소의 25퍼센트를 흡수할 수 있을 것으로 추정했다.[23] 그러나 이러한 산림 프로젝트에 투자하는 투자자들은 많은 어려움에 직면하게 된다.

열대림은 세계에서 비교적 외딴 지역에 있다. 수백만 헥타르에 달하는 울창한 정글을 모니터링하는 것은 어려운 일이며, 불법 벌목과 토지 개간으로부터 보호하는 것은 더욱 어렵다. 또한 자생 수

목이 인공림으로 대체될 때 재조림된 땅에서는 단일종 재배의 위험이 있다.[24] 마지막으로, 상당히 많은 숲의 조림에 대한 지리적 한계로 전체 부문의 잠재적 영향을 제한한다. IPCC의 과학자들은 "산림이 포화상태에 이르면서 숲의 큰 잠재력이 시간이 지남에 따라 감소할 것"이라고 경고한다.[25]

개발도상국의 산림 보존에 투자할 때 가장 큰 리스크는 해당 국가 정부로부터 발생할 수 있다. 보호림에 있는 토지는 농업이나 다른 경제개발을 위해 사용할 수 없으므로 그 가치가 감소한다. 개발도상국 정부는 종종 지역 주민으로부터 토지를 개발할 수 있게 해달라는 압력을 받는다. 특히 식량 부족을 겪는 국가에서는 더욱 그렇다. 탄소배출권으로 얻는 수익은 상당히 클 수 있지만 그것만으로 충분하지 않을 수 있다.

숲을 보호하면 대기 중 이산화탄소 농도를 낮추는 등 세계적으로 이점을 얻을 수 있지만 해당 국가 차원에서는 산림 보호가 선호되지 않을 수 있다. 브라질의 보우소나루Bolsonaro 대통령은 이렇게 말했다. "우리는 아마존이 전 세계에서 중요하다는 것을 알고 있습니다. 하지만 아마존은 우리의 것입니다."[26] 대부분의 국가에서 경제개발이 기후변화 문제보다 우선시된다.

투자자들에게 기존 산림을 보호하고 새로운 나무를 심는 것은 매력적이지만 도전적인 과제다. 임업 외에도 바이오 에너지 탄소 포집 및 저장BECCS, BioEnergy Carbon Capture and Storage과 재생 농업이라는 두 가지 다른 기후 솔루션이 투자자들의 관심을 끌고 있다.

BECCS

나무와 기타 바이오매스는 모두 이산화탄소를 분리하고 온실가스를 배출하지 않는 전기를 생산할 수 있다. 그 방법은 바이오 에너지 탄소 포집 및 저장BECCS, BioEnergy Carbon Capture and Storage이라는 기술을 사용하는 것이다. BECCS는 바이오매스를 화력발전기의 연료로 사용한 다음 8장에서 설명한 CCS 기술을 사용하여 배출된 이산화탄소를 포집하고 저장한다. BECCS는 기후변화에 대해 두 가지 긍정적 기여를 할 수 있다는 점에서 매우 매력적이다. ① 나무와 같은 바이오매스는 수년간 성장하는 동안 이산화탄소를 흡수하고, 연소될 때 전기 생산을 위한 탄소중립 자원이 된다. ② 미국 국립 과학아카데미U. S. National Academy of Sciences는 2050년까지 전 세계적으로 최대 52억 톤의 이산화탄소를 BECCS로 격리할 수 있다고 추정한다.[27] 이렇게 BECCS는 매력도 분명하다. 하지만 위험도 분명하다.

BECCS는 이 장 앞부분에서 설명한 도전과제들과 함께 산림의 성공적인 보호 및 성장을 요구한다. 그러나 BECCS에는 이산화탄소를 포집하고 저장하는 기술도 필요한데, 이는 비용이 많이 들고 아직 개발 단계일 뿐이다. 대규모 탄소 포집 기술의 불확실성을 고려할 때 탄소포집의 총비용은 예측하기 어렵지만, 톤당 20~200달러로 추정되며 이는 단순히 나무를 심어 이산화탄소를 격리하는 비용보다 훨씬 높다.[28] 하지만 비용이 높음에도 여러 기업에서 BECCS를 실험하고 있다. 탄소배출량이 마이너스인 기업이 되고

자 하는 영국의 대형 전력회사인 드랙스Drax는 BECCS를 사용한다. 이 회사는 두 개의 시범 프로젝트에서 탄소배출 후 포집/분리하여 전기를 생산하고자 하는 계획을 가지고 있다.[29] 그러나 해당 단지는 2030년까지 일정 규모를 갖추지 못할 것으로 예상된다. BECCS는 온실가스를 격리하고 전력을 생산하는 프로젝트에 자금을 조달할 투자자에게 매력적인 기회를 제공하지만, 탄소 포집 기술 비용이 크게 하락하고 규모가 확보되기 전까지는 이러한 가능성은 대부분 이론적인 수준에 머물러 있다.

재생 농업

나무와 식물이 죽으면서 광합성을 통해 흡수한 탄소는 토양의 일부로 돌아간다. 이러한 토양을 어떻게 관리하느냐에 따라 탄소가 얼마나 빨리 대기로 환원되는지가 결정된다. 흔히 재생 농업이라고 부르는 농법은 농지에 지피 작물을 심고 경작지를 줄여 매우 저렴한 비용으로 온실가스 배출을 줄일 수 있으며, 작물 수확량 증가 가능성을 늘리고 토양 유실을 줄일 수 있다. 미국 국립 과학아카데미는 농업용 토양이 미국 온실가스 배출량을 최대 5퍼센트를 줄일 수 있다고 추정한다.[30]

탄소 시장은 재생 농업 프로젝트의 투자자가 탄소배출권을 받게 함으로써 경제적 인센티브를 제공한다. 임업과 마찬가지로 농업 프로젝트는 농부가 관행을 바꾸지 않았다는 약속을 하면서 추가성 Additionality을 입증해야 하지만, 임업과 달리 규정 준수 여부를 쉽게 확인할 수 있다. 재생 농업을 지원하는 기술이 빠르게 발전하면서 토양 상태, 관리 및 탄소 격리에 대한 더 나은 데이터를 확보할 수 있게 되었다. 무엇보다도 무경운 농법*은 농가의 비용을 절감하고 온실가스 배출량을 무비용으로 줄일 수 있다.[31]

농부들은 대체로 보수적인 경향이 있으며, 많은 사람들이 기후 변화와 탄소 시장에 회의적이기 때문에, 재생 농업 탄소배출권 시장이 천천히 발전하는 것이 놀라운 일은 아니다.[32] 하지만 이는 곧 바뀔 수 있다. 농업 대기업인 카길Cargill은 2022년 재배를 시작하며 2030년까지 재생 농업을 통해 1,000만 에이커에 달하는 토양의 탄소를 포집하는 것을 목표로, 농부들에게 비용을 지급하는 프로그램을 시작했다.[33] 가까운 미래에 탄소는 미국 농부들에게 또 다른 농작물이 될 수도 있다.

임업, 농업, 그리고 탄소 시장

산림 프로젝트와 재생 농업은 시장 확대가 거의 확실해지고 있다. 투자자에게 매력적인 기회를 창출하는, 저렴하고 대규모의 기후 솔루션을 제공하기 때문이다. 그러나 이들 프로젝트는 탄소배출권으로 수익을 창출하는 것이 매우 복잡하고 불확실하기 때문에 실현하기 쉽지 않다. 이러한 어려움이 있음에도 탄소 시장은 기후 변화 시대에 중요한 역할을 할 것이다. 매킨지의 2030년 전망에 따

---

* (옮긴이 주) 땅을 갈지 않고 씨앗을 심을 틈새나 골만 만들어 경작하는 농업기술.

르면, 전 세계적으로 탄소배출권 시장은 2030년에 최대 500억 달러에 달할 것으로 추정된다.[34]

실물자산에서 금융자산으로

재생에너지, 건물의 에너지 효율, 임업, 농업 등 실물자산에 직접 자본을 투자하려면 분야별 지식과 풍부한 자금력, 복잡한 금융 계약을 협상할 수 있는 전문성이 필요하다. 또한 탄소배출권을 만들고 거래할 수 있는 노하우가 필요한데, 대부분 대형 기관 투자자와 기업만이 이러한 역량을 보유하고 있다. 그 대신에 개인 투자자와 소규모 기관은 금융자산을 사용하며 수익을 쌓게 될 것이다. 다음 5부에서는 기후변화 시대의 금융자산에 투자할 때 얻을 수 있는 보상과 도전 과제에 대해 설명할 예정이다.

5부

금융자산 투자

금융자산은 고위험 고수익 벤처 캐피털과 비상장 주식 투자부터 상장 주식, 펀드, 채권형 증권에 이르기까지 다양하다. 기후변화는 이러한 모든 자산에 영향을 미쳐 기업과 투자자에게 새로운 리스크와 기회를 가져올 것이다. 세계 최대 금융자산 운용사인 블랙락의 설립자 겸 CEO인 래리 핑크는 앞으로의 큰 변화를 다음과 같이 예측한다. "저는 1,000여 개의 시장 가치 10억 달러 이상인 유니콘 기업은 앞으로 검색 엔진이나 미디어 회사가 아니라 그린 수소, 그린 농업, 그린 철강, 그린 시멘트를 개발하는 기업이 될 것이라고 믿습니다."[1]

래리 핑크의 예측이 맞을 수도 있고 틀릴 수도 있지만, 모든 투자자는 기후변화 시대에 금융자산에 대한 위험과 기회를 이해함으로써 이익을 얻을 수 있다.

18장
벤처 캐피털

"우리는 동물을 우회합니다. 농업의 가장 큰 걸림돌입니다."

그림 18.1. 이던 브라운, 비욘드 미트의 설립자 겸 CEO

대중의 인식 변화, 새로운 저탄소 기술, 정부의 인센티브 등 기후변화라는 거시적 흐름은 기업가들이 기후위기를 완화하기 위한 기업을 창업할 수 있는 기회를 만들어 낸다. 기업가와 벤처 투자자에게는 혁신적인 신사업을 시작하고 자금을 조달할 수 있는 기회가 전례 없이 커졌다. 그러나 해결해야 하는 문제 역시 존재한다.

돈을 잃는 고상한 방법

벤처 자본가는 혁신적 기업에 적절한 제품을 적시에 지원함으로써, 엄청난 투자 수익을 창출할 수 있는 성장 잠재력이 있는 사업 분야를 찾는다. 2006년 선도적인 벤처 펀드들은 '클린테크Clean tech'라고 부르는 투자 기회를 찾았다고 확신했다. 전설적인 실리콘밸리 벤처 투자자이자 아마존Amazon, 구글Google 및 기타 성공적인 스타트업에 초기 투자하여 명성을 쌓은 존 도어John Doerr는 다음과 같이 선언했다. "친환경 기술은 인터넷보다 더 큰 시장이다. 21세기 최대의 경제적 기회가 될 수 있다."[1]

결론적으로 도어는 옳았지만 시점이 10년 이상 틀렸다. 그의 주도로 2006년부터 2011년까지 벤처 자본가들은 기후변화 솔루션에 초점을 맞춘 초기 단계 기업에 250억 달러를 투자했다.[2] 하지만 그중 절반 이상을 곧바로 잃었다.

클린테크의 실패 사례는 많지만, 그중에서도 가장 악명높은 기업은 아마도 솔린드라Solyndra일 것이다. 이 회사는 평평한 태양광 패널이 아닌 원통형으로 생산하는 새로운 기술을 상용화하기 위해 설립되었으며, 효율성이 향상되고 비용이 개선되었다고 주장했다. 안타깝게도 솔린드라가 기술을 상용화할 무렵에는 시장 상황이 바뀌었다. 중국 경쟁업체들이 가격을 낮추고 원자재 가격이 하락하면서 솔린드라의 상대적인 원가 경쟁력이 약화되었다.[3] 결국 솔린드라는 법원에 파산보호신청Chapter 11 bankruptcy protection을 신청했고, 벤처 투자자들은 약 10억 달러의 손실을 입었다.[4]

벤처 지원의 실패 사례는 솔린드라뿐이 아니다. 베터 플레이스 Better Place는 전기차를 충전하는 혁신적인 솔루션을 통해 석유 수요를 종식시키겠다는 목표를 가지고 설립되었다. 그 솔루션이란 운전자가 방전된 배터리를 완충된 배터리로 신속하게 교환할 수 있는 배터리 교환소 네트워크를 활용하는 것이었다. 2012년 베터플레이스는 최고의 벤처 투자자들로부터 8억 달러 이상을 투자받았다. 그러나 2년도 채 되지 않아 곧바로 파산했다.[5]

무엇이 잘못되었을까? 이 질문에 답하는 것은 기후변화 시대의 투자자들이 직면한 과제를 이해하는 데 매우 중요하다. 클린테크 벤처 투자의 예상치 못한 실패로 2012년 이후 투자자들이 이탈하고, 기후변화 솔루션을 제공하는 초기 단계 기업에 대한 자금 조달 규모가 줄어들었다.[6] 미국 최대 연기금인 캘퍼스CalPERS의 최고 투자 책임자인 조 디어Joe Dear는 다음과 같이 말했다. "우리의 경험에 따르면 이것은 돈을 잃는 고상한 방법이었습니다."[7]

죽음의 계곡

초기 단계의 클린테크 기업에 투자한 벤처 캐피탈 투자자들은 투자 성공을 위한 여러 가지 과제를 발견했다.

1. 실제 제품의 상용화 속도가 느리다. 기후변화에 대한 혁신적인 솔루션을 보유한 기업들은 대부분 물리적 제품을 만든다. 예를 들면 전기를 생산하는 태양광 패널을 들 수 있다. 실제 제품은 그 특성상 개발 주기가 길기 때문에 상용화하기 전에 많은 시운전과 오류를 개선하는 시간이 필요하다. 경쟁사와 시장이 끊임없이 제품을 개선하면서 목표를 바꾸고 있기 때문에 리스크가 있다. 예를 들어, 솔린드라의 제품은 벤처 자본을 유치할 당시에는 매력적이었지만, 태양광 기술을 개발하고 개선하는 데 시간이 걸리면서 점점 더 저렴한 제품을 내놓는 경쟁업체에 뒤쳐지게 되었다. 특히 고객이 정부 또는 대기업인 경우 판매 주기가 길어 어려움을 겪는다. 구매자는 새로운 기술을 구매하기 전에 상품의 성능이 가급적이면 시장에서 검증된 제품을 원한다. 안

타깝게도 성능을 증명하는 데는 시간이 소요되기 때문에 시장 환경이 변할 경우 이에 대처할 수 있는 능력이 떨어진다. 시간은 창업가와 벤처 투자자에게 불리하게 작용하며, 실제 제품 상용화에는 시간이 필요하다.

2. 상품은 신규 진입자에게 매력적이지 않은 시장이다. 에너지 부문은 온실가스 배출의 주요 원천이자 가장 큰 투자 기회다. 그러나 에너지, 특히 전기와 연료는 상품이기 때문에 소비자는 주로 가격을 기준으로 대체 공급업체를 선택한다. 가격 경쟁력은 기존 대기업에게 유리하게 작용하여 상품 시장은 본질적으로 신규 진입자와 벤처 투자자에게 도전적인 장벽이 된다. 이와 관련된 또 다른 문제는 풍력 및 태양광과 같은 저탄소 기술이 매우 특수한 규제 시장에서 판매되는 경우가 많다는 것이다. 이 시장 안에서 재생에너지 기술은 가격을 낮게 유지하라는 정치적 압력에 직면한다. 규제 시장은 혁신과 위험 감수에 대한 인센티브를 거의 제공하지 않아 기존 사업자에게 유리하고 신규 진입을 억제한다. 설상가상으로 미국에서는 에너지 수요가 비탄력적이다. 즉, 혁신으로 인해 더 낮은 가격의 제품이 만들어지면 수요가 제자리걸음일 경우 마진이 줄어들게 된다. 탄력적이지 않은 상품 시장에서 성공하려면 저비용 생산이 필요하며, 이를 위해서는 규모의 경제가 필요하다. 일정 규모를 갖추려면 시설의 건설과 제품 유통에 막대한 자본이 필요하며, 이는 또 새로운 도전 과제다.

3. 자본 집약도는 '죽음의 계곡'을 만든다. 많은 클린테크 기업은 규모의 경제가 있을 때 경쟁력이 있으며, 10억 달러 이상의 자본이

필요한 경우가 많다. 하지만 벤처 캐피탈 투자자가 초기 단계 기업에 1억 달러 이상을 투자하는 경우는 거의 없다. 이 자금의 차이는 완곡한 표현으로 '죽음의 계곡'이라 부르며, 많은 초기 단계 기업이 이 계곡을 넘지 못한다. 브루킹스 연구소Brookings Institution의 연구에 따르면 이러한 자금의 차이 때문에 "벤처 캐피털들은 해상 풍력 발전소, 바이오 연료 정제소, 검증되지 않은 태양광 패널 기술과 같은 고위험, 자본 집약적 벤처에 대한 투자를 꺼리고 있다"라고 결론지었다.[8]

4. 정부 정책이 불확실성을 야기한다. 혁신적인 기후 솔루션은 초기에는 기존 기술과 경쟁하기 위해 정부 보조금이나 규제 지원이 필요한 경우가 많다. 안타깝게도 정부 정책은 정치인의 변덕에 따라 달라질 수 있기 때문에 불안정한 성격을 지닌다. 풍력 발전 프로젝트에 대한 세액 공제는 의회의 교착 상태로 인해 20년 동안 네 차례나 만료되어 풍력 발전 부문에 혼란을 야기한 대표적인 사례다. 이러한 정치적 불확실성은 기업가들에게 문제를 야기한다. 벤처 자본가들은 기술 및 상업화 위험을 감수하지만, 기업이 통제할 수 없는 정치적 및 규제 불확실성에 직면한 분야에는 자금 지원을 기피하기 때문이다.

성공으로의 전환

벤처 자본가들은 2000년대 초반 클린테크 투자의 실패를 교훈으로 삼았다. 이들은 이 분야가 직면한 문제를 피할 수 있도록 설계된 비즈니스 모델을 갖춘 초기 단계 기업을 지원하는 쪽으로 방향을 선회했다. 이에 벤처 투자자들은 자산이 적은 비즈니스 모델, 짧은 판매 주기, 브랜드 매력이 있는 제품을 보유한 기업에 집중했고, 이렇게 수정된 투자 전략은 효과가 있었다. 클린테크에 대한 벤처 수익률은 2005~2009년 투자 기간의 −1.1퍼센트에서 2014~2017년 투자 기간 동안 +23.9퍼센트로 반등했다.[9] 비욘드 미트 Beyond Meat는 이러한 전략을 바탕으로 재정적으로 큰 성공을 거둔 기후 솔루션의 대표적인 사례다.

비욘드 미트는 전통적인 소고기 회사 대신 소비자에게 어필할 수 있는 대체육을 개발하기 위해 2009년 이던 브라운Ethan Brown(그림 18.1)이 설립한 회사다. 브라운은 전통적인 소고기가 본질적으로 에너지적인 측면에서 비효율적이므로 고기 1파운드 생산에 매우 많은 곡물이 필요하다는 사실을 깨달았다.[10] 비욘드 미트의 전략은 더 맛있고 건강하며 생산 효율이 높은 제품을 통해 "농업의 가장 큰 걸림돌인 동물을 거쳐야만 하는 단계를 우회"하는 것이었다.[11]

소고기는 기후변화에도 중요한 역할을 한다. 육우는 메탄 배출과 산림 훼손을 통한 방목으로 인해 전 세계 온실가스 배출량의 6퍼센트를 차지한다.[12] 비욘드 미트의 제품은 탄소배출량을 90퍼센트 이상 줄일 수 있다.[13]

브라운의 전략에는 기존 육류 회사와의 대규모 경쟁을 피하기 위한 브랜딩과 함께, 식당에 먼저 공급한 다음 전체 식료품 소매업체를 대상으로 확대하는 타깃 출시가 포함되었다.[14] 중요한 점은 비욘드 미트의 연구진들이 벤처 자본을 유치한 지 1년 만에 첫 번째 제품을 시장에 출시했고, 이후 개선하는 과정을 반복하며 지속적인 제품 출시를 했다는 것이다.

비욘드 미트의 전략을 통해 적은 투자 자본으로 혁신적인 제품을 개발할 수 있었다. 이 회사는 8년 동안 1억 2,200만 달러의 벤처 자본을 유치했으며, 클라이너 퍼킨스Kleiner Perkins가 첫 번째 라운드를 주도했다.[15] 결과적으로 좋은 베팅이었다. 2019년 비욘드 미트는 그해 가장 성공적인 기업공개IPO를 통해 상장기업이 되었으며, 상장 직후 주가는 163퍼센트 급등하여 기업가치가 40억 달러에 육박했다.[16]

비욘드 미트와 기후 솔루션을 제공하는 다른 성공적인 초기 단계 기업들이 얻은 가장 중요한 교훈은, 환경뿐만 아니라 소비자를 위해 더 나은 제품을 만들었다는 것이다. 환경적 혜택의 가치에 대한 브리티시컬럼비아 대학교의 연구는 초기 단계의 기후 솔루션 투자자들에게 이 같은 중요한 경고를 한다. "친환경 비즈니스의 핵심에는 실망스러운 역설이 남아 있습니다. 친환경 제품 및 서비스에 대해 긍정적인 태도를 보인다고 답한 소비자 중 실제 지갑을 여는 경우는 거의 없습니다."[17]

이 역설에 대한 해결책은 이던 브라운과 같은 기업가들이 기존 제품보다 더 나은 맛과 잠재적 건강 혜택까지 줄 수 있는 제품을 만드는 것이었다. 《월스트리트 저널》에서는 비욘드 미트 관련 기사에서 다음과 같이 요약했다. "육식은 지구에도 좋을 뿐 아니라 사람에게도 좋습니다."[18]

기후변화 시대의 벤처 투자

기후 솔루션에 대한 성공적인 벤처 캐피털 투자는 다음과 같은 전략을 따른다. 기업가가 차별화된 제품을 만들 수 있는 시장의 틈새를 파악한 다음, 제품을 확장하면서 반복적으로 개선하고 필요에 따라 추가 자본을 투자하는 것이다. 이러한 전략을 염두에 두고 기후변화에 초점을 맞춘 벤처 투자자들은 모빌리티와 운송에 중점을 둔 스타트업에 자본의 절반 이상을 투자했으며, 식품과 농산물에도 상당한 비중을 할당하고 있었다.[19] 벤처 투자자들은 전기차가 지구를 위해 더 깨끗한 제품을 제공하고 운전자에게 더 나은 성능을 제공할 수 있으며, 소비자들이 더 건강하고 맛있는 음식을 계속 원할 것이라고 기대했다.

2021년, 벤처 캐피탈 투자자들은 현재 '기후 기술Climate Tech'이라 부르는, 기후에 초점을 맞춘 초기 단계 기업들에 10년 전보다 20배 이상 증가한 370억 달러를 투자했다.[20] 전체 벤처 캐피탈과 비교할 때 초기 단계의 기후 솔루션 기업에 대한 투자는 전체 벤처 시장 성장률의 5배에 달했다.[21] 13장에서 설명한 임팩트 기업들(DBL, SJF)은 점점 더 큰 규모의 벤처 펀드를 조성했다. 특히 클라이너 퍼킨스Kleiner Perkins와 같은 전통적인 벤처 기업들은 이 분야에 다시 투자하여 두 번째 그린 그로스 펀드Green Growth Fund에 3억 달러를 투자했다.[22] 그러나 초기 단계의 기후 솔루션에 가장 공격적으로 투자하는 기업 중 일부는 이 분야의 새로운 기업들이다.

신규 진입자로부터의 벤처 자금 조달

대형회사들은 자신의 산업 영역에서 기업형 벤처 캐피탈Corporate Venture Capital이라고 하는 방식으로 초기 단계 비즈니스에 투자하기도 한다. 에너지, 운송, 시멘트, 철강, 농업 등 기존 비즈니스에 현실적인 위협이 되고 있는 기후변화로 인해 많은 기업이 기후 솔루션에 투자하고 있다. 투자자들은 많은 투자 대상기업의 초기 고객이자 파트너이기도 하기 때문에 전략적 이점이 있었다. 예를 들면, 14개 전력회사로 구성된 컨소시엄인 에너지 임팩트 파트너스Energy Impact Partners는 차세대 기술 및 비즈니스 모델에 중점을 둔 스타트업에 투자하기 위해 6억 8,100만 달러의 벤처 펀드를 조성했다.

기술 분야의 기업들도 기후변화로 인한 리스크가 상대적으로 적음에도 스타트업에 적극적으로 자금을 지원하고 있다. 마이크로소프트는 2020년에 탄소 저감 기술에 중점을 둔 10억 달러 규모의 펀드를 조성했으며,[23] 곧이어 아마존이 20억 달러 규모의 기후 서약 기금Climate Pledge Fund을 조성했다.[24] 이러한 대규모 기후 펀드는 20장에서 다룰 주제인 온실가스 배출량의 넷제로 약속을 지키기 위해 기술 기업 후원 지원 목적으로 설계되었다.

박애주의자들은 벤처 캐피털 분야에서 가장 놀랍고, 어쩌면 가장 중요한 새로운 플레이어일 수 있다. '박애주의 자본가'라고 부르는 이 초부유층 개인과 재단은 임팩트 우선 투자라는 전략을 통해 벤처 캐피탈이 기후변화 솔루션에 자금을 조달할 수 있는 촉매 역할의 가능성을 이해하고 있었다. 빌 게이츠가 설립하고 14장에서 설명한 브레이크스루 에너지 벤처스라는 기업은 상징적인 사례이다. 기존의 벤처 투자자와 달리 박애주의 자본가들은 불확실성이 큰 기회에 투자하여 기초 과학과 상업적 제품 사이의 현실을 좁힐 수 있었다. 또한 이러한 투자자들은 인내심을 가지고 지원한다. 초기 단계의 기업이 실제 제품을 시장에 출시하는 길고 위험한 과정을 지나갈 수 있게끔 하는 것이다. 브레이크스루 에너지 벤처스 및 다른 자본가들은 첨단 배터리 및 기타 기후 솔루션에 대한 투자에 자금을 지원하고 있었다. 2021년에는 그린 수소 및 직접 공기 포집 기술DAC, Direct Air Capture 등 보다 강력한 기후 솔루션에 초점을 맞춘 10억 달러의 추가 펀딩을 발표했다.[25]

벤처 캐피털: 위험, 수익, 기회

초기 단계 기업에 대해 벤처 캐피털 자금 조달을 고려하는 투자자는 기후변화 솔루션의 상용화까지 따르는 많은 어려움을 알고 있어야 한다. 그러나 명확한 전략을 가진 벤처 투자자는 매우 좋은 성과를 거둘 수 있다. 클라이너 퍼킨스는 비욘드 미트에 대한 초기 투자로 760배의 수익을 올렸으며,[26] DBL 및 SJF와 같은 테마적 임팩트 벤처 펀드는 전체 벤처 캐피탈 펀드 중 상위 4분위에 해당하는 수익을 창출했다.[27]

투자자들에게 벤처 캐피털은 기후 솔루션이 점점 더 중요한 역할을 하게 될 고위험, 고수익 분야이다. 기후변화의 최전선에 있는 초기 단계 기업에 투자할 수 있는 기회는 가장 성공한 벤처 자본가들에게도 매력적이다. 크리스 사카Chris Sacca는 2017년 당시 전통적인 벤처 투자에서 손을 떼기 전 트위터, 인스타그램, 우버, 스트라이프에 투자해 큰 수익을 거둔 것으로 벤처 업계에서 잘 알려져 있었다. 4년 후, 사카는 기후 기술 분야의 펀드를 통해 돌아왔다. "지구를 고치는 것은 좋은 사업"이라는 논리로 '며칠' 만에 8억 달러를 모금한 사카의 새 펀드는 로워카본 캐피털Lowercarbon Capital이라고 부른다.[28]

19장
사모 펀드

"기후변화는 일방향적인 경제적 변화이자 근본적인 변화입니다."

그림 19.1. 매건 스타^{Megan Starr}, Global Head of Impact for the Carlyle Group

사모 펀드 투자자들이 기후 솔루션에 대한 자금 조달에 적극적으로 나섰다. 이들은 ESG에 부합하는 펀드를 탐색했다. 그리고 포트폴리오 투자에 대한 기후변화 리스크를 인식함과 동시에, 재생에너지 인프라에서 꾸준한 수익을 올려온 투자자들을 보면서 동기부여를 받았다. 사모 펀드 투자자들은 이러한 트렌드에 따라 화석연료 부문에서 저탄소 기업으로 자본을 이동시켰다. 세계 최대 사모 펀드 회사 중 하나인 브룩필드Brookfield는 이 분야를 "우리 시대의 가장 큰 상업적 기회"라고 부르며 수조 달러의 투자 가능성을 기대하고 있었다.[1]

ESG와 넷제로 전환

사모 펀드 운용사에 자본을 위탁한 자산 소유자는 일반적으로 공적 연기금이나 보험사와 같은 장기 투자자이다. 이러한 자산 소유자는 12장에 설명된 ESG^{Environment, Social, and Governance} 투자 전략을 사용하는 경우가 많다. 또한 자산 소유주들은 사모 펀드 매니저에게 투자 포트폴리오에 넷제로 배출 목표를 달성하기 위해 요구하고 있으며, 이에 따라 사모 펀드 매니저는 기후 위험과 솔루션에 대해 분석해야 한다.

사모 펀드 매니저는 자산 소유자의 요구를 충족하기 위해 현재 포트폴리오에 포함된 기업의 배출량을 줄이거나, 기후 솔루션을 갖춘 기업에 투자를 유도하는 두 가지 기후 전략을 선택하고 있다.

포트폴리오 해당 기업이 온실가스 배출을 줄이기 위해 노력하면 장기적으로 비용을 절감하고 투자자 수익을 높일 수 있다. 선도적인 사모 펀드 기업인 블랙스톤 그룹^{Blackstone Group}은 포트폴리오에 편입할 자산이나 기업을 인수한 후 3년 이내에 우선적으로 에너지 효율을 높여 탄소배출량을 15퍼센트 줄이기로 약속했다.[2] 이를 통해 블랙스톤은 ESG 의무를 준수하는 고객을 만족시키는 동시에 포트폴리오 대상 회사의 수익을 높일 수 있기를 기대했다. 블랙스톤은 이 전략에 대한 상당한 경험을 보유하고 있다. 블랙스톤의 포트폴리오 대상 기업인 힐튼 호텔은 10년 동안 에너지 사용량을 22퍼센트 줄이고 배출량을 30퍼센트 줄였으며 10억 달러 이상을 절약했다.[3]

에너지 효율 개선에 투자하는 것은 탄소배출량을 줄이고 비용을 절감하기 위한 검증된 전략이다. 또 잠재적으로 더 수익성이 높은 전략은 탄소 넷제로 비즈니스 모델을 가진 회사에 직접 투자하는 것이다. 최근까지 사모 펀드 운영사들은 기후변화 솔루션을 보유한 기업에 자금을 지원하는 데 미미한 역할을 해왔다. 그 이유는 대부분의 기업이 너무 위험하거나 규모가 너무 작았기 때문이었다. 그러나 여러 기후 관련 분야, 특히 재생에너지의 급속한 성장은 사모 투자 인프라 펀드에 매력적인 기회를 창출했다.

청정 인프라 펀드의 부상

사모 펀드 운영사가 운용하는 인프라 펀드는 전통적인 석유 및 가스 프로젝트와 기업에 자금을 조달해 온 오랜 역사를 가지고 있다. 재생에너지에 대한 투자는 화석연료에서 청정에너지원으로 전환되는 자연스러운 기회를 제공한다. 사모 펀드 투자자들은 장기적으로 일관된 재무 수익을 제공하고 검증된 기술을 사용하는 태양광 및 풍력 발전에 점점 더 매력을 느끼고 있다. 더욱이 재생에너지 부문은 시장이 커짐에 따라 미국에서는 연간 500억 달러, 전 세계적으로는 3,000억 달러 이상의 자본이 필요하며, 이는 아무리 자본이 풍부한 사모 펀드도 감당할 수 없는 규모가 되었다.[4]

벤처 캐피털 투자자와 달리 사모 인프라 펀드는 기술 및 개발 위험을 피하고 운영단계의 프로젝트를 인수한다. 재생에너지의 급속한 성장에 대한 전망으로 많은 사모 펀드 운영회사가 청정에너지 투자 펀드를 출시하고 있다. 블랙락은 대형 자산운용사 중 앞장서 2011년 처음 재생에너지 펀드를 조성하고 그 이후 재생에너지 투자에 55억 달러를 투자했다.[5] 블랙락의 재생에너지 부문 책임자인 마틴 토레스Martin Torres는 "이제 전 세계에서 인프라에 대한 민간 시장의 투자 기회 중 가장 큰 영역이 되었다"라고 단언했다.[6] 이에 뒤지지 않기 위해 브룩필드Brookfield는 재생에너지에 초점을 맞춘 75억 달러 규모의 펀드를 출시했다.[7] 그리고 수십 개의 다른 사모 펀드 회사들이 이와 유사한 소규모 펀드를 출시했다.

사모 인프라 펀드 투자자는 4장에서 설명한 대로, 태양광 및 풍력 프로젝트 운영에 직접 자본을 투자하는 투자자가 겪는 동일한 리스크와 수익 구조에 직면하게 된다. 투자자에게 펀드는 프로젝트 소싱, 실사 전문성, 다양한 포트폴리오를 제공하기 때문에 프로젝트에 직접 투자하는 것보다 더 합리적인 투자처다. 이러한 서비스에 대한 보상으로 펀드 투자자는 일반적으로 수수료로 투자금의 1~1.5퍼센트 또는 수익의 최대 20퍼센트를 펀드에 지불한다.[8] 매우 숙련된 투자자를 제외한 대부분의 투자자에게 인프라 펀드는 태양광 및 풍력 프로젝트에 직접 자금을 조달하는 것보다 덜 위험한 투자 방법론이다.

기업별 차별화 전략

사모 펀드 자산운용사들은 기후변화에 대응하고 ESG 펀드에 대한 투자자들의 수요를 활용하기 위한 전략에 집중하고 있다. 일부는 주력 펀드에 기후변화 요소를 포함시키고 있으며, 다른 일부는 기후를 투자 기회로 삼아 새로운 펀드를 설계한다. 전자의 경우, 블랙스톤은 모든 포트폴리오 기업의 에너지 사용량 보고를 의무화하고 있으며, 이는 "결국 좋은 경제성으로 귀결된다"라는 CEO 스티븐 슈워츠먼Stephen Schwarzman의 신념에 따른 것이다.[9] 대부분의 사모 펀드 자산 운용사들은 리스크를 평가하여 기후변화에 대해 각기 다른 전략을 취하고 있다.

2,600억 달러를 운용하는 사모 펀드 회사인 칼라일 그룹Carlyle Group은 단순히 에너지 사용량 측정에서 더 나아가, 해수면 상승 및 기상이변과 같은 기후 리스크를 투자 결정요인으로 반영한다. 2020년에 칼라일 그룹은 기후 리스크에 대한 첫 번째 평가를 발표하여 TCFDTask Force on Climate-Related Financial Disclosures(10장 참조)의 가이드라인에 따라 리스크 평가를 완료한 최초의 사모투자회사 중 하나가 되었다. 칼라일의 메간 스타Megan Starr는 "다른 사모 펀드 모델과 동일하지만 전문 지식과 데이터 및 분석의 범위를 넓히고 훨씬 더 과학적으로 보아야 합니다"라고 전략을 설명했다.[10]

칼라일은 기후 리스크를 측정하고 평가하면 기후 회복력이 높은 포트폴리오를 구축할 수 있고, 이는 더 나은 위험 조정 재무 수익률로 이어진다고 믿었다.

중요하지만 제한된 역할

사모 펀드 운영사 블랙스톤은 세계 최대 부동산 소유 기업으로, 에너지 효율 개선과 온실가스 감축에 집중하여 기후변화 대응에 의미 있는 기여를 하고 있다.[11] 마찬가지로, 브룩필드와 칼라일과 같은 선도적인 사모 펀드 운용사들의 기후 솔루션 펀드 출시는 사모 펀드가 청정에너지 인프라에 자금을 조달하는 데 중요한 역할을 한다. 하지만 사모 펀드 시장은 훨씬 더 큰 규모의 상장 시장에 비하면 극히 일부일 뿐이다. 기후변화 시대에 기후 솔루션을 보유한 기업은 유동성이 큰 상장 주식 및 채권 시장에서 자본 조달을 할 수 있을 것이다.

20장

상장 주식

"15년 전 시가총액 기준 평균 규모의 유틸리티 회사에서
오늘날 세계 최대 규모의 유틸리티 회사로 성장했습니다."
― 제임스 로보James Robo, CEO, 넥스트에라

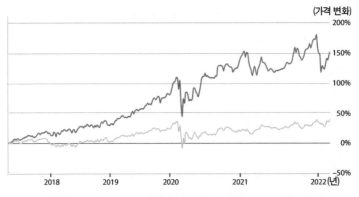

그림 20.1. 넥스트에라(NEE)와 S&P 500 Utility Sector의 투자 수익률 비교

공모 주식 시장은 투자자가 기후 솔루션을 보유한 기업에 쉽게 접근할 수 있도록 해준다. 그러나 어떤 주식을 매수할지 선택하는 것은 결코 쉬운 일이 아니다. 거의 모든 상장 기업이 기후변화에 대응하기 위한 계획을 발표하고 배출량을 줄이면서 수익을 늘리는 전략을 실행하고 있다. 투자자들에게 어떤 기업이 성공할지 아는 것은 주식 시장에 투자하는 데 매우 중요한 일이 되었다. 기후변화 시대의 승자와 패자를 예측하는 것은 기업의 배출량 감축 계획에 대한 이해에서 시작된다.

넷제로Net-zero 전환

기후 과학자들은 지구 기온이 1.5℃ 이상 상승하지 않도록 하려면 2050년까지 전 세계 온실가스 배출량을 0으로 줄여야 한다고 밝혔다. 이로 인해 각국 정부 지도자들은 일부 배출을 허용하지만 탄소 포집$^{Negative emission}$을 통해 국가 배출량의 합을 0으로 줄이겠다는 계획을 발표했다(8장). 영국, 캐나다, 유럽연합을 포함하여 100개 이상의 국가가 2050년까지 넷제로$^{Net-zero}$를 달성하겠다고 약속했다.[1] 심지어 중국도 2060년까지 넷제로를 달성하겠다고 약속했다. 미국은 2030년까지 배출량을 50~52퍼센트 감축하고 늦어도 2050년까지 넷제로를 달성한다는 목표를 세웠다.[2]

기업도 넷제로에 참여하려 한다. 아메리칸 에어라인$^{American Airlines}$은 2050년 넷제로 목표를 세웠고, 버라이즌^{Verizon}은 2040년까지 넷제로를 약속했으며, 애플^{Apple}은 2030년까지 넷제로를 달성하겠다고 약속했다.[3] 마이크로소프트는 한 걸음 더 나아가 다음과 같이 발표했다. "전 세계가 넷제로에 도달해야 하지만, 더 빨리 움직이고 더 멀리 나아갈 수 있는 사람들이 먼저 행동해야 합니다. 2050년까지 마이크로소프트는 1975년 설립 이래 직접 배출 또는 전기 소비를 통해 배출했던 모든 탄소를 제거하겠습니다."[4]

이러한 사회적 약속을 달성하려면 온실가스 넷제로 전환이 필요하지만, 현재 이 과정은 불확실성이 매우 높다. 비즈니스 리더에게 넷제로 전환은 어려운 일이지만 경쟁 우위를 확보할 수 있는 기회이기도 하다. 투자자는 넷제로 전환으로 인해 기업이 어떤 영향을 받을지 이해하고 투자 리스크와 수익에 미칠 영향을 고려해야 한다.

간단한 개념, 쉽지 않은 실행

넷제로 전환은 간단한 개념이다. 과학자들은 2050년까지 전 세계 배출량을 0으로 줄여야 한다고 주장했다. 이에 기업들은 배출량을 줄일 것과, 어떠한 방법으로도 제거할 수 없는 양은 탄소배출권으로 상쇄하여 배출량을 0으로 만드는 것에 동의했다. 그러나 넷제로에 도달하는 길은 다음과 같은 문제 때문에 사실 쉽지 않다.

- Scope 1, 2, 3: 기업의 온실가스 배출은 제조, 전기 사용, 심지어 직원의 출장을 포함한 다양한 곳에서 발생한다. 또한 기업은 배출량을 발생시키는 중간재를 공급자로부터 공급받고, 제품을 사용하는 소비자에게 판매하면서 기후변화에 더욱 기여하게 된다. 배출원을 파악하는 것이 배출량을 줄이기 위한 첫 번째 단계다. 기업의 온실가스 배출량에는 세 가지 유형이 있다. 첫 번째 유형은 기업 및 제조 시설에서 화석연료 연소를 통한 직접 배출(Scope 1)이다. 두 번째 유형은 에너지 소비로 인한 간접 배출(Scope 2)이다. 대부분의 기업에 해당되며 전기를 사용하여 생산할 때 발생하는 배출량을 의미한다. 세 번째 유형은 두 번째에 포함되지 않은 모든 간접 배출(Scope 3)로, 주로 업스트림 공급업체와 다운스트림 소비자로부터 배출된다. 넷제로 서약을 평가할 때 기업의 세 가지 배출량 유형을 파악하는 것이 투자자에게 중요한 첫 단계다. 이 단계부터 쉽지 않다.

- 일관성 없는 목표: 넷제로를 달성하겠다는 기업들의 약속은 놀라울 정도로 일관성이 없다. 포드Ford와 GM은 2050년까지 배출량을 제로로 줄이겠다고 비슷한 발표를 했지만, 포드는 서약에 유형 3의 배출량을 포함했지만 GM은 이를 포함하지 않았다.[5] 당연히 Scope 1과 Scope 2에 해당하는 자동차 제조에서 배출되는

탄소배출량은 Scope 3에 해당하는 자동차 주행에서 배출되는 탄소배출량보다 훨씬 적다. 반면, GM은 2040년까지 제조 사업에서 탄소배출량을 제로로 만들겠다고 약속했으며, 포드는 2050년을 목표로 하고 있다. 이러한 기업의 서약은 전적으로 자발적이고 규제가 없기 때문에 목표의 차이가 발생한다. 이는 자동차 산업에만 국한된 것이 아니다.

• **중복 계산**: 배출량은 종종 두 개 이상의 회사에서 집계되기 때문에 이중, 삼중으로 집계되는 경우가 있다. 예를 들면 석탄을 연소하여 전기를 생산하는 전력회사는 Scope 1의 배출량이 많을 것이고, 그 전기를 사용하여 제품을 제조하는 회사는 Scope 2의 배출량이 많을 것이다. 이 석탄 발전소를 재생에너지로 전환하면 Scope 1의 배출량이 0으로 감소한다. 그리고 전기를 구매하는 제조 회사의 유형 2 배출량도 0으로 계산된다. 넷제로 목표를 달성하기 위해 발전사업자와 제조업체가 모두 배출량 감축을 주장하면 감축량이 이중으로 계산되어 기후변화 대응이 과장된 결과로 해석될 여지가 있다.

• **다양한 방법**: 기업은 넷제로라는 동일한 목표를 달성하기 위해 다양한 방법을 사용한다. 이 책 2부에서는 재생에너지, 에너지 저장, 전기차, 그린 수소 등 온실가스 배출을 줄이는 기후 솔루션들을 소개했다. 기업은 이러한 기후 솔루션 중에서 각자의 상황에 맞는 최적의 솔루션을 선택하고 있다. 예를 들어, 미국에서 가장 많은 이산화탄소를 배출하는 기업 중 하나인 듀크 에너지Duke Energy[6]는 풍력, 태양광 및 에너지 저장 장치로 전환하여 넷제로

에 전념하고 있다.[7] 포드는 2035년까지 모든 제조 공장의 전력을 재생에너지로 공급하고 전기차 생산에 투자할 계획이다.[8] 베이커 휴즈Baker Hughes는 에너지 효율 증대, 그린 수소, 탄소 포집에 주력한다.[9] 또한 옥시덴탈 페트롤리움Occidental Petroleum은 직접 공기 포집에 적극적으로 투자하고 있다.[10] 이 기업들은 모두 2050년까지 넷제로를 달성한다는 동일한 목표를 설정했지만, 리스크와 장애물이 다르기에 각자의 방법을 선택했다.

• 배출 감소 vs 제거: 기업의 탄소중립 서약에는 배출량 감축 외에도 배출량 상쇄 또는 탄소 제거가 항상 포함된다. 거의 모든 기업이 기후 솔루션을 사용하여 배출량을 줄일 수 있지만 항공, 여행과 같은 일부 분야는 향후 수십 년 동안 계속 온실가스를 배출할 가능성이 높다. 그렇기 때문에 배출량을 완전히 없앨 수 있는 기업은 없다. 이렇게 줄이기 어려운 배출에 대한 해결책은 8장에서 소개한 것처럼 나무와 기타 식물에 저장, 포집 및 저장, 직접 공기 포집 기술 형태의 탄소 제거다. 이론적으로 배출량을 줄이고 제거하면 대기 중 온실가스가 줄어들고 기후 온난화가 줄어드는 등 같은 유익한 결과를 얻을 수 있어야 한다. 하지만 현실에서는 많은 논란이 있다.

8장과 17장에서는 탄소 제거와 탄소배출권 사용에 대한 과제를 다루었다. 기업들은 불가피한 선택의 상황에 처해 있다. 기업은 평판 리스크를 감수하고 배출량 감축을 위해, 입증되지 않았지만 비용이 많이 드는 탄소 제거 기술에 더 많은 비용을 지출해야 한다.

산림을 통한 탄소 저장은 저렴하지만 수치를 신뢰할 수 없는 반면, 탄소 포집 및 저장 기술은 비용이 많이 드는 기후 솔루션이며 직접 공기 포집은 이보다 훨씬 더 비싸다. 넷제로를 서약하는 모든 기업은 배출량 감축과 함께 탄소 제거를 계획해야 한다. 그러나 이를 위한 솔루션에는 여러 가지 어려움이 여전히 존재한다.

경쟁우위 확보하기

앞서 설명한 대로 기업의 넷제로 서약에 많은 복잡성이 수반됨에도 이점(경쟁우위)이 넘어야 할 장애물보다 훨씬 클 수 있다. 보스턴 컨설팅 그룹Boston Consulting Group은 기업 고객을 대상으로 배출량 감축 비용을 연구한 결과, 대부분의 기업이 탄소중립을 달성하는 데 드는 비용이 놀라울 정도로 낮다는 사실을 발견했다. 예를 들어, 탄소 제로 소재를 사용한 자동차를 제조하는 데 드는 추가 비용은 2퍼센트밖에 되지 않으며 전자제품의 경우 비용 차이는 1퍼센트 미만이다.[11] 기후변화 시대의 사업에 영향을 미치는 파급력을 고려할 때 기업이 지불할 만한 작은 수준이다.

해수면 상승, 가뭄, 산불, 폭염 등 기후변화로 인한 **물리적 변화**는 이에 대비하지 못한 기업에 위험을 초래한다. 기후 솔루션을 만들기 위한 **기술 혁신**은 자동차부터 육류에 이르기까지 다양한 산업을 뒤흔들고 있다. 진보하는 **사회적 인식**으로 인해 저탄소 제품 및 사회적 책임을 다하는 기업에 대한 소비자 수요가 증가하고 있다. 이러한 세 가지 트렌드와 더불어 네 번째 트렌드인 연방, 주, 지방 차원의 **정부 규제 및 인센티브**가 변화를 가속화하고 있다. 이러한 사회적 분위기를 이해하고 앞서가는 기업은 경쟁사보다 경쟁우위를 확보할 가능성이 높다.

비즈니스 리더들은 탄소중립 전환의 선두 주자로 인정받는 기업이 얻을 수 있는 이점을 명확히 이해하고 있다. 고위급 임원 250명을 대상으로 한 설문조사를 보자. "기업의 넷제로 전략과 리더십이 과거의 재무적 성과보다 미래의 성공 기업을 더 잘 예측할 수 있다"라는 말에 응답자의 3분의 2가 동의했다.[12] 기업이 탄소배출량을 줄여야 하는 더 중요한 이유는 조만간 탄소에 가격이 책정될 것이라는 점 때문이다.

탄소배출에 대한 가격

온실가스 배출은 오늘날의 세대가 아닌 미래 세대가 그 피해를 입기 때문에 부정적인 외부효과negative externality라고 한다. 정부는 부정적인 외부 효과에 대해 배출량을 제한하는 배출권 거래제를 도입하거나 미래의 배출 피해에 대한 비용을 지불하도록 하는 탄소세를 부과하는 등의 규제를 통해 해결하려 한다. 두 규제의 공통적인 목표는 배출량 감축에 따른 사회적 비용을 반영하여 탄소 가격을 책정하는 것이다. 탄소배출량에 대한 가격이 결정되면 탄소 배출원들은 배출량을 줄이는 것이 이익이다. 때문에 신속하게 탄소배출을 줄이기 위해 행동할 것이다.

온실가스 배출은 그 영향이 전 세계적이라는 점에서 이례적인 부정적 외부효과로, 어디에서 배출되더라도 모든 사람에게 영향을 미친다. 이상적인 현실이라면 온실가스가 국제적으로 규제되어 이러한 부정적 외부효과가 전 세계적으로 해결되어야 하지만, 불행하게도 이는 매우 어렵다. 이 책의 1부에서는 배출량을 규제하려는 각국 정부가 직면한 어려움과 기후변화를 해결하기 위해 구속력 있는 국제협약을 시도했지만 실패한 경험에 대해 설명했다. 그러나 세계 공통의 탄소 가격을 책정하지 못한다고 해서 국가 또는 지역 차원에서 가격을 책정할 수 없다는 의미는 아니다.

유럽연합[EU]은 온실가스 배출에 대한 최초의 중요한 규제를 제정하여 2005년에 1만 1,000개 기업의 배출량을 대상으로 하는 배출권 거래 시장을 설립했다.[13] EU의 정책에 따라 유럽 기업들은 탄소배출권을 서로 거래할 수 있으며, 이를 통해 탄소배출에 대한 가격이 형성되었다. EU 시장의 성공으로 가장 중요한 중국을 포함한 캐나다, 스웨덴 등 많은 국가에서 비슷한 구조의 시장이 형성되고 있다.[14] 캐나다와 스웨덴을 비롯한 다른 국가에서도 탄소세를 시행하고 있다. 2022년 현재 전 세계에서 배출되는 온실가스의 약 22퍼센트가 정부의 상한제 또는 세금으로 규제를 받으며, 탄소 가격은 CO_2톤당 1달러에서 137달러까지 다양하다.[15] 반면 미국은 아직까지 온실가스 배출량 상한이나 세금으로 규제를 하지 않고 있다.

불가피한 정책 대응

UN의 책임 투자 원칙[PRI]은 '피할 수 없는 정책 대응Inevitable Policy

response'이라고 부르는 온실가스 배출에 대한 정부 규제에 대비하여 기업들을 준비시키고 있다. 그 근거는 이렇듯 설득력이 있다. "기후변화의 현실이 점점 더 분명해짐에 따라 각국 정부는 지금까지보다 더 강력하게 정책 대응을 할 수 밖에 없을 것이다."[16]

많은 미국 기업이 탄소 가격 책정을 위한 입법 로비를 통해 위의 근거 마련에 앞장서고 있다. 여기에는 놀랍게도 엑슨모빌과 같은 대규모 온실가스 배출업체도 포함된다. 수년간 기후 규제에 반대 로비를 벌여온 엑슨모빌의 CEO 대런 우즈Darren Woods는 2021년 "탄소 가격이 시장에 분명한 시그널을 보내 배출량을 줄이려는 인센티브를 장려할 것"이라고 주장했다.[17] 온실가스 배출 기업에게 탄소 가격은 사업 수행에서 추가 비용을 발생시킨다. 하지만 탄소 포집 프로젝트나 그린 수소와 같이 장기적인 계획과 투자가 필요한 기후 솔루션을 개발할 수 있는 가능성을 가져다주기도 한다.

명확한 트렌드, 어려운 선택

이 책 1부에 설명된 네 가지 주요 기후 트렌드는 기업이 온실가스 배출을 줄이도록 설득하고 있다. 또한 잠재적인 다섯 번째 요소인 탄소 가격은 기업의 넷제로 전환을 더욱 가속화시키고 있다. 이러한 트렌드는 명확하고 냉혹하다. 그러나 시장이나 산업의 방향을 안다고 해서 어떤 기업이 승자가 될지 투자자가 쉽게 알 수 있는 것은 아니다. 이는 기존 기업과 파괴적인 혁신기업 간의 싸움으로 귀결되며, 그 결과에 따라 각 사업 부문의 승패가 결정된다.

기존 기업 vs 파괴적 혁신기업

주식 투자자는 현재 한 분야를 지배하고 있는 전통적 기업 또는 미래를 선도할 잠재력이 있는 파괴적 혁신 기업 중 하나를 선택해야 한다. 이 중 하나를 선택하는 것은 어렵다. 기후변화 시대에 기존 기업과 파괴적 혁신 기업의 경쟁 사례로서 테슬라 vs GM, 넥스트에라 vs 선에디슨의 비교는 투자자들에게 각 기업의 경쟁우위에 대한 시사점을 제공한다.

테슬라 vs GM

제너럴 모터스GM는 1929년 이래 미국 최대 자동차 제조업체로 성장한 대표적 기업이다.[18] GM은 2021년에 630만 대의 차량을 판매하여 1,270억 달러의 매출에 100억 달러의 수익을 올렸다.[19] 이러한 성공에도 GM은 2022년 테슬라의 기업가치가 GM의 약 10배일 것으로 추정되는 등 주식 시장에서 테슬라에 크게 추월당했다.

5장에서 세계 최초의 성공적인 전기차 회사가 되기까지 테슬라가 걸어온 길을 설명했다. 테슬라는 환경적 이점보다는 제품 성능에 초점을 맞추고, 리튬 이온 배터리의 비용 하락을 활용하여 고가제품을 반복적으로 출시했다. GM도 같은 결정을 내릴 수 있었지만 그렇게 하지 않았다. 이 사례에서 테슬라라는 파괴적 혁신기업이 성공할 수 있었던 이유는 무엇일까?

전통적 기업은 파괴적 혁신기업 대비 비교할 수 없을 만큼 많은

R&D 예산을 보유하고 있으며, GM과 같은 전통적 기업도 혁신을 할 수 있고 실제로 하고 있었다. 전통적 대기업이 새로운 개념의 신제품을 개발하여 시장에 출시할 수 없다는 것은 잘못된 상식이다(GM은 1996년 최초의 현대식 전기차인 EV1을 개발했는데, 이는 테슬라보다 거의 10년이나 앞선다). 사실 전통 기업들은 변화를 관리하는 데 서툴렀다. 스탠퍼드 대학교의 빌 바넷Bill Barnett 교수는 "대기업이 혁신에 서툰 게 아니라 조직이 변화에 서툰 것"이라고 지적했다.[20]

테슬라와 같은 파괴적 혁신 기업은 조직 변화가 어려운 분야의 기업들과 경쟁하여 성공한다. 예를 들어 대부분의 자동차 회사는 주로 서비스 및 수리를 통해 수익을 창출하는 자동차 대리점과 계약을 체결하고 있다. 딜러가 정비가 거의 필요 없는 전기차를 도입하면 이러한 수익이 줄어들 위험에 처하게 되고, 자동차 부문의 혁신은 딜러에게 인센티브를 주지 못한다. 여기에서 투자자들은 교훈을 얻는다. 전통적 기업이 변화에 구조적으로 대응하는 데 어려움을 겪는 분야에서 파괴적 혁신기업을 찾아야 하는 것이다.

테슬라는 시장에서 이미 성공을 거둔 기업으로 잘 알려져 있다. 하지만 훨씬 덜 알려진 넥스트에라라는 업계 신생 기업도 그에 못지않은 성공을 거두었다. 기존 전통 기업의 성공은 투자자에게도 많은 교훈을 제공한다.

넥스트에라 vs 선에디슨

선에디슨SunEdison은 재생에너지 분야의 초기 혁신기업으로, 처음에는 미국에서 시작하여 전 세계에서 태양광 및 풍력 프로젝트를 개발했다. 선에디슨은 혁신적인 파이낸싱을 통해 빠른 유기적 성장과 공격적인 인수를 지원해 세계 최대의 재생에너지 개발 사업자가 되었다. 투자자들은 회사의 발전과 태양광과 풍력이 화석연료를 대체할 수 있는 잠재력에 주목했고, 선에디슨의 주가는 2012년부터 2015년까지 2,000퍼센트 이상 급등하다가 급락했다. 결국 예상보다 부진한 수익과 높은 재무 레버리지로 인해 2015년 가을 유동성 위기가 발생했고,[21] 자본조달 방안을 찾다가 2016년 4월 파산 신청을 하고 자본이 모두 잠식되는 사태에 이르렀다.[22]

선에디슨과 마찬가지로 플로리다 파워 & 라이트Florida Power & Light도 태양광 및 풍력 에너지의 상업적 기회를 포착했다. 이 회사는 2000년대 초부터 넥스트에라NextEra라는 이름으로 사명을 변경한다. 그리고 경쟁우위에 있었던 파이낸싱을 최대한 활용하여 전국에 걸쳐 풍력 및 태양광 포트폴리오를 체계적으로 구축했다. 넥스트에라는 플로리다에서 독점 전력사업을 통해 안정적인 현금 흐름을 창출할 수 있었다. 또한 이를 통해 낮은 자본 비용으로 재생에너지 사업 확장에 필요한 자금을 조달할 수 있는 능력을 가지고 있었다. 모닝스타Morningstars의 분석가들은 "플로리다 전력사업은 재생에너지에 자금을 조달할 수 있는 건전한 재무재표를 제공했다"라고 결론을 내렸다.[23] 넥스트에라의 전략은 투자자들에게도 성과를 거두어 15년 동안 1,250억 달러의 주주 가치와 1,082퍼센트의 투자 수익률을 창출하여 전력 분야의 주가지수를 크게 상회하는 성과를 거두었다(그림 20.1).[24] 2021년 넥스트에라는 세계에서

가장 가치 있는 전력회사로 선정되었다.[25]

투자자들은 혁신적 기업이 규제, 자본, 고객 접근성 등의 어려움에 직면해 있는 분야에서 '전략적 보루Strategic Moats'를 구축할 수 있는 전통적 기업을 찾으라는 교훈을 얻었다.

승리자 선정

기후변화 시대에 투자할 주식의 선택은 어떤 전통적 기업이 경쟁우위에 있는지에 대한 투자자의 판단에 달려 있다. 넥스트에라와 같은 에너지 분야의 전통적 기업은 규제가 많고 자본 집약적이며, 가격 경쟁력이 있는 상품을 생산한다. 그렇기 때문에 몇 가지 전략적 보루들을 점하고 있다. 탄소 포집과 같이 초기 단계에 있는 분야에서는 전통적 기업이 초기 단계의 기업에 투자하거나 검증된 기술을 보유한 기업을 인수한 후 이를 상업화할 수도 있는 유리한 위치에 있다. 옥시덴탈이 그런 전략을 취한다.

반대로 파괴적 혁신기업의 혁신가는 비욘드 미트Beyond Meat가 그랬던 것처럼 새로운 사회적 트렌드에 직면한 시장 부문과 대기업같이 조직의 변화에 대한 의욕이 적은 부문에서 더 성공적이다. 대부분의 경우, 파괴적 기업의 혁신가들은 기존 기능을 개선한 제품으로 성공하며, 때로는 높은 가격으로 판매에 성공한다. 일론 머스크는 말했다. "매력적인 제품이 있고 사람들이 기꺼이 프리미엄을 지불할 의향이 있다면 그에 따른 잠재력은 무궁무진합니다."[26]

그러나 변화가 진행된 분야일지라도 혁신만으로는 기업의 성공을 보장할 수 없다. 투자 자문 회사인 리서치 어필리에이츠Research Affiliates는 "경쟁이 치열한 산업에서 시장 파괴는 파괴자에게만 이익이 되는 것이 아니라 사회 전체에 이익이 되며, 파괴자는 때가 되면 스스로 파괴되는 경우가 많다"라는 분석을 내놓았다.[27]

기후변화의 시대에 파괴적 혁신기업들은 기후 솔루션을 제공함으로써 사회에 기여하고 있지만, 모든 기업이 투자자에게 보답하는 건 아니다. 주식 투자자는 자동차와 같이 브랜드 상품을 제공할 수 있는 프리미엄 브랜드 분야와 에너지와 같이 차별성 없는 상품을 제공하는 분야를 구분해야 한다. 그런 다음 시장 지배력을 확보할 수 있고 가장 유리한 포지션에 있는 기업을 선택해야 한다.

또한 주식 투자자는 두 가지 재무적 기후 솔루션인 기업인수목적회사SPACs, Special Purpose acquisition Companies와 YieldCos의 장점과 한계에 대해 알고 있어야 한다. 이 두 기후 솔루션에는 자금을 조달하는 데 일반적이지 않은 상장주 구조가 사용되기 때문이다.

기업인수목적회사

기업인수목적회사SPACs는 민간 기업을 인수할 목적으로 사전에 상장된 회사이고 '백지 수표 회사'라고도 부른다. SPAC의 구조는 성장 단계에 있는 민간 기업에게 기존의 기업공개IPO, Initial Public Offering 절차보다 더 이른 시점에 신속한 절차를 통해 주식 시장에 진입할 수 있는 매력적인 장점이 있다. 기후 솔루션을 보유한 기업의 경우와 빠른 성장에 필요한 막대한 자본이 필요한 경우 SPAC은 매력적인 구조다. 2020년에만 여러 전기차[EV] 제조업체, EV 충전 인프라 회사, 에너지 저장 기술 회사 등 40억 달러 규모의 기후 솔루션 회사들을 인수한 SPACs가 있었다.[28]

　SPACs는 투자자에게 접근하기 어렵거나 불가능한 비상장기업의 지분을 구매할 수 있는 기회를 제공한다. 기후변화 솔루션에 자본을 투자하고자 하는 투자자에게 SPACs는 가능한 한 투자의 폭을 크게 넓혀주지만 여기엔 리스크가 있다. SJF 벤처스의 데이브 커크패트릭[Dave Kirkpatrick]은 매출이나 수익이 지연될 경우 "상장주식 시장은 상당히 냉혹할 수 있다"라고 경고한다.[29] SPACs의 구조는 상당한 자금을 제공하는 것 외에는 앞서 설명한 성장 단계의 기업이 직면한 문제를 해결하지 못한다. 의미 있는 수익을 창출하지 못하는 SPAC에 자본을 투자함으로써, 투자자들은 2008년의 클린테크 버블에서 벤처 캐피탈 투자자들이 저지른 실수를 반복하게 될 수도 있다.

YeildCos

　기업인수목적회사[SPAC]와 마찬가지로 Yield Companies[YieldCos]는 자산을 매입하기 위해 설계된 상장 회사다. SPAC와 달리 풍력 및 태양광 프로젝트 운영이라는 상대적으로 리스크가 낮은 사업에 집중하여 투자자에게 비교적 적당하고 안정적인 배당금을 제공한다. YieldCos는 여러 면에서 부동산 자산 포트폴리오를 취득하고 보유하여 주주에게 배당금 형태로 현금 흐름을 분배하는 부동산 투자 신탁REIT과 유사한 친환경 에너지 회사다.

YieldCos는 운영 중인 태양광 및 풍력 프로젝트를 개발 회사의 재무제표에서 분리하여 새로 설립된 회사로 옮긴 다음, 기업 공개를 통해 새 회사의 지분을 매각함으로써 만들어진다. 이 과정에서 안정적인 장기 현금 흐름을 창출하는 장기 전력 구매계약PPA, Power Purchase Agreement을 통하고, 리스크가 완화된 운영 자산을 보유함으로써 더 높은 기업가치로 거래된다. 그렇기 때문에 개발사에게 매력적이다. YieldCos 투자자는 일정한 배당 수익률에 더하여 개발사가 새롭게 개발한 프로젝트를 YieldCos에 판매함에 따라 배당금 증가를 기대한다. 넥스트에라는 2014년에 다른 여러 대형 재생에너지 개발 회사와 함께 YieldCos를 설립했다.[30]

하지만 안타깝게도 YieldCos 형태는 기업 지배구조에 본질적인 약점을 가지고 있다. 배당금을 늘리기 위해 지속적으로 사업을 매입해야 하며, 매번 개발 회사와 인수가격에 대한 이해관계가 충돌하게 된다. 투자자 데이비드 테퍼David Tepper는 이러한 약점이 때때로 개발사에 의해 악용되어 왔으며, 저등급 자산을 YieldCos에 넘겨주어 "입찰에 응할 충성스러운 사람들로 이사회를 채운" 선에디슨의 안 좋은 사례가 있다고 언급했다.[31] 선에디슨의 파산으로 새로운 수익증권 상품의 출시가 중단되었고, 현재 이 투자 형태는 소수의 상장 주식으로 제한되어 있다.

YieldCos에 대한 투자자들의 강력한 수요와 모델의 본질적인 약점을 고려할 때, 이 투자 구조는 다음 장에서 설명하는 펀드와 ETF로 대부분 대체된 상태다.

21장
주식형 펀드

블랙락의 U. S. Carbon Transition Readiness ETF는
"ETF 업계 30년 역사상 가장 큰 규모의 출시"였습니다.

— 블룸버그

그림 21.1. 설치 중인 태양광 패널

주식형 펀드 매니저들은 포트폴리오에서 기후변화의 위험과 기후변화 시대의 글로벌 경제 전환이 가져올 투자 기회를 늦게 포착했다. 그러던 중 2020년에는 관리 자산이 37조 달러에 달하는 87개 회사가 서명한 Net Zero Asset Managers Initiative로 상황이 바뀌었다.[1] 서명자들은 2050년까지 온실가스 넷제로 달성을 약속했으며, 최소 5년마다 중간 목표를 설정하기로 합의했다. 자산 운용사들은 공동의 목표와 개별 책임에 동의함으로써 리스크를 줄이고 기후 솔루션에 수익성이 발생할 수 있게 자금 조달을 희망하고 있으며, 놓칠 수 없는 큰 규모의 중요한 기회다. 세계 3대 자산 운용사인 블랙락, 뱅가드, 피델리티는 모두 Net Zero Asset Managers Initiative에 참여하고 있다.[2]

기후에 초점을 맞춘 펀드와 ETFs(총칭하여 '펀드')는 이 책 3부에 설명된 투자 전략을 반영하여 여러 범주로 나뉜다. 투자 포트폴리오에서 기후 리스크를 피하는 데 주안점을 둔 투자자에게는 저탄소 펀드low-carbon funds가 해결책이 될 수 있다. 화석연료 기반의 기업을 완전히 피하고 싶은 투자자는 액티브active 또는 패시브passive 투자 전략을 사용하여 석유, 가스 및 석탄 회사를 피하는 탈화석연료 펀드fossil fuel-free funds에 자산을 투자할 수 있다. 또는 탄소중립 전환에 가장 잘 준비된 기업에 투자하고자 하는 투자자는 포트폴리오 보유 종목 선정 시 ESG 분석을 포함하는 기후 전환 펀드Climate transitionfunds를 선택할 수 있다. 기후변화 해결에 중점을 두고 싶은 투자자는 기후 기술 및 재생에너지에 투자하는 기후 솔루션 펀드Climate solutions funds를 선택할 수 있다.

저탄소 펀드

세계 최대 자산 운용사들은 기후변화가 투자 수익률에 미치는 리스크에 대해 거의 만장일치로 동의하고 있다. 뱅가드Vanguard사의 CEO는 기후변화가 "투자자 포트폴리오에 장기간의 중대한 리스크를 안겨줄 것"[3]이라고 믿는다. 또한 피델리티Fidelity사의 최고 경영자는 "기후변화가 기업의 장기적인 수익성과 지속 가능성에 가장 큰 리스크는 아니더라도 중요한 리스크 중 하나"[4]라고 선언했다. 세계 3대 투자사를 선정하며, 블랙락은 다음과 같이 말했다. "우리는 기후 리스크(물리적 리스크 및 이행 리스크)가 고객 투자의 장기적 관점에서의 가치에 가장 중요한 체계적인 리스크 중 하나라고 굳게 확신한다."[5]

자산 운용사들은 기후 리스크를 해결하기 위해 10장에서 설명한 기후 리스크에 노출된 기업의 비중을 낮춘 저탄소 펀드low-carbon funds를 설계하고 있다. 저탄소 펀드는 화석연료 기업을 포함할 수 있지만 전체 시장 대비 낮은 비중으로 구성된다. 이러한 방식으로 저탄소 펀드는 탄소 가격이나 기타 전환 리스크가 발생할 경우 투자자에게 발생할 손실을 방지해 준다.

스테이트 스트리트State Street사는 하버드 비즈니스 스쿨과 협력하여 미국과 유럽에서 탄소배출을 줄이면서 금융 수익을 최적화하는 포트폴리오 전략을 연구했다.[6] 연구팀은 탄소 집약도를 사용하여 기업, 산업 및 부문 수준에서 롱Long/쇼트Short* 포트폴리오를 구축하는 여섯 가지 전략을 평가하여 기업 순위를 매겼다. 포트폴리오는 매년 재조정되었으며 2009년부터 2018년까지 유가 변동에 따라 관리되었다. 이 전략은 연구 기간 동안 연간 2퍼센트의 알파alpha를 달성하여 투자자들에게 "상당히 우수한 수익률과 저탄소 포트폴리오에 대한 지속적인 노출"을 제공했다.

저탄소 펀드는 일반적으로 투자자에게 잘 분산된 포트폴리오를 제공한다. 당연히 저탄소 펀드는 기술, 소비자, 의료, 금융 서비스 기업군에 비중을 많이 두고, 산업 및 에너지 기업군은 일반적인 시장보다 적게 편입하는 경향이 있다. 투자 리스크를 걱정하는 투자자에게는 저탄소 펀드가 훌륭한 대안이 될 수 있다. 기후변화에 대해 강한 경계심을 가진 투자자에게는 화석연료를 사용하지 않는 기업에 투자하는 펀드가 더 나은 해결책이 될 수 있다.

---

* (옮긴이 주) Long: 사서 보유하다, Short: 빌려서 팔다.

탈화석연료 펀드

11장에서는 화석연료 기업에 대한 자금 조달을 피하기 위한 전략인 투자철회를 소개했다. 투자철회는 이론적으로는 간단하지만, 상장기업이 화석연료에 노출된 여러 부문에서 사업을 운영하는 경우가 많기 때문에 펀드 매니저가 실제로 실행하기는 까다롭다. 그 결과 대형 자산운용사들은 화석연료에 노출된 모든 기업을 완전히 배제한 펀드를 제공하는 데 어려움을 겪어왔으며, 캘버트Calvert, 파나서스Parnassus, 트릴리움Trillium과 같은 소규모 전문 운용사들이 시장을 맡게 되었다. 이러한 전문 회사들은 화석연료를 보유하지 않고 적극적으로 관리되는 주식형 펀드를 제공한다.[7]

옥스퍼드 대학교는 액티브active 펀드 매니저가 이산화탄소 배출량을 줄이는 방향으로 움직이는 화석연료 기업과 협력하는 동시에, 그렇게 할 수 없거나 그럴 의향이 없는 기업에는 투자하지 않는 투자철회 전략을 도입했다. Oxford Martin Principles는 액티브active 펀드 매니저들이 2050년까지 온실가스 배출량을 넷제로로 줄이는 기업(기후를 안정시키고 파리 협정의 +1.5°C 이내의 온난화 목표 달성에 노력하려는 기업)을 지원하는 한편, 중간 목표를 달성하지 못하는 기업에는 투자를 중단하도록 권장한다.[8] 이 고도화된 전략은 실행하기는 어렵지만 온실가스 배출을 최소화하면서 투자 수익을 최적화할 수 있는 가능성을 가지고 있다. 이는 당연히 액티브active 자산운용사들에게 점점 더 인기 있는 투자 전략이 되고 있다.

소극적 펀드 투자자를 위한 투자 전략

패시브passive 투자자는 시장 지수를 따르려고 하는데, 대부분의 시장 지수에는 화석연료 기업이 포함되어 있기 때문에 투자철회에 어려움이 있다. 이 문제를 해결하기 위해 펀드 매니저들은 화석연료를 사용하지 않는 시장 지수를 찾고 있다. 미국, 유럽, 신흥국 주식 시장의 인기 있는 MSCI 지수를 추적하는 동시에 석탄이나 석유 및 천연가스 매장량을 보유한 기업을 제외하는 ETF가 여러 개 출시되었다.[9]

2015년에 스테이트 스트리트사는 미국 주식 시장에서 가장 큰 ETF인 SPDR S&P 500의 성공을 바탕으로 SPDR S&P 500 Fossil Fuel Free ETF를 출시했다. 스테이트 스트리트사의 ETF는 S&P 500에서 석탄, 원유, 가스 매장량을 보유한 기업을 제외한 S&P의 Fossil Fuel-free index를 추종한다. 두 ETF의 수익률은 비슷하며, 화석연료를 제외한 지수는 출시 이후 연간 21bp의 초과수익률을 기록했다.[10] SPDR S&P 500 Fossil Fuel Free ETF는 운용 자산을 늘려 가장 인기 있는 상장지수펀드로 성장했으며, 투자자들에게 화석연료에 투자하지 않는 유동성 증권을 제공하는 동시에 시장 대비 약간 높은 수익을 올리고 있다.[11] 세계 최대 ETF 운용사인 블랙락은 2020년에 소극적 투자자들을 위해 최대 150개의 지속 가능한 ETF를 만들겠다는 계획을 발표했다.[12]

정교한 장기 패시브passive 투자자는 정부의 온실가스 배출 규제로 인해 가장 큰 위험에 처한 화석연료 기업을 선택적으로 배제하여, 현명하게 시장 대비 초과수익을 달성할 수도 있다. 컬럼비아 비즈니스 스쿨의 패트릭 볼튼Patrick Bolton의 연구 논문에 따르면 이러한 투자철회 전략은 투자자들이 정부가 기후변화에 대응하기 전에 시장 수익률을 맞추고, 정부의 배출 규제가 제정되면 시장보다 높은 성과를 거둘 수 있게 해준다. 이러한 소극적 투자 전략을 통해 투자자는 이산화탄소 배출량이 정부 규제에 의해 가격이 책정될 때 탁월한 경제적 성과를 가져올 수 있는 자유로운 선택권을 사실상 보유하게 된다.[13] 약 500억 달러의 자산이 이 전략을 사용하여 관리되고 있다.[14]

기후 전환 펀드

기후 전환 펀드climate transition funds는 온실가스 넷제로로의 전환에 리더십을 발휘하는 상장주에 투자한다. 이 펀드는 펀드 매니저가 전통적인 재무 분석과 더불어 기업의 넷제로 계획을 평가하는 ESG 투자 전략을 따른다. 기후 전환 펀드의 전략은 넷제로 달성에 가장 유리한 위치에 있는 기업의 비중을 확대하여 경쟁 우위를 확보하는 것이다. 12장에서 설명한 매력적인 투자 전략으로서 ESG의 급격한 성장으로 기후 전환 펀드에 대한 투자자의 관심이 크게 높아졌다.

블랙락 펀드 매니저는 2021년 저탄소 경제로의 전환에 따른 혜택을 누릴 수 있는 미국 대형주 및 중형주에 투자하는 적극적 운영 펀드인 U.S. Carbon Transition Readiness ETF를 출시했다. 블랙락의 U.S. Carbon Transition Readiness ETF는 거래 첫날 13억 달러의 자금을 유치하여 ETF 업계 30년 역사상 가장 큰 규모로 출시되었다.[15]

기후 전환 펀드 투자자들은 글로벌 넷제로 경제로의 전환을 통해 이익을 얻을 수 있다. 블랙락의 U.S. Carbon Transition Readiness ETF의 상위 보유 종목에는 공격적인 탄소중립 목표와 이를 달성하기 위한 세부 계획을 가진 애플, 마이크로소프트, 아마존사가 포함되어 있다.[16]

탈화석연료 펀드, 저탄소 펀드, 기후 전환 펀드에 투자하는 투자자는 기후 위험에 대한 리스크가 줄어들어 시장 기준 수익률에 비해 더 나은 투자 수익을 얻을 수 있다. 그러나 수익률 개선은 점진적으로 이루어지며, 실제 기후변화 해결에 미치는 영향이 크다고 보기는 어렵다. 보다 실질적인 성과와 기후변화에 더 큰 영향을 미칠 수 있는 가능성을 원하는 투자자에게는 기후 솔루션 펀드climate solutions funds가 더 적합하다.

기후 솔루션 펀드

재생에너지, 전기차, 에너지 저장 기술 등 기후변화에 대응할 수 있는 기술과 비즈니스 모델을 보유한 기업에 투자하면 상당한 경제적 성과와 파급효과를 얻을 수 있다. 이 책 2부에서 설명한 바와 같이 이러한 부문의 기업들은 급속한 성장을 경험하고 있으며, 이에 따라 자본에 대한 수요가 지속적으로 증가하고 있다. 기업 및 프로젝트에 대한 직접 투자는 전문성을 갖춘 기관 투자자에게는 실행 가능한 전략이지만, 대부분의 일반 투자자는 다양한 기후 솔루션 펀드와 ETF를 선호한다. 특히 기후 솔루션 펀드의 운용 자산은 기후 관련 기술 및 실물자산에 초점을 맞춘 펀드를 중심으로 빠르게 확대되고 있다.

기후 기술

기후 기술이라고도 하는 기후 솔루션을 보유한 상장 기업에 투자하는 펀드는 투자자에게 놀라운 성장을 하고 있는 분야의 투자 기회를 제공한다. 예를 들면, 태양광 분야는 지난 10년간 연평균 42퍼센트의 성장률을 기록했으며 향후 몇 년 동안에도 비슷한 발전이 예상된다.[17] 전기차 부문은 향후 10년간 10배 가까이 증가할 것으로 예상되며,[18] 그린 수소 분야는 2025년까지 13배 성장할 것으로 예상된다.[19] 이러한 높은 성장률은 매력적인 투자 기회를 창출할 수 있다.

많은 기후 기술 펀드는 단일 기술에 초점을 맞춰서 고도로 전문화되어 있다. 기후 솔루션은 복잡한 분야의 깊은 전문성이 필요하기 때문이다. 인베스코Invesco의 Solar ETF는 태양광 기업의 글로벌 지수를 추종하고, 퍼스트 트러스트First Trust의 Wind Energy ETF는 풍력 분야의 상장 기업에만 투자한다. 이렇게 특화된 펀드는 투자자에게 특정 기후 솔루션을 대상으로 삼을 수 있는 기회를 제공한다.

이 외에도 다양한 펀드가 출시되었다. 블랙락의 iShares Global Clean Energy ETF는 청정에너지 부문의 글로벌 주식 인덱스를 따르는 가장 큰 자산을 운용하고 있다.[20] 주요 편입 종목으로는 풍력 터빈 회사인 베스타스Vestas, 재생에너지 유틸리티 회사인 넥스트에라, 수소 기술 회사인 플러그파워Plug Power, 기후 관련 기술 회사인 인페이즈Enphase와 퍼스트 솔라First Solar사가 있다.

이러한 기후 기술 펀드는 매우 높은 수익을 거두었다. 2020년에 iShares Global Clean Energy ETF는 141퍼센트라는 놀라운 수익률을 기록했다.[21] 하지만 기후 기술 펀드는 동일한 ETF가 2021년에는 24퍼센트 하락할 정도로 변동성이 매우 크다. 기후 기술 펀드는 많은 기업의 주식을 보유하여 투자자에게 상장 주식에 직접 투자하는 것보다 더 큰 분산 효과를 제공한다. 그러나 기후 기술 주식의 수익률은 상관관계가 높기 때문에, 실제 투자 손실 보호가 거의 없는 상태에서 리스크를 줄이는 분산 투자라는 착각을 불러일으킨다. 투자자에게 기후 기술 펀드는 리스크가 높다는 것을 인식하면서도 기후 솔루션의 향후 흐름을 통해 수익을 창출할 수 있는 기회를 제공한다.

실물자산

기후 기술 펀드는 투자자에게 높은 리스크와 높은 수익을 제공하지만 실물자산 펀드는 위험-보상 스펙트럼의 반대편에서 상대적으로 낮은 리스크와 낮은 수익을 제공한다. 이 책 4부에서는 태양광, 풍력 및 에너지 저장 프로젝트에 대한 투자를 소개했지만, 기술적인 전문 지식까지 갖추고 자금력이 풍부한 투자자만이 프로젝트에 직접 투자할 수 있는 자원과 능력이 있다. 대부분의 투자자에게 적합한 대안은 운영 중인 여러 프로젝트를 포트폴리오로 구성하여, 현금 흐름을 바탕으로 수익을 배당하는 실물자산 펀드다. 실물자산 펀드는 여러 면에서 YieldCos와 동일한 성격을 가지고 있지만, 기업 지배구조가 더 우수하다.

전문 펀드 운영사 Greenbacker Capital Management는 2014년에 북미 전역의 태양광 및 풍력 프로젝트에 투자하는, 최초의 재생에너지 실물자산 투자 상품 중 하나를 출시했다. 재생에너지 사모펀드와 달리 그린배커는 일반 투자자에게도 공개되었다. 연간 4~10퍼센트 사이의 꾸준한 투자 수익을 올리고 수익률 변동성이 낮은 그린배커의 자산은 2020년에 10억 달러를 넘어섰다.[22] 이에 대형 자산 운용사들도 유사한 실물자산 펀드를 출시했다.

탄소배출권

기후 솔루션 펀드에는 탄소 가격 상승에 투자할 수 있는 특이한 유형의 자산이 포함되어 있다. 2020년에 출시된 KFA Global Carbon ETF는 글로벌 탄소 가격을 기준으로 벤치마크하여 추종한다.[23] 기업에 대한 온실가스 배출량 감축에 대한 규제 압력이 증가함에 따라 탄소배출권에 대한 수요가 증가하고 있으며, 특히 2021년 EU 배출권 가격이 143퍼센트 상승한 유럽에서 급증하고 있

다.[24] 탄소배출 규제가 강화될 것으로 예상하는 투자자는 탄소 시
장이 다른 투자 자산군과 낮은 상관관계를 보임에 따라, 포트폴리
오 다각화와 함께 KFA Global Carbon 펀드에서 추가 수익을 기대
할 수 있다.[25]

주식 수익률과 위험

자산 운용사들은 기후에 초점을 맞춘 주식 펀드와 ETF 투자상품
수를 확대하고 있다. 이는 기업이 기후변화에 대응하는 흐름과 넷
제로의 전환과 관련된 금융 상품에 대한 투자자의 수요를 고려한
결과다. 주식형 펀드는 투자자에게 기술 전문성, 분산 투자, 새롭
게 성장하는 업종에 대한 접근성이라는 이점을 제공한다. 하지만
주식 수익률은 변동성이 크고 위험하다. 기후변화로 인한 넷제로
전환은 기정사실이지만, 안정적인 투자 수익은 보장받지 못한다.
기후변화 시대에 리스크를 줄이려는 투자자에게는 채권 상품이 매
력적인 대안이 될 수 있다.

22장
채권

"환경 프로젝트를 위해 25억 달러 이상의 녹색 채권을 발행했습니다.
이 모든 일을 하는 이유는 무엇일까요?
창의적이고 우아하게 문제를 해결하는 것이
애플Apple을 만드는 핵심이기 때문입니다, 애플."

그림 22.1. 팀 쿡Tim Cook, 애플 CEO

채권 시장은 주식 시장의 10배에 달하는 규모로, 재생에너지, 에너지 저장, 수소 및 탄소 포집에 필요한 저비용 자본을 제공한다. 그렇기 때문에 기후 솔루션으로의 자금을 조달하는 최적의 방법이다.[1] IPCC는 지구 온도 1.5℃ 이내 상승이라는 목표를 달성하기 위해 2035년까지 연간 2조 4,000억 달러의 투자가 필요하다고 추정한다.[2] 다행히도 연평균 21조 달러가 발행되는 글로벌 채권 시장은 심각한 기후변화를 피하고, 필요한 탄소중립 전환에 필요한 자금을 조달할 수 있는 유동성을 제공할 수 있다.[3]

많은 기후변화 솔루션은 차입 금융에 적합하며, 대규모의 초기 자본 투자가 필요하고 예측 가능한 장기적인 현금 흐름을 창출해야 한다. 기후 솔루션에 대한 채권 투자는 녹색 채권 시장의 빠른 성장에서 알 수 있듯이, 발행자와 투자자들 사이에서 큰 인기를 얻고 있다.

채권의 녹색화

세계은행World Bank은 2008년에 단순하면서도 독창적인 설계로 채권 시장을 선구자적으로 개척했다. 그것은 바로 발행자가 채권 수익금을 환경 또는 기후 관련 프로젝트에 할당하기로 약속하는 '플레인 바닐라Plain Vanilla'* 채권 상품이다.[4]

세계은행의 혁신은 녹색 채권Green Bond에서 시작되었다. 녹색 채권은 기존 채권과 유사하지만 한 가지 중요한 차이점이 있다. 채권 발행자가 하나 이상의 녹색 프로젝트에 자금을 지원하겠다고 약속한다는 점이다. '녹색Green'의 정의는 초기에 채권 발행자가 결정했기 때문에, 중국 기업이 청정하지도 친환경적이지도 않은 '청정 석탄'에 대해 발행한 채권 등 일부는 터무니없이 발행되기도 했다.[5] 이로 인해 실제로는 환경을 보호하지 않으면서 환경을 보호하는 척하는 그린워싱에 대한 비난이 이어졌다. 이러한 평판 리스크를 해결하기 위해 주요 채권 인수자들은 녹색 채권 발행 및 환경 영향 평가에 대한 합의된 기준인 녹색 채권 원칙Green Bond Principles 을 만들었다. 세계은행의 경우, 녹색 채권 수익금을 재생 에너지, 에너지 효율 향상, 청정 운송 프로젝트에 투자했다. 또한 세계은행은 이러한 투자로 인한 영향에 대한 연례 보고서를 발행하고 있다.[6]

---

* (옮긴이 주) 보통 91일물 양도성예금증서에 가산금리를 더하는 가장 기본적인 형태의 채권. 중도 상환이나 전환이 불가능하다.

채권 발행자의 이점

초기에 채권 발행자들은 사회적 책임에 관심이 많은 투자자를 확보하기 위해 녹색 채권에 주목했다. ESG 투자에 대한 관심이 높아지면서 채권 발행사들은 환경적 효과가 있는 채권 상품을 찾는 구매자 규모가 확대되고 있음을 알게 되었다. 채권 수익금이 친환경 프로젝트에 적절히 할당되어야 한다는 보장 책임으로 인해, 채권 발행자에게는 관리 및 보고에 대한 의무가 발생했다. 하지만 이러한 추가적인 과업은 얻을 수 있는 혜택으로 인해 충분히 상쇄될 수 있었다. 녹색 채권 시장이 확대되면서 채권 발행자는 다음과 같은 몇 가지 이점을 얻게 되었다.

조사에 따르면 녹색 채권은 기존 채권보다 더 안정적인 투자자층을 보유하고 있는 것으로 나타났다.[7] 이에 대한 연구는 다양한 의견이 있지만,[8] 투자자들은 녹색 채권에 더 많은 비용을 지불할 의향이 있어 기존 채권 대비 '그리니엄greenium(그린Green과 프리미엄Premium의 합성어)'을 창출할 가능성이 높다.[9] 일부 녹색 채권 발행자는 비용 감소 효과를 강조한다. 버라이즌Verizon은 10억 달러 규모의 녹색 채권을 발행했는데, 재무 담당자는 이 채권을 통해 매년 140만 달러의 이자 비용을 절감할 수 있을 것으로 예상하고 있다.

녹색 채권은 주주에게도 이익이 될 수 있다. 컬럼비아 대학교의 캐롤라인 플래머Caroline Flammer의 연구에 따르면 놀랍게도 녹색 채권 발행 전후로 주가가 상승했으며, 발행한 기업에 대해 투자자들도 긍정적으로 평가하는 것으로 나타났다.[10]

한 시간 만에 완판

녹색 채권은 수익금이 기후변화 또는 기타 환경 문제를 해결하는 데 사용된다는 사실과 더불어, 기존 채권의 모든 장점을 누릴 수 있어 투자자들에게 인기가 높다. 녹색 채권의 신용 등급은 동일한 발행사의 기존 채권과 동일하며 수익률과 유동성이 거의 같다. 녹색 채권의 매력은, 투자자가 프로젝트 전문 지식이 없고 리스크를 감수하지 않고도 기후 솔루션에 자금을 조달할 수 있다는 편의성에 있다. 녹색 채권 투자자는 프로젝트가 실패하더라도 투자금을 상환받는다. 해당 프로젝트가 아닌 발행사의 신용 품질만 평가하면 되기 때문이다.

그래서 투자자들은 녹색 채권 발행에 관심을 보이고 있다. 시티은행이 인수한 세계은행의 녹색 채권은 한 시간 만에 매진되었고, 시티은행의 전무이사는 "채권 시장의 성배에 도달했다"라고 선언했다.[11] 과장된 표현이긴 하지만, 이 발언은 기후변화에 대한 자금 조달에서 채권 시장의 접근성이 얼마나 중요한지를 반영하고 있다.

비판

녹색 채권에 대한 비판이 없는 것은 아니다. 녹색 채권이 원칙이 있더라도 관련 기준들은 자율 규제이며 이에 따른 위반 시의 처벌 규정이 없기 때문에 그린워싱의 위험은 여전히 존재한다. 무엇보다, 녹색 채권 수익금으로 자금을 조달한 프로젝트는 추가성 additionality이 필요하지 않다는 점이 중요하다. 이는 프로젝트가 어 쨌든 자금을 조달했을 수 있음을 의미한다. 추가성이 없다면, 녹색 채권 발행은 이미 계획된 것 이상으로 기후 솔루션에 대한 투자를 늘리는 데 도움이 되지 않는다. 일부 채권 발행사가 단순히 기존 부채를 녹색 채권으로 재포장했다는 비판에는 반박하기 어렵지만, 시장은 이에 적응하고 성장했다.

혁신과 성장

녹색 채권 시장은 뜨겁다. 2015년 500억 달러 미만이었던 연간 발행액이 2021년에는 5,000억 달러 이상으로 증가했으며, 여기에 는 많은 미국 기업과 그중 하나인 뉴욕교통공사도 포함된다.[12] 녹 색 채권 발행을 통해 얻은 수익금은 온실가스 감축을 목표로 하는 수천 개의 프로젝트를 지원했다. 한 가지 예를 들자면, 애플(그림 22.1)은 녹색 채권 발행을 통해 자금을 조달한 프로젝트가 도로에 서 약 20만 대의 자동차를 없애는 것과 맞먹는 온실가스 배출량을 감축할 것이라고 발표했다.[13] 전문가들은 녹색 채권 시장이 더욱 성장할 것으로 전망한다. 녹색 채권 구조의 간편함에 끌린 기후 중 심 채권 투자자와 비용이 적게 들고 평판이 좋은 채권을 발행하고 자 하는 기업의 수요에 크게 반응하고 있기 때문이다.[14]

시장 성장과 함께 녹색 채권 인수자와 발행사는 상품 구조의 혁 신을 도입하고 있다. 이탈리아의 대형 전력회사인 에넬Enel은, 온실가스 배출량 감축 목표를 달성하지 못할 경우 0.25퍼센트 이자를 더 얹어주는 '지속가능연계채권sustainability-linked bond'을 발행했다.[15] 다른 채권 발행사들은 화석연료를 저공해 연료로 대체하는 데 필요한 자금을 조달하기 위해 '이행채transition bonds'를 실험하고 있다.[16] 자산 운용사들은 다양한 포트폴리오를 바탕으로 투자자들에게 여러 녹색 채권 펀드와 ETF를 출시하기도 했다.

녹색 채권은 불완전한 기후 금융 상품이라는 비판을 받기도 하지만, 유동성이 높고 비용이 저렴한 채권 시장을 활용함으로써 기후변화 시대의 주요 투자 상품으로 자리 잡았다. 기후 솔루션에 자금을 조달하는 채권형 상품은 자산담보부증권 시장에서도 찾을 수 있다.

태양광 프로젝트의 유동화

태양광 프로젝트는 안정적이고 장기적인 현금 흐름을 창출하므로 채권 투자자에게 매력적인 투자 기회다. 하지만 주거용 및 상업용 태양광 프로젝트는 규모가 너무 작아 채권 시장에 직접 참여하기 어렵다. 증권화는 태양광 리스 및 대출에 자본을 배치하는 데 핵심적인 역할을 하는 것으로 입증되었다. 증권화란 자본을 금융 수단에 배치하여 자산 담보 증권을 생성하는 프로세스를 말한다.

태양광 리스

2000년대 초, 미국 주택 소유주들은 평균 4만 달러에 달하는 태양광 발전 시스템 설치에 대한 성능과 투자 대비 효과가 불확실하다는 이유로 설치를 꺼려했다.[17] 하지만 태양광 리스 상품 도입으로 상황이 바뀌었다. 솔라시티와 같이 태양광 리스를 주목적으로 하는 회사들은 주택 소유주가 선불로 투자할 필요 없이, 25년 리스의 대가로 주택용 태양광 시스템을 설치해 주겠다고 제안했다. 태양광 리스는 생산된 전력에 대해서만 비용을 지불해야 한다. 그렇기 때문에 프로젝트 수행 리스크가 주택 소유주에서 태양광 발전 리스 회사로 전가된다. 태양광 임대는 계약금과 제품 리스크가 없다는 점을 어필해 주택 소유주의 거부감을 극복했고, 태양광 시스템 설치가 급증했다. 그 결과 2014년까지 미국 내 모든 신규 주택 설치 중 72퍼센트가 태양광 리스를 선택했다.[18]

태양광 임대 회사들은 수천 명의 주택 고객과 계약을 하면서 설비 자금의 조달이 필요해졌다. 솔라시티는 2013년 5,400만 달러 규모의 주거용 태양광 자산 포트폴리오를 BBB+ 등급의 자산담보부증권으로 묶어 최초의 태양광 리스 담보 증권화에 착수했다.[19] 투자자들은 장기간의 지속성, 매력적인 수익률, 안정적인 지급 이력을 가진 새로운 채권 자산에 매력을 느꼈다. 이후 주택용 태양광 임대 시장의 성장으로, 연간 20억 달러 이상의 태양광 리스 담보증권 발행이 이루어졌다.[20]

태양광 대출

시간이 지남에 따라 주택 소유주들이 태양광 발전에 익숙해졌다. 이제는 단순 리스에서 벗어나 주거용 태양광 시스템을 직접 구매하는 태양광 대출로 전환하게 되었다. 모자이크Mosaic와 같은 회사는 태양광 설치업체에 자금을 지원하고, 주택 소유자에게 태양광 설치와 함께 대출 서비스를 제공했다. 2018년에는 태양광 대출이 태양광 리스를 추월하여 미국 주택 시장에서 가장 인기 있는 금융 상품이 되었다.[21]

태양광 리스와 마찬가지로 태양광 대출도 통합 및 유동화할 수 있다. 모자이크는 2017년에 최초의 자산 담보 태양광 대출 증권을 발행하여 이후 수년간 총 11억 달러의 대출 증권을 발행했다.[22] 태양광 대출 자산담보부증권ABS, Asset-backed securities 발행은 평균 FICO* 점수가 700점 이상인 주택 소유자 대출로 구성되어 있어 좋은 신용 등급을 받을 수 있다.[23] 투자자들은 확정 수익 상품이 수천 개의 주택용 태양광 시스템에 걸쳐 분산되어 있고, 현금 흐름이 안정적이어서 리스크가 낮다는 점에 매력을 느낀다.

증권화의 추세

ABSAsset Backed Securities(자산담보부증권)는 채권 투자자들에게 매

---

* (옮긴이 주) 미국 내 신용점수의 일종.

력적인 금융자산이며, 기후 솔루션에 점점 더 중요한 자본 공급처가 되고 있다. 기후 솔루션에 대한 증권화 사례는 더욱 늘어날 것이다. 투자자들이 긴 운영 주기와 안정적인 현금 흐름을 갖춘 다양한 재생에너지 자산 포트폴리오의 이점에 익숙해지고 있기 때문이다. 더욱이 증권화는 미국 주택 소유자의 태양광 시스템 비용을 낮추면서 주거용 태양광 시스템에 대한 수요를 더욱 증가시켰다. 그리고 이를 통해 화석연료에서 재생에너지로의 전환을 가속화하는 데 핵심적인 역할을 해왔다.[24]

녹색 채권과 태양광 증권이 새로운 투자 기회를 제공하는 반면, 지방채권은 기후변화 위험에 점점 더 많이 노출되고 있어 애널리스트와 보험사가 주목하기 시작했다.

지방채권을 통한 기후 리스크의 발견

미국 지방채권 시장의 발행 잔액은 3조 9,000억 달러에 달한다. 현재까지 지방채의 채무 불이행률은 5만 개가 넘는 다양한 발행기관 중 113개로 거의 무시할 수 있을 정도로 매우 낮았다.[25] 이에 비해 일반 기업의 채무 불이행은 거의 100배나 더 자주 발생한다. 그러나 기후변화로 인해 해수면 상승, 산불, 자연재해가 지방 재정을 악화시키면서, 지방채가 예외적인 상환 기록으로 위험에 처해 있다.

놀랍게도 대부분의 지방채 발행자는 기후 리스크에 대한 정보를 거의 또는 전혀 공개하지 않고 있다. 이와 대조적으로 신용평가 기관은 이미 이러한 리스크를 고려하고 도시가 이를 해결하기 위해 어떻게 준비하고 있는지 평가하고 있다. 50만 건 이상의 국채 발행에 대한 신용등급 평가 실적을 보유한 무디스[26]는 3,000개 이상의 국가에 대한 물리적 기후 리스크를 평가할 전문성을 갖춘 데이터 회사를 인수했다.[27] 이러한 노하우를 바탕으로, 무디스는 마이애미비치가 발행한 지방채에 대해 AA+ 등급을 부여했다. 이는 무디스의 기후 위험 평가 덕분이었다. "우리가 보기에 마이애미는 미국 지방 정부를 대상으로 검토한 것 중 기후변화 리스크에 대처하기 위한 가장 현실적인 계획을 가지고 있었습니다."[28]

보험사들도 질문을 하기 시작했다. J. P. 모건의 공공 금융 책임자는 지방 자치단체 채권발행자와의 대화에서, 기후 위험에 대한 논의가 실사 과정에서 매우 중요한 부분이라고 밝혔다.[29] 멜론 은행Mellon Bank의 지방채 책임자는 투자자들이 발행자를 평가할 때 기후 리스크와 복원 계획이 필수가 되는 것은 시간 문제라고 본다.[30] 투자자들이 겪는 어려움은 기후 리스크가 지방채 유형에 따라 크게 다르다는 점이다.

일반 보증채와 세입 담보채의 비교

지방채는 일반 보증채와 세입 담보채의 두 가지 유형이 있으며, 각각 다른 방식으로 기후변화에 직면하게 된다.

일반 보증채General Obligation Bond는 지방 자치단체가 과세 권한을 가지고 있기 때문에 투자자들에게 낮은 리스크로 간주된다. 이론적으로 지자체는 기후 관련 재정 부족이 발생할 경우 세수를 늘릴 수 있다. 그러나 이는 기후 리스크의 성격에 따라 달라진다. 허리케인과 같은 재난 상황은 세금 및 연방 지원으로 해결할 수 있다. 해수면 상승과 잦은 홍수와 같은 고질적인 기후 현상은 주택 가격 하락, 부동산 세금 감소, 지방 자치단체 적자로 이어져, 일반의무 지방채를 상환 위험에 빠뜨릴 수 있다.

세입 담보채Revenue Bonds는 특정 세금 또는 사용자 수수료에 따른 현금 흐름으로 뒷받침된다. 심한 폭풍이나 산불과 같은 기후 이벤트로 인해 수익이 없어지면, 채권 보유자에게 피해를 줄 가능성이 있다. 2018년 캘리포니아 산불로 1만 8,800개의 건물이 파괴되고 88명의 사망자가 발생했으며, 그 피해는 기후변화에 따른 가뭄으로 더욱 심해졌다. 캘리포니아의 인프라 및 경제개발 은행의 지방 세입 채권은 한 달 만에 11퍼센트 하락하는 등 산불의 영향을 받은 채권의 신용 등급이 하락했고, 이에 따라 채권 가격도 하락했다.[31]

리스크의 가격평가

지방채 투자자는 해당 커뮤니티가 직면한 특정 기후 위험과 채권 가격에 미칠 수 있는 잠재적 영향을 이해해야 한다. 연구 논문에 따르면 해수면 상승으로 홍수 취약 지역의 지방채 가격이 2~5퍼센트 하락함에 따라, 일부 지방채는 기후 관련 리스크로 이미 할인된 가격으로 거래되고 있다고 한다.[32] 투자자들은 기후 관련 손실을 보상하기 위해 연방 정부에 의존하려는 경향이 있다. 폭풍, 산불, 홍수가 증가하면 비용이 많이 드는 구제금융 지원이 약화될 수 있다. 하지만 이럴 때일수록, 도리어 투자자들은 기후 관련 사태를 견디고 채권 보유자를 보호하도록 위기대응 계획을 갖춘 지방 자치단체에 집중해야 한다.

지방정부 녹색 채권

기후변화로 인해 위험에 처한 미국 도시들은 녹색 채권을 발행해 기후 솔루션과 환경 복구 관련 인프라에 투자하고 있다. 최초의 지방정부 녹색 채권은 2013년 매사추세츠주에서 700개 사업장의 에너지 소비를 줄이고 에너지 비용을 절감하며 온실가스 배출을 줄이는 프로그램에 자금을 조달하기 위해 발행되었다. 1억 달러 규모의 채권 발행은 신청이 초과되어 이전에 주 정부 채권을 구매한 적이 없는 여러 신규 투자자를 유치했다.[33]

지방 자치단체에서 발행하는 녹색 채권은 기업의 녹색 채권이 인기를 끄는 것과 마찬가지로 투자자들에게 인기가 있다. 이는 녹색 채권에 기존 지방채의 단순성과 신용도, 그리고 수익금이 기후변화 대응에 사용된다는 추가적인 효과가 더해졌기 때문이다. 미국 지방 자치단체의 녹색 채권 발행액은 2013년 1억 달러에서 2020년 200억 달러로 증가했으며, 전문가들은 향후 몇 년 동안 더 증가할 것으로 예상하고 있다.[34] 미국 최대 지방채 펀드 운용사 중 하나인 프랭클린 템플턴Franklin Templeton은 시장의 성장에 주목하

여 장기 투자 목표를 환경적 가치와 연계하려는 투자자들을 위한 지방채 펀드를 출시했다.[35]

기후변화 시대의 채권 투자

애널리스트와 언론의 관심을 가장 많이 받는 것은 주식 시장이다. 그러나 실제로는 채권 시장이 기후 솔루션에 대한 비용을 대부분 감당할 것으로 보인다. 채권 시장이 넷제로 경제로의 전환에 필요한 대규모 자본을 상대적으로 저렴하게 조달할 수 있기 때문이다. 기후변화 시대에 채권 투자자는 채권 발행자가 가진 리스크를 평가해야 하며, 태양광에 자금을 지원하는 녹색 채권과 자산담보부증권의 매입을 고려해야 한다. 이러한 채권 자산은 상대적으로 더 높은 리스크, 투자 수익과 함께 투자자의 자본이 기후변화 대응에 활용된다는 심리적 보상도 제공한다.

6부
투 자 자 의
딜 레 마

투자자들은 기후변화가 세계 경제의 거의 모든 부문에 영향을 미칠 것이라는 점을 잘 알고 있다. 기후변화가 수십 년에 걸쳐 서서히 진행된다면 투자자가 어떻게 평생 일어나지 않을 수도 있는 사건에 미리 대응할 수 있을까? 기후변화 시대에 투자의 성공 사례는 무엇인가? 무엇이 가장 중요할까?

23장
투자자의 딜레마

"우리는 뇌가 완벽하게 적응하지 못한 완전히 새로운 환경에 처해졌습니다."

— 대니얼 길버트, 하버드 대학교

그림 23.1. 생각하는 사람, 오귀스트 로댕Auguste Rodin

기후변화의 시대가 다가오고 있다. 이제 중요한 것은 인류가 비극적인 기후변화를 피할 수 있느냐는 질문이다. 낙관론자들은 기술적으로나 상업적으로 실현 가능한 기후 솔루션을 제시한다. 반대로 비관론자들은 인류가 기록된 역사상 기후변화와 같이 수십 년에 걸쳐 영향을 미치는 글로벌 과제를 해결한 적이 없다는 점을 강조한다. 코로나19 팬데믹에 대응하는 데에도 국제사회는 공조되지 못했다. 이러한 사례를 통해 알 수 있듯이 즉각적인 문제조차 제대로 관리되지 않고 있다. 기후변화와 같은 장기적인 과제는 이러한 한계로 인해 해결하기가 훨씬 더 어렵다.

이제 인류는 생물학적 한계에 이르렀다. 인간의 두뇌는 내년은 커녕 다음 세기의 문제를 해결할 수 있을 정도로 발달하지 못했다. 하버드 대학교 심리학 교수인 대니얼 길버트Daniel Gilbert는 어떻게 이런 문제가 생겼는지를 다음과 같이 설명한다. "인간은 모든 포유류가 그렇듯이 확실하고 눈에 보이는 위험에는 매우 익숙합니다.

이것이 우리가 지금까지 살아남은 이유입니다. 우리는 조상 때부터 살아온 환경을 헤쳐나갈 수 있는 커다란 두뇌를 가졌지만, 문제는 환경이 너무 급격하게 변했다는 것입니다. 우리는 뇌가 적응하지 못한 완전히 새로운 환경에 처했습니다."[1]

인간 진화의 방향은 사람들이 장기간 변화에 대한 대처를 할 수 있도록 훈련되지 못했다. 더 큰 문제는 개인이 이러한 불확실성에 직면했을 때 어떠한 행동도 하지 않는다는 것이다. 노벨 경제학상을 수상한 경제학자 대니얼 카네먼Daniel Kahnerman은 그의 연구를 통해 인간의 뇌는 확실한 문제에 가장 적극적으로 반응한다는 사실을 입증했다. 안타깝게도 기후변화는 인류가 한 번도 직면한 적이 없기 때문에 불확실성으로 가득 차 있다. 기후변화가 전 세계에 미치는 영향은 예측이 가능하지만 행동을 실천하려는 의지가 약해질 수밖에 없다. 지역 사회나 개인에게 미치는 영향은 훨씬 불확실하기 때문이다.

기후변화가 비선형적인 문제라는 이유로 사람들은 배출량과 지구 온도의 변화 속도가 가속화되고 있다는 점을 과소평가한다. 인간은 선형적인 변화는 곧잘 이해하고 이에 맞춰 행동하지만 비선형적인 추세를 판단하는 데는 미숙하다. 처음에는 천천히 증가하다가 수십 년에 걸쳐 가속화되는 기후변화는 파악하기가 어렵다. 대부분의 사람들이 현재의 추세를 선형적인 비율로 추정하여 지구 온난화의 속도와 영향을 과소평가하기 때문이다.

엘케 베버Elke Weber는 컬럼비아 경영대학원에서 경영학 및 심리학 교수로 재직하면서 기후변화 해결의 문제를 다음과 같이 요약했다. "인간, 즉 호모 사피엔스에게 이런 종류의 모니터링과 의사 결정을 기대하는 것은 무리입니다. 우리는 그런 일을 할 수 있는 능력이 없기 때문입니다."[2]

투자자의 딜레마는 여기에서 발생한다. 인간의 뇌는 투자자가 기후변화가 다가오고 있다는 것을 알고 있음에도, 기후변화에 투자하기 전에 더 많은 정보와 확실한 정보를 기다리라고 경고한다. 그러나 이러한 행동의 지연은 시간이 지날수록 막대한 비용을 발생시킨다.

중요한 시간

인류가 비극적인 기후변화를 피하려면 온실가스 배출을 줄여야 한다는 사실은 대부분의 사람들이 알고 있다. 상대적으로 잘 알려지지 않은 것은 배출량 감축 시기가 왜 그렇게 중요한지에 대한 부분이다. 그 시점이 중요한 이유를 이해하려면 온실가스의 유입과 누적량의 차이에 대한 간략한 설명이 필요하다.

온실가스 유입

온실가스 유입flow은 일정 기간 동안 대기에 유입된 온실가스를 나타내며, 일반적으로 매년 측정된다. 예를 들어, 2021년 전 세계 이산화탄소 유입은 총 330억 톤에 달했다.[3] 다른 온실가스 유입으로는 메탄CH_4과 아산화질소N_2O 등이 있지만 이산화탄소CO_2가 가장 큰 비중을 차지한다. 과학자들은 1.5~2°C 이상의 지구 온도 상승이라는 치명적인 기후변화를 피하려면 2050년 또는 그 이전에 이산화탄소 유입을 넷제로로 줄여야 한다고 밝혔다.

이 책의 앞부분에서 설명한 기술인 태양광, 풍력, 전기차, 에너지 저장, 그린 수소, 탄소 제거와 같은 기후 솔루션이 상용화되면 연간 이산화탄소 배출량 또는 유입을 획기적으로 줄일 수 있다. 이것이 기후변화와의 싸움에서 낙관적인 이유이지만 절대적 시간이 부족하다. 이산화탄소 배출 누적량은 이미 심각할 정도로 많아졌기 때문이다.

온실가스 누적량

온실가스 누적량은 대기 중에 축적된 이산화탄소의 총합을 나타낸다. 누적 배출량을 계산하기 위해 대기 성분농도를 측정하는 기기를 사용하여 이산화탄소 농도를 100만분의 1(ppm) 단위로 측정한다. 지구를 따뜻하게 하는 온실 효과는 연간 유입이 아니라 대기 중 이산화탄소의 누적으로 인해 발생하기 때문에 이 측정기준은 매우 중요하다. 배출된 이산화탄소는 최대 1,000년 동안 대기 중에 남아 있게 된다. 때문에 추가 이산화탄소가 배출되지 않더라도 현재의 누적량은 지구를 계속 따뜻하게 할 것이다.[4]

과학자들은 이산화탄소 농도가 450ppm일 경우 지구를 1.5~2°C 정도 따뜻하게 만들 수 있으며, 이는 세계 경제와 인류 생존에 심각한 지장을 주지 않는 수준의 최대 온난화 정도로 판단했다.[5]

450ppm 이상의 대기 농도는 지구에 변화를 일으키고, 더 심한 온난화를 가속화하는 순환 고리에 불확실성을 야기한다. 이는 의심의 여지가 없는 과학적 합의에 도달했다. 80개국의 1,000명이 넘는 과학자들은 온실가스를 계속 배출하면 "심각하고 돌이킬 수 없는 영향"이 발생할 가능성이 높아진다고 예상한다.[6] 그리고 대기 중 이산화탄소 농도를 가능한 한 최대 450ppm을 넘지 않을 것을 촉구하고 있다.

낭비할 시간이 없음

과학자들이 제시한 목표범위를 유지하기는 매우 어렵다. 이미 이산화탄소 농도가 2022년에 420ppm에 도달했고, 연간 배출량 또는 유입에 따라 누적량이 매년 2~3ppm씩 증가하고 있기 때문이다.[7] 평소와 같은 속도라면 이산화탄소 농도는 2035년까지 450ppm에 도달하고, 2050년에는 과학자들이 경고하는 최대 한계치를 훨씬 초과하는 500ppm에 가까워질 것이다.

하지만 이 책에서 설명하는 기후 솔루션의 상용화가 여러 분야에서 광범위하게 실행된다면, 이산화탄소 연간 배출량을 크게 감소시킬 수 있다. 기후 솔루션 상용화는 온실가스 배출량 전망치 대비 약 75퍼센트까지 줄일 수 있다.[8] 감축하기 어려운 부문에서는 탄소 제거를 통해 2050년 또는 그 이전에 세계 경제가 넷제로를 달성할 수 있다.[9] 그러나 탈탄소화 과정과 시기는 비용에 의해 크게 좌우될 것이다.

지연 비용

온실가스 배출량 감축이 늦어지면 대기 중에 이산화탄소가 더 많이 축적되어 온난화가 가속화되고, 치명적인 기후변화의 위험이 증가할 것이다. 배출량 감축이 늦어짐에 따라 이산화탄소가 1톤 추가될 때마다 기존 대기 중의 이산화탄소와 함께 수세기 동안 지속 누적되고, 이로 인한 비용 역시 급증하기 때문이다.

기후 과학자들은 지구 온난화를 1.5~2°C로 제한하는 방안을 연구하기 위해 수천 가지의 배출량 감축 시나리오를 모델링했다. 그림 23.2는 네 가지 시나리오를 보여준다. 이는 과학자들이 온난화를 +1.5°C로 제한하고 비극적인 기후변화를 피하기 위해 모델링한 결과물이다.[10] 시나리오는 P1에서 P4까지로 표시되며, P1은 즉시 탈탄소화가 빠르게 시작되는 시나리오를 나타낸다. P1 시나리오에서는 저렴한 산림 조성방법으로 아주 적은 양의 탄소만 제거하면서 전 세계 배출량이 넷제로로 급격히 감소한다. P2는 더 느리고 덜 공격적인 시나리오로 산림 조성 및 다양한 방법의 탄소 제거 방법이 필요하다. 시나리오 P3과 P4에서는 배출량 감축이 더 늦어질수록 탄소 제거에 대한 비중을 높여 밸런스를 맞출 필요성이 나타난다. 8장에서 설명한 것처럼 탄소 제거 방법 중 하나인 직접 공기 포집은 비용이 매우 많이 든다.

위에서 설명한 넷제로를 향한 네 가지 시나리오는 모두 비극적인 기후변화를 피하는 데는 성공하지만, 각 비용은 상당히 차이를 보인다. P1은 비용이 많이 드는 탄소 포집이 필요하지 않은 획기적

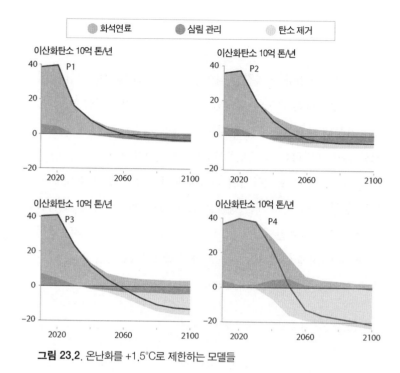

그림 23.2. 온난화를 +1.5℃로 제한하는 모델들

방안이다. 반면 극단적인 P4는 전 세계 배출량이 수년 동안 높은 수준을 유지하다가 값비싼 탄소 포집 솔루션을 사용하여 배출량이 급격히 감소하는 시나리오다. 웨슬리언Weslyeyan 대학교의 개리 요헤Gary Yohe 교수는 배출량 감축을 미루는 것에 따른 비용을 간단히 설명한다. "당신이 더 오래 지체할수록 비용은 더 많이 발생합니다."[11]

투자자의 딜레마

　기후변화는 인류가 해결한 적이 없는 도전 과제이며, 수십 년에 걸쳐 비선형적인 속도의 엄청난 불확실성으로 변화하는 문제다. 기후변화에 즉각적인 조치를 취하는 것은 인간의 두뇌에 연결된 모든 본능에 반하는 것이다. 그러나 기후변화에 따른 비용을 관리 가능한 수준으로 유지하려면 신속하게 대응하는 것이 중요하다. 투자자에게 중요한 과제는 행동을 주저하는 인간의 본능을 뛰어넘어 성급하지 않으면서도, 시기적절한 합리적인 투자 결정을 내리는 것이다. 이에 대해서는 다음 장에서 좀 더 이해를 도울 수 있는 우수 사례를 통해 살펴보려고 한다.

24장
우수 사례

"투자자들은 기후 과학자들의 권고에 따라
금세기 중반까지 투자에 대해 '기후 증명'을 해야 합니다."

그림 24.1. 〈가나가와의 파도 앞에서Under the Wave off Kanagawa〉,
가쓰시카 호쿠사이Katsushika Hokusai, 일본 목판화, ca. 1830.

투자자는 이정표가 거의 없고 미래가 불확실한 시스템적 변화의 시기에 접어들고 있다. 기후변화에 대한 과학적·경제적 지식이 발전해 왔음에도 아직 밝혀지지 않은 것이 많다. 앞으로 몇 년 동안 투자자의 자산은 마치 19세기 일본의 선원들이 성난 바다에 휩쓸린 것처럼, 지구 온난화의 물리적 영향과 기후변화의 정치적·기술적·사회적 충격을 받을 가능성이 있다.

기후변화에 대응하려면 투자자는 단기적인 사건에 집중하는 경향을 무시하고, 변화가 가속화되고 비선형적인 방식으로 어떻게 일어날지를 이해해야 한다. 이는 복잡하고 어려운 일이 될 것이다. 하지만 전략부터 시작해 몇 가지 기본 원칙을 따르면 투자자의 임무는 더 쉬워질 수 있다.

목표에 맞는 전략 조정

모든 투자자는 리스크를 감수하고 있으며, 이는 투자자의 수익 목표를 결정한다. 투자자는 3부에 설명된 투자 전략 중에서 자신의 재무 상태 및 기후 목표를 가장 잘 반영하는 전략을 선택해야 한다.

리스크를 최소화하는 데 초점을 맞춘 투자자는 기후 위험 완화 전략을 따라야 하며, 물리적 리스크에 직면한 실물자산과 전환 리스크에 직면한 금융자산을 줄일 필요가 있다. 반면 수익 극대화에 초점을 맞춘 투자자는 기후변화 시대에 상승 잠재력이 가장 큰 주식을 선택하는 투자 전략을 따라야 할 것이다.

기후변화 완화를 목표로 하는 투자자는 자산이 적다면 투자철회 전략을, 자산이 많다면 임팩트 우선 전략을 따라야 한다. 또한 모든 투자자는 자산을 평가할 때 환경, 사회, 거버넌스ESG 요소를 고려해야 하며, 이 전략은 건전한 투자 분석에 기여할 수 있다.

투자 전략을 선택했다면 투자자는 그 전략을 고수해야 한다.

장기적인 관점으로 바라보기

자산 가격의 급격한 등락에 타이밍을 맞추기는 매우 어렵고 수익이 거의 나지 않는다. 대부분의 투자자는 기후 투자 전략을 선택하고 2050년까지 포트폴리오가 넷제로에 도달할 수 있는 방법을 평가하여 기후변화에 접근하는 장기적인 관점을 가져야 한다. 다시 말해, 투자자들은 기후 과학자들의 조언에 따라 이번 세기 중반까지 투자에 대해 '기후 증명Climate Proof'을 해야 한다. 많은 투자자에게 2050년은 멀게 느껴질 수 있지만, 연금 펀드, 모기지, 실물자산을 고려하면 30년 이내에 도달할 수 있는 시기다. 즉 대부분의 투자자가 은퇴 계획을 세우는 기간 내에 있는 기간인 것이다.

기후변화에 대한 장기적인 관점을 가지고 투자하는 것이 중요하다. 빌 게이츠는 "우리는 항상 향후 2년 내에 일어날 변화를 과대평가하고 향후 10년 내에 일어날 변화를 과소평가합니다"라고 조언했다.[1] 투자자들은 필요 이상으로 일찍 포지션을 청산하는 과도거래Overtrading를 하는 안타까운 습관이 있다. 기후에 초점을 맞춘 투자 전략의 이점을 누리려면 장기적인 관점을 유지할 필요가 있다.

물론 장기적인 관점을 취한다고 해서 기후 솔루션에 대한 모든 투자가 성공할 수 있는 것은 아니다. 하지만 기후변화 시대에 투자하는 데 특화된 다섯 가지 우수 사례를 따르면 성공 확률을 높일 수 있을 것이다.

우수 사례

1. 의도적이든 아니든 그린워싱greenwashing에 대한 경계. 기후변화는 선의의 의도를 가진 많은 비즈니스 리더가 해결책을 모색하도록 동기를 부여했다. 이는 훌륭한 일이지만 안타깝게도 좋은 의도만으로 비즈니스 성공이 이어지는 경우는 드물다. 기후변화에 대응하기 위해서는 비즈니스 모델이 기후 솔루션과 상충

되는 것이 아니라 기후 솔루션에 부합해야 한다. 대표적인 예로 2000년대 초반에 '석유를 넘어서Beyond Petroleum'라는 슬로건으로 기업 브랜드를 바꾼 BP를 들 수 있다. 회사는 계속해서 화석연료에 막대한 투자를 단행하여 자본의 93퍼센트를 석유 및 가스 프로젝트에 투입했고, 이는 비정부기구NGO와 소비자의 반발을 불러일으켰다.[2] BP는 몇 년 후 새 브랜드를 조용히 중단했는데, 이는 회사와 투자자들에게 큰 손해를 끼친 실수였다.

2020년 BP는 석유 및 가스 생산량을 40퍼센트 줄이고 재생에너지 발전을 20배 늘리는 등 탄소배출량을 줄이기 위한 비즈니스 모델을 발표했다.[3] 또한 그린수소 및 탄소 포집기술에 막대한 투자를 하기로 결정했다. 이번 BP의 발표에 주식 시장은 비즈니스 모델과 기후 사명의 방향성을 일치시킨 BP의 발표에 뜨거운 반응을 보였고, 이 소식에 주가는 7퍼센트 상승세로 마감했다.[4] 투자자에게 주는 교훈은, 장기적인 가치를 창출하지 못하는 기업의 그린워싱을 경계하고, 핵심 비즈니스 모델에 부합하는 기후변화 계획을 가진 기업에만 자본을 투자해야 한다는 것이다.

2. 트렌드는 여러분의 친구다. 기후 솔루션에 대한 투자 기회는 종종 관련 없는 분야에서 시작된다. 소비자 가전제품의 급속한 성장으로 리튬 이온 배터리에 대한 수요가 증가했고, 이는 전기차를 만드는 데 사용되었다. 가전제품 시장과 이를 작동하기 위한 배터리 수요는 분명했지만, 기존 자동차 회사들은 수년 동안 이를 무시해 왔다. 앞으로 태양광 및 풍력 발전의 급속한 성장과

발전 비용 하락은 그런 수소 개발의 기회를 창출할 것이다. 마찬가지로, 온실가스 배출을 줄이겠다는 기업의 참여 트렌드는 탄소 제거 프로젝트에 대한 수요를 창출하여 임업, 농업 및 직접 공기 포집 분야에서 기회를 창출할 것이다.

투자자는 기후변화로 인해 또는 기후변화와 관련된 트렌드를 인식하고 여러 부문에 걸친 영향을 이해해야 한다. 수년 또는 경우에 따라 수십 년에 걸친 트렌드가 비즈니스 성장에 강력한 순풍이 될 것이다.

3. **인간 행동의 변화를 예상하는 기업 피하기.** 많은 비즈니스는 소비자들이 기꺼이 행동을 바꾸고 환경을 위해 '옳은 일'을 할 것이라는 가정하에 계획되었다. 안타깝게도, 현재의 필요보다 미래를 우선시해야 하는 경우를 심리학자들은 **현재 편향성**Present bias 이라고 부른다.[5] 기후 솔루션을 제공하는 기업은 소비자 행동의 변화가 거의 또는 전혀 필요하지 않은 제품을 제공함으로써 성공할 가능성을 훨씬 더 높인다.

   예를 들면 테슬라는 기존 자동차와 외관이 비슷하고 더 잘 달릴 수 있는 제품을 제공함으로써 최초의 성공적인 전기차 회사를 만들었다. 마찬가지로 비욘드 미트는 실제 고기와 같은 맛을 내도록 제품을 만들어 슈퍼마켓의 정육 코너에서 소비자들이 구매할 수 있도록 했다. 비욘드 미트의 CEO인 이던 브라운은 이 전략을 다음과 같이 요약했다. "저는 사람들이 있는 곳이라면 어디든 찾아가서 만나고 싶습니다."[6]

테슬라, 비욘드 미트, 기타 기후 솔루션으로 성공을 거둔 기업들의 목표는 소비자를 속이는 것이 아니라 구매자가 다른 제품을 구매한다는 것을 알고 행동을 변화시키는 데 필요한 높은 장애물을 피하는 것이었다. 투자자는 고객 틈새 시장에 매우 집중하거나 소비자 혜택이 변화의 장벽보다 크지 않은 한, 인간 행동의 변화에 의존하는 비즈니스를 피해야 한다. 고객 틈새 시장이 매우 집중되어 있거나, 변화가 사소하거나, 소비자 혜택이 변화의 장벽보다 훨씬 더 큰 경우가 아니라면 말이다.

4. 늦는 것보다 일찍 시작하는 것이 좋다. 투자자들은 기후가 서서히 변화하며, 기후 위험에 노출된 자산의 가치가 점차적으로 하락한다고 예상하지만, 이는 실수일 수 있다. 경제학자 하이먼 민스키Hyman Minsky는 시장이 갑자기 집단적으로 자산 가격을 재조정하는 현상을 '민스키 모먼트Minsky Moment'라고 설명했다. 자산 가격은 미래 현금 흐름에 대한 미래 예측 추정치를 기반으로 한다. 자산의 지속 가능성에 대한 의견이 갑자기 바뀌면 투자자들은 이를 놓칠 수 있으며, 이에 대한 피드백으로 이어져 자산 가치를 하락시킬 수 있다. 규제 당국은 기후 리스크에 대한 재평가로 인해 노출된 자산의 가치가 하락하여 고통 받는 '기후 민스키 모먼트'에 대해 경고한 바 있다.[7] 투자자는 시장이 자산의 가격을 재조정할 때까지 기다리지 말고 기후 리스크에 직면한 자산에 대해 초기에 결정하고 거래하는 것이 유리하다.

5. 일반적인 투자 규칙은 모두 그대로 적용된다. 기후변화는 새로운 위험과 새로운 기회를 가져오지만 투자의 기본 원칙은 변하지 않는다. 급격한 변화를 겪는 모든 비즈니스 부문에서처럼 기후변화 시대의 자산 가격은 단기적으로 고평가되거나 저평가될 가능성이 거의 확실하다. 하지만 장기적인 주주 가치는 현재와 미래의 현금 흐름의 함수라는 사실은 변하지 않는다. 투자자들은 기후변화의 시대에 투자 규칙 일반을 유지하는 게 좋을 것이다.

장기 투자 목표를 선택하고 모범 사례를 따른다면, 투자자는 향후 몇 년 동안 매력적인 위험이 조정된 수익을 얻을 수 있을 것이다. 이것은 투자자에게 유리할 것이다. 하지만 지구에도 좋을 수 있을까? 기후 솔루션으로의 글로벌 전환이 재앙과 같은 기후변화를 피할 수 있을 만큼 빠르게 이루어질까? 치명적인 기후변화를 피할 수 있을까? 답은 그 누구보다도 투자자에게 달려 있다.

25장
투자가 중요한 이유

"우리 행성은 우주의 거대한 어둠 속에서 외로운 점입니다.
이 광활한 어둠 속에서 우리를 구해줄 도움의 손길이
어디에서 올지 알 수 없습니다."

— 칼 세이건

그림 25.1. 우주에서 바라본 지구

미국의 천문학자 칼 세이건$^{Carl\ Sagan}$은 일반 대중에게 천체 물리학을 설명하는 커뮤니케이션에 매우 능했다. 세이건은 우주 공간의 신비를 설명함으로써 사람들에게 중요한 사실을 인식시켰다. 바로 지구는 우리 스스로를 돌아봐야 한다는 것(그림 25.1). 결론적으로 인간의 활동은 지구를 빠르게 온난화시키고 있다. 그 변화 과정을 바꿀 수 있는 것은 우리 자신뿐이다.

미국을 비롯한 전 세계에서 기록적인 허리케인, 폭염, 홍수 등이 놀라울 정도로 빈번하게 발생하고 있다. 하지만 그것은 앞으로 다가올 일에 비하면 아무것도 아니다. 탄소배출량을 즉시, 그리고 꾸준하게 줄이지 않으면 전 세계는 수십 년 내에 훨씬 더 심각한 피해를 입기 시작하고 시간이 지날수록 그 피해는 더욱 커질 것이다. 과학자들은 공히 지금과 같은 수준의 일상적 경제활동이 2100년까지 지구 기온을 2°C 이상, 어쩌면 6°C 가까이 상승시킬 가능성이 '매우 높다'는 데 동의한다.[1] 이로 인해 생태계와 세계 경제에는 광범위한 혼란이 초래할 것이고, 1억 명 이상의 이재민이 발생할 가능성이 높다.[2] 지구가 마지막으로 이렇게 따뜻했던 때는 인류가 지구를 활보하기 훨씬 전인 300만 년 전이었다.[3]

BAUBusiness As Usual는 에너지 및 운송을 위한 화석연료 연소, 산업에서 발생하는 온실가스 배출, 산림 파괴, 배출 집약적인 농업활동 등 현재의 인프라와 기술이 계속 사용될 것을 가정했을 때의 수치를 의미한다. 현재의 세계 경제는 산업혁명을 거치며 수조 달러의 투자 자본으로 구축되었다. 그리고 그 인프라가 탄소배출을 필요로 하기 때문에 문제가 발생한다. 기후변화를 현실적인 해결하려면 온실가스를 배출하지 않는 글로벌 경제에 재투자하는 수밖에 없다. 투자 자본은 칼 세이건의 말처럼 "우리 자신으로부터 우리를 구할 수 있게 해준다".

일단은 저탄소 글로벌 경제를 만들기 위한 투자 계획을 검토하기에 앞서, 비극적인 기후변화를 피하기 위한 네 가지 대안을 살펴봐야 한다.

1. 적게 소비하기

29개국 1만 명 이상의 소비자를 대상으로 한 설문조사에 따르면 자신이 소유한 대부분의 물건 없이도 행복하게 살 수 있으며, 다양한 수요를 충족하기 위해 공유 경제Sharing Economy에 도움을 받는다고 답한 응답자가 절반에 달했다.[4] 자동차, 주택, 심지어 반려동물의 P2Ppeer-to-peer 공유가 급격히 증가하면서 일부 상품과 서비스에 대한 전반적인 수요가 감소하고 있다. 더 나아가, 일부 소비자들은 기후변화에 맞서기 위해 소고기나 항공 여행과 같은 탄소배출 비중이 높은 상품의 소비를 의도적으로 줄이고 있다. 안타깝게도 이들의 실천은 기후변화에 큰 영향을 미치지는 않을 것으로 보인다.

개인 소비에 관심을 두는 것의 한계는 대부분의 온실가스 배출을 근본적으로 해결하지 못한다는 점이다. 펜실베이니아 주립대학교의 마이클 만Michael Mann 교수는 그 이유를 이렇게 설명했다. "항공 여행과 소고기 소비에 대한 개인의 선택에만 집중하게 되면, 방 안의 고릴라 문제를 놓칠 위험이 높아진다. 그 문제란 바로 화석연료에 대한 문명의 의존도다. 이는 전 세계 탄소배출량의 약 3분의 2를 차지한다. 모든 사람의 탄소 발자국Carbon Footprint을 줄일 수 있는 체계적인 변화가 필요하다."[5]

설상가상으로, 연구에 따르면 기후변화에 대응하기 위해 개인적으로 희생을 하는 사람들은 탄소세나 기타 정부 규제를 지지할 가능성이 낮다. 이는 개인 소비를 줄이면 기후 정책에 대한 지지를 약화시킬 수 있음을 시사한다.[6] 이는 소비를 자제하는 개인이 기후변화 문제에 진전이 있다는 착각을 하게 되기 때문에 발생한다.

기후변화에 대응하기 위해 에너지 및 각종 사용량을 줄이려면 배출 집중도가 높은 상품과 서비스의 소비를 줄이는 것이 중요하다. 에너지 효율 향상은 가장 비용이 적게 드는 기후 솔루션 중 하나다. 그러나 전 세계 배출량을 0으로 낮춰야 하는데, 이는 저소비 전략으로는 달성할 수 없는 목표다. 때문에 소비를 줄이려는 개인의 행동만으로는 비극적인 기후변화를 피하기에 충분하지 않다.

2. 경제성장의 포기

거의 모든 경제학자들은 경제성장과 온실가스 배출 사이의 역사적 상관관계를 무시한 채 GDP 성장만이 성공이라 생각한다. 이에 대한 하나의 대안으로 몇몇 경제학자들은 기후변화에 대한 해결책으로 경제성장의 중단, 즉 '탈성장'을 요구하고 있다.[7] 그런데 불행히도 탈성장에는 중요한 과제가 두 가지 있다.

첫째, 개발도상국은 선진국이 그랬던 것처럼 경제성장이 자신들의 권리라고 믿기 때문에 협력하지 않을 가능성이 높다. 미국과 유럽은 산업혁명을 통해 놀라운 경제성장의 혜택을 누리는 동시에 온실가스로 대기를 오염시켰다. 미국과 유럽은 전 세계 인구의 11퍼센트에 지나지 않음에도 1751년 이후 배출된 온실가스 배출량의 거의 절반을 차지하고 있다.[8] 지구상의 나머지 89퍼센트의 사람들은 경제적 번영을 달성하는 데 제약과 걸림돌이 될 수 있는 정책을 지지할 가능성이 매우 낮은 것이다.

두 번째 도전 과제는, 각국이 탈성장 전략을 따르더라도 배출량을 줄이는 데 그칠 뿐 이미 누적된 배출량을 없애는 것은 아니며, 그 결과 막대한 비용이 발생한다는 것이다. 2020년 코로나19 팬데믹으로 인해 전 세계 이산화탄소 배출량이 5.8퍼센트 감소하며 탈성장의 실제 사례를 보여주었다.[9] 그러나 UN은 세계 경제가 온도 상승을 +1.5°C 이하로 유지하기 위해서는 10년간 매년 7.6퍼센트씩 배출량을 줄여야 할 것으로 추정하고 있다. 2020년 글로벌 경기 침체에 따른 엄청난 어려움을 감안할 때, 대부분의 사람들이 가까운 미래에 매년 더 큰 경제불황을 감수할 의향이 있다고 상상하기는 어렵다.

3. 인구 증가 조정

온실가스 배출은 인간 활동의 직접적인 결과이며, 일부 전문가들은 기후변화에 대한 근본적인 해결책은 인구를 줄이는 것이라고 제안했다.[10] 인구 증가를 제한하는 윤리적 문제나 현실적인 문제는 제쳐두고라도, 인구 증가율 감소로는 비극적인 기후변화를 피할 수는 없다. 문제는 타이밍이다. 한 연구자의 말처럼, "지구상의 인구수를 줄이는 데는 수백 년이 걸릴 것이다. 하지만 온실가스 배출량 감축은 지금 시작해야 한다".[11]

인구가 줄어들면 결국 온실가스 배출량도 줄어들 것이다. 그러나 이는 누적된 양을 줄이는 데 거의 도움이 되지 않는다. 누적된 온실가스가 존재한 상태에서 인구증가를 통제하면 더운 지구에 적은 수의 사람들이 살게 될 뿐이다.

또한, 출산은 기후변화에 대한 기성세대의 행동에 긍정적인 영향을 미칠 수 있다는 사실이 밝혀졌다. 한 연구에 따르면 어린이, 특히 여자아이들은 기후변화에 대한 부모의 관심도를 높이는 데 효과적이라고 한다.[12] 지구 온난화에 대해 상대적으로 걱정하는 경향이 있는 부모 세대가 기후변화에 관심을 가지게 되는 계기가 되는 것이다.

4. 적응

인간은 모든 종 중에서 가장 적응력이 뛰어난 편에 속한다. 그렇기 때문에 기후변화를 완화하는 대신 기후변화에 적응해야 한다는 주장이 설득력을 얻을 수 있다. 네덜란드는 합리적인 비용으로 해수면 상승에 대비한 방벽을 건설할 수 있다는 것을 입증했다. 기온 상승은 온대 및 열대 국가의 농작물 수확량에 영향을 미치지만, 북부 지역에서는 경작지가 확대되고 있으며 따뜻한 기후로 인해 재배 가능 기간이 늘어나면서 러시아는 세계 최대 밀 수출국으로 부상했다.[13] 적도 지방에 위치한 싱가포르는 더운 날씨가 생산성이나 생활 조건에 영향을 미치지 않는다는 것을 증명하며 에어컨을 통한 생활의 편안함과 경제적 성공을 거둘 수 있음을 보여주었다.

경제학자 허버트 스타인Herbert Stein이 말했듯이, 적응의 문제는 "영원히 지속될 수 없다면 결국 멈출 것"이다. 이는 기후변화에도 적용된다. 이산화탄소 및 기타 온실가스가 증가할 때마다 누적량이 증가하여 지구를 더 뜨겁게 만들기 때문에 결국 인간은 온실가스 배출을 중단해야 한다. 언젠가는 기온 상승이 위험한 피드백 루프를 만들어 배출을 가속화하고 심각한 온난화를 가속화할 것이기 때문이다.

적응은 단기적이며, 길어야 이번 세기까지만 실행 가능한 전략이다. 그러나 온실가스 배출량 전망치를 보면 결국 인간은 스스로의 적응 수준을 넘어 지구를 뜨겁게 만들 가능성이 높다. 더 심각한 문제는 그 시점에 가서는 이미 손을 쓰기에는 너무 늦는다는 것이다. 인간의 적응은 잘못된 희망이며, 일시적인 이익을 얻을 수 있지만 결국에는 매우 심각하고 위험한 결과를 초래할 수 있다.

사실 위의 네 가지 솔루션은 모두 기후변화 해결에 기여할 것이다. 보다 적은 소비, GDP 성장에 대한 강조 감소, 인구 증가 둔화는 필요하지만 충분한 해결책은 아니다. 그리고 배출량을 급격히 줄여도 기후는 계속 변화할 것이므로 어느 정도 적응이 필요할 것이다. 따라서 비극적인 기후변화를 피할 수 있는 현실적인 방법은 기후 솔루션에 대한 적극적인 투자뿐이다.

투자 사례

온실가스 배출량은 2050년 또는 그 이전에 넷제로에 도달해야 한다. 이산화탄소 및 기타 온실가스 농도가 한계 수준을 넘어서면 배출량을 줄일 수 있는 다시 한 번의 기회는 없다. 그렇기 때문에 세계 경제의 탈탄소화가 성공하는 것이 매우 중요하다. 비극적인 기후변화를 피할 수 있는 기회는 이미 줄어들고 있다. 따라서 이러한 질문 세 가지를 통해 주요 문제를 고려하는 것이 중요하다. 얼마나 많은 자본이 필요할까? 어디서 자본을 조달할 수 있는가? 어떤 투자가 심각한 기후변화를 피하는 데 효과적일 것인가?

얼마나 많은 자본이 필요할까?

세계 주요 금융기관을 회원사로 둔 글로벌 금융시장협회는 컨설

팅 회사인 BCG에 의뢰해 세계 경제를 탈탄소화하고 온난화를 1.5
~2°C로 제한하는 데 필요한 자본의 규모를 파악했다. 그 결과 필
요금액은 연간 3~5조 달러, 2050년까지 총 100~150조 달러에 달
할 것으로 예상된다.[14] 여러 전문가들의 추정치는 연간 1조 달러에
서 6조 9,000억 달러로, BCG의 수치와 거의 일치한다.[15] 현재 기후
솔루션에 대한 투자는 연간 약 6,000억 달러에 달하며, 이는 탈탄
소화에 필요한 투자 비용이 5~8배 증가했음을 의미한다.

가능할 것인가?

대답은 '그렇다'이다. BCG의 분석에 따르면, 투자의 65퍼센트는
대출 또는 채권을, 나머지 35퍼센트는 자기 자본을 사용할 것으로
예상된다.[16] 이는 연간 2조~3조 5,000억 달러의 채권과 1조~1조
5,000억 달러의 주식에 해당하는 금액이다.

채권 시장은 발행 규모가 128조 달러에 달하고 연간 발행액이 20
조 달러가 넘는 등 매우 크고 유동적이다. 따라서 기후변화에 대응
하는 데 필요한 추가 자본을 쉽게 조달할 수 있을 것으로 보인다.[17]
주식 시장은 유동성이 낮은 편이다. 글로벌 주식 시장은 총 86조 달
러에 달하는 매우 큰 규모지만, 연간 신규 주식 발행은 연간 약 1조
달러이고 비교적 빈번하지 않다.[18] 추가적으로 사모 펀드와 벤처
시장은 0.5조 달러를 투자한다.[19] 기후변화 솔루션을 위해 연간 1
조~1조 5,000억 달러의 자기자본을 추가로 조달하는 것은 매우 높
은 수준의 목표이다. 하지만 이론적으로는 실현 가능한 일이다.

효과적일까?

이 책의 앞선 부들에서는 기후 솔루션에 투자하여 온실가스 배출을 빠르고 비용을 효율적으로 줄일 수 있는 방법에 대해 설명했다. 태양광 및 풍력 발전, 에너지 저장 장치, 전기차로 전체 배출량의 절반 이상을 제거할 수 있다. 그린 수소는 운송 및 산업에서 배출되는 이산화탄소의 10~20퍼센트를 추가로 제거할 수 있으며, 나머지 15~25퍼센트는 탄소 제거 기술을 사용하여 감축할 수 있다. 이론적으로는 2050년까지 넷제로로 만들 수 있는 방법은 존재한다. 그렇다면 또 다른 중요한 질문이 생긴다. 이 책에서 설명하는 기후 솔루션에 대한 투자가 효과적이라는 증거가 있는가? 다행히도 일부 국가에서는 이미 성공을 경험했다.

성장과 함께하는 탈탄소화

독일의 온실가스 배출량은 1990년부터 2020년까지 40퍼센트 이상 감소했다.[20] 놀랍게도 이러한 성과는 경제성장과 함께 이루어졌다.[21] 같은 기간 동안 독일의 GDP는 46퍼센트 성장했다. 즉, 독일은 탈탄소화와 경제성장이라는 두 마리 토끼를 모두 잡은 셈이다.

독일은 에너지 전환Energiewende으로 명명된 재생에너지의 획기적인 보급 확대를 통해 탈탄소화를 달성했다. 풍력 및 태양광 발전은 거의 제로에 가까웠던 독일 전체 전력 생산량의 45퍼센트로 증대시켰고, 2020년 화석연료 발전량을 추월했다.[22] 독일은 재생에너지로 전환하기 위해서 막대한 투자가 필요했고, 그 결과 소비자 공공요금에 추가 요금이 부과되었다. 하지만 투자 비용은 빠르게 감소하고 있다. 향후 독일은 2조 3,000억 유로를 투자해 2050년까지 온실가스 배출량을 95퍼센트 감축하고, 이를 통해 경제에 긍정적인 영향을 미칠 것으로 예상된다.[23] 독일에서 가장 중요한 비즈니스 협회는 에너지 전환의 비용과 이점에 대한 연구를 수행했으며, "기업이 적극적인 기후 보호를 통해 이득을 볼 것"이라는 결론을 내렸다.[24]

독일만 그런 것이 아니다. 탈탄소화에 관한 한 연구에 따르면 35개국이 2000년부터 2014년까지 경제성장과 온실가스 배출감소를 동시에 달성한 것으로 나타났다.[25] 주요 선진국 중 영국은 배출량을 24퍼센트 줄이면서 실질 GDP를 27퍼센트 성장시켜 10년이 조금 넘는 기간 동안 놀라운 성과를 거두었다.

놀랍게도 미국은 독일이나 영국보다 느리기는 하지만 탈탄소화의 또 다른 모범을 보여주고 있다. 2019년까지 15년 동안 미국의 실질 GDP는 27퍼센트 성장하고 탄소배출량은 14퍼센트 감소했다.[26] 미국의 탄소배출량은 석탄 화력 발전소의 저탄소 천연가스 대체, 풍력 및 태양광에 대한 투자, 공장과 주택의 에너지 효율화 사업, 자동차의 연비 개선 등의 여러 방법으로 감소했다.[27]

이러한 결과는 각국이 탈탄소화를 달성하면서 경제성장을 유지할 수 있다는 가능성을 보여주는 사례다. 그러나 투자자들이 모든 펀드 투자설명서의 경고 문구를 보면 알 수 있듯이 "과거 수익률이 반드시 미래 결과를 예측하는 것은 아니다".[28] 앞으로 미국과 전 세계는 경제와 온실가스 배출의 탈동조화를 가속화하고 2050년까지 과학적으로 넷제로 배출 목표를 달성할 수 있을까?

미래 결과 예측

미국 국립 과학아카데미는 미국을 중심으로 이 문제를 연구했으며, 12개 이상의 주요 대학에서 전문가들의 의견을 수렴했다. 해당 연구는 미국의 탈탄소화가 기술적으로 실현 가능하며, 이 과정이 조속히 시작된다면 2050년이라는 목표가 현실적이라는 결론을 내렸다.[29] 이를 위해서는 2030년까지 2조 1,000억 달러의 추가 투자가 필요하지만, 전기 요금 하락으로 초기 투자 비용을 충분히 만회할 수 있다.

IEAInternational Energy Agency는 전 세계적인 관점에서 이 문제를 검토한 결과, 넷제로를 달성하기 위해서는 실현 가능하지만 막대한 투자가 필요하다는 동일한 결론을 내렸다. IEA가 추정한 규모를 가늠해 보자면 이렇다. 넷제로에 도달하기 위해 향후 10년간 매일 현재 세계 최대 규모의 태양광 발전소를 설치해야 한다고 생각해 보자.[30] 파티 비롤Fatih Birol IEA 전무이사는 이를 다음과 같이 설명했다. "기후변화에 대처하면서 지구 온난화를 1.5°C로 제한할 수 있는 기회는, 중요하고 도전적인 목표가 요구되는 수준과 시급성을 고려할 때, 아마도 인류가 마주한 가장 큰 도전이 될 것입니다."[31]

다행히도, 9장에서 설명한 기후 솔루션 간의 시너지 효과는 넷제로를 향한 노력을 더욱 가속화할 것이다. 풍력 및 태양광 발전 비용의 하락과 에너지 저장 비용의 급격한 하락으로 전기차 보급이 가속화되면서 재생에너지에 대한 수요를 더욱 촉진할 것이다. 재생에너지가 저렴해지면 그린 수소의 대규모 개발이 가능해지면서 탄소 포집 기술이 뒷받침될 것이다. 기후 솔루션은 개별적으로 온실가스 감축에 기여하고, 함께 사용하면 배출량 감축을 가속화하고 심각한 기후변화를 피할 수 있는 선순환을 만들어 낼 수 있다. 투자자에게는 기후 솔루션 간의 시너지 효과가 산업혁명 이후 세계 경제의 가장 큰 재도약을 위한 자금을 조달할 수 있는 많은 기회를 제공할 것이다.

남은 과제는 무엇일까?

넷제로로 가는 길은 비교적 분명하지만 넷제로를 달성하기 위해서는 몇 가지 과제가 있다. 가장 큰 문제는 대부분의 국가에서 탄소 가격이 없다는 것이다. 배출량 상한제 또는 탄소세를 통한 탄소 가격제는 모든 기업이 기후 솔루션에 신속하게 투자하고 배출량을 줄일 인센티브를 제공하는 데 필수적이다. 마찬가지로 정부 보조금은 기후 솔루션을 신속하게 구현하는 데 여전히 중요하다. 특히 친환경 수소 및 직접 공기 포집과 관련해서는 추가적인 투자만이 상용화와 경쟁력 확보를 가능하게 할 것이다.

또한 금융 시장에서 인증된 배출량 보고서와 주요 기후 리스크 보고서를 통해 신뢰할 수 있는 데이터를 제공하는 것이 필요하다.

이를 통해 투자자에게 기후변화에 기여하거나 기후변화로 리스크가 존재하는 기업을 구별하고 배출량을 줄이는 방향으로 투자를 유도할 수 있도록 해야 할 것이다. 규제 당국은 보고의 신뢰성과 일관성을 보장하고, 기업이 기후 데이터를 재무 정보와 동일한 수준으로 엄격하게 처리하도록 해야 한다.

마지막으로, 넷제로를 달성하는 데에서 가장 큰 도전은 각국 간협력 문제에 있다. 기후변화는 전 세계적인 문제이며, 직접 공기포집과 같은 기후 솔루션은 배출량 감축에 대한 측정 및 보완 협력을 통해서만 효과를 발휘할 수 있다. 안타깝게도 민족주의가 부상하면서 국제 협력이 더욱 어려워지고 있는 실정이다.

이러한 난관이 있음에도 주요 기후 솔루션의 경제성이 빠르게개선되고 있다는 상황은 탄소 집약도를 크게 줄일 수 있다는 점과 2050년까지 넷제로의 가능성을 시사한다. 그러나 앞으로의 수십년은 엄청난 변화로 가득할 것이며, 정부와 민간 부문의 엄청난 헌신이 필요하다. 투자자와 기후변화에는 어떤 미래가 펼쳐질까?

26장
미래

"우리는 기후변화의 원인을 정확히 알고 있습니다.
우리는 ① 최악의 상황을 피하고 ② 그 과정에서 더 나은 세상을 만들 수 있습니다."

— 케이트 마블, 컬럼비아 대학교

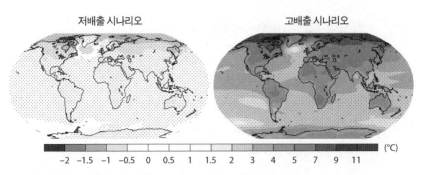

그림 26.1. 2000년과 2100년 사이의 평균 지표면 온도 변화 예상치

지구에는 온난화가 진행되고 있으며, 많은 변화가 일어나 최악의 경우 큰 혼란과 재앙을 초래할 수 있다. 투자자에게 앞으로 30년은 지난 30년과 마찬가지로 점점 더 급변하는 시기가 될 가능성이 높다. 물론 그 이유는 완전히 다를 것이다.

창조적 파괴: 1990~2020

오스트리아의 경제학자 요제프 슘페터Joseph Schumpeter는 자본주의를 새로운 기업의 기술 혁신이 기존 기업을 퇴출시키는 '창조적 파괴'의 과정으로 설명했다. 그는 이것이 '자본주의의 본질적인 사실'이라고 믿었다.[1]

투자자들은 경쟁에 실패한 기업을 도태시키는 동시에 막대한 주주 가치를 창출한 혁신 기업에 자금을 지원하면서 그의 말이 옳다는 것을 증명했다. 슘페터는 1940년대에 경제 이론을 발전시켰지만, 그의 창조적 파괴 개념이 본격적으로 빛을 발한 것은 반세기 후 디지털 시대의 출현과 함께였다.

1998년 코닥의 시가총액은 260억 달러, 애플의 시가총액은 10억 달러였다.[2] 20년 만에 코닥은 파산을 선택해야 했고, 애플은 세계에서 가장 가치 있는 기업이 되었다. 코닥이라는 기업의 핵심인 필름은 디지털 사진과 애플의 아이폰으로 대체되었다. 기술과 창조적 파괴의 과정에서 기존의 아이콘을 파괴하고 또 다른 아이콘을 탄생시킨 것이다.

하지만 이는 단순히 성공한 한 기업이나 경제의 한 부문 한정되지 않는다. 디지털 혁신은 거의 모든 비즈니스에 영향을 미치며 금융자산의 가치를 획기적으로 변화시켰다. 2020년까지 미국에서 가장 가치 있는 기업 5개는 과학 기술 분야에 속해 있었다.[3] 기후 변화는 슘페터가 말한 창조적 파괴를 다시 한 번 불러일으키고 있으며, 디지털 혁명과 마찬가지로 이 과정에서 엄청난 부를 얻기도 하고 잃기도 할 것이다.

창조적 파괴: 2020~2050

재생에너지와 전기차 같은 기후 솔루션의 성장을 예측하는 것은 비교적 쉽다. 하지만 과거에 시장의 승자를 선정할 때도 그랬듯이, 어떤 기업이 이러한 시장 부문을 지배할지 예측하기는 훨씬 더 어렵다.

1990년대 투자자들은 디지털 기술이 기업 운영에서 점점 더 중요한 요소가 될 것이라는 사실을 알고 있었지만, 어떤 기업에 투자해야 할지 알기는 어려웠다. 넷스케이프Netscape는 1996년 브라우저 시장의 거의 80퍼센트를 점유한 선도적인 인터넷 회사였다. 하지만 5년이 지난 후, 이 회사는 가치가 없어졌다. 구글은 인터넷 브라우저를 보유한 또 다른 기업이었지만 투자자에게는 다른 결과를 가져왔다. 모든 투자자는 넷스케이프를 팔고 구글 주식을 샀으면 좋았을 것이라고 생각하곤 한다.

기후변화의 시대에는 투자자들이 급변하는 환경 속에서 리스크와 기회를 평가하여 비슷한 투자 결정을 내리도록 만든다. 경제학자들은 이를 깔끔하게 요약했다. "인터넷과 마찬가지로 탈탄소화는 세계 경제의 구조적 변화로 이어질 것이다. 투자 자금은 친환경 기술 쪽으로 흘러가야 할 것으로 보인다. 그리고 이 과정에서 승자와 패자가 생겨날 것이다."[4]

기후변화는 적어도 향후 30년 동안 지속될 창조적 파괴의 과정에서 투자자에게 영향을 미칠 것이다. 투자는 기후변화의 영향을 받고, 투자자는 기후변화에 영향을 미친다. 가장 중요한 질문은 투자자가 충분한 영향력을 발휘할 수 있을지에 대한 것이다.

인류는 비극적 기후변화를 피할 수 있을까?

이러한 의구심을 품는 데는 여러 가지 이유가 있다. 온실가스 배출량이 끊임없이 증가하고 30년이라는 장기간에 걸쳐 협상을 했음에도, 각국 정부가 배출량 감축을 위한 구속력 있는 국제 기후 협약에 도달하지 못했다. 미래에 대한 희망이 매우 희박한 상황이다. 인류는 기후변화와 같은 도전에 직접적으로 맞선 생명체이기 때문에 큰 부담을 안고 있다. 하지만 작가 매튜 킹Matthew King이 말했듯이, 모든 것을 잃은 것은 아니다. "하지만 한 가지 기억해야 할 것이 있습니다. 그 어떤 종도 이렇게 큰 규모의 문제를 일으키도록 진화한 적이 없지만, 그 어떤 종도 이 문제를 해결할 수 있는 특별한 능력을 가지고 진화한 적이 없다는 사실입니다."[5]

인류는 비극적인 기후변화를 피할 수 있는 해법을 가지고 있지만, 인류가 그 해법을 적시에 실행할 수 있을지는 분명하지 않다. 가장 큰 문제는 정부 지원의 일관성이 없다는 것이다. 이로 인해 불확실성이 발생하고 투자가 지연되며 귀중한 시간이 낭비된다. 다행스러운 점은 1부에서 소개한 배출량 곡선이 마침내 변곡점을 지나 하향 곡선을 그려가며 저탄소 미래를 처음으로 보여줬다는 점이다. 하지만 여전히, 우리는 적시에 목표점에 도달하지 못할 수도 있다.

우리는 우리 자신의 가장 큰 적이다

기후 논쟁의 양측이 모두 가진 의구심 때문에 앞으로 나아가는 길이 훨씬 더 어려워지고 있다. 기후변화 회의론자들은 불확실성과 혼란을 조장해 기후 솔루션에 대한 합리적인 정부 지원의 실행을 늦추고 있다. 기후변화에 대한 과학이 더 널리 이해되고 실제 영향이 점점 더 명확해짐에 따라 회의론자들은 영향력을 잃어가고 있지만 그 과정에서 많은 시간 또한 잃었다.

　다른 한편으로, 기후 패배주의자들은 기후 솔루션의 발전과 인간의 창의력에 대한 잠재력에 대해 이해하지 못한다. 패배주의자들은 재난에 굴복함으로써 이미 너무 늦어버릴 때까지 치명적인 기후변화를 해결하려는 노력을 하지 않고 자멸하는 결과를 초래한다. 안타깝게도 지구 온난화가 진행되면서 패배주의자들의 영향력이 커지고 있다.

　기후변화에 대한 다양한 의견과 논쟁으로 인해 가장 소중한 자원인 시간이 낭비되고 있다.

마지막 기회

　시간은 촉박하지만 비극적인 기후변화를 피할 수 있는 기회는 아직 사라지지 않았다. 저탄소 기술, 사회적 규범의 변화, 정부의 지원 추진력으로 인해 전 세계 온실가스 배출량의 전환점이 다가오고 있으며, 이를 통해 지구를 구할 수 있는 날이 머지않은 것으로 보인다. 컬럼비아 대학교의 기후 과학자 케이트 마블Kate Marvel 은 트위터를 통해 상황을 깔끔하게 요약했다. "기후 과학자로서 여러분께 알려 드리고 싶습니다. 나는 희망이 없지만 나에게는 더 나은 것이 있습니다. 그것은 바로 기후변화의 원인을 정확히 알고 있다는 확실함입니다. 우리는 ① 최악의 상황을 피하고 ② 그 과정에서 더 나은 세상을 만들 수 있습니다."[6]

　확실히 이 과정은 국제적인 경쟁, 국가 간의 비협조, 저탄소 미래로의 전환에서 손해를 보는 기업들의 반발로 인해 예상보다 더디게 진행될 것이다. 하지만 인류는 이제 비극적인 기후변화를 피할 수 있는 해결책을 강구했기 때문에 이를 피할 수 있다. 배출량 감축이 지연되면 넷제로를 달성하기 위해 값비싼 탄소 제거 솔루션을 적극적으로 사용해야 할 것이다. 그러므로 저탄소 미래로 가는 길은 빠르고 경제적이기보다는 느리고 비용이 많이 들 것이다. 하지만 인류가 나아갈 길은 있다는 것이 중요하다.

미래

과학자들은 지구 온난화의 원인을 발견하고 인류가 재난을 피하기 위해 무엇을 해야 하는지 명확히 밝혀냈다. 엔지니어들은 기후 솔루션을 발명했고, 기업 경영자들은 상용 솔루션을 개발했다. 정치인들은 더 많은 정부 지원을 제공함으로써 급변하는 사회 변화에 대응하고 있다. 대규모 기후 솔루션의 신속한 실행을 위한 분위기가 조성되고 있다. 기후변화 시대의 투자자에게는 일생일대의 기회와 도전을 선사하는 글로벌 저탄소 미래로의 전환이 시작되었다. 투자자들은 과거 산업혁명과 농업혁명을 성공적으로 이끈 주역이었으며, 이제 세계의 미래를 위해 자금을 지원하는 더욱 중요한 역할을 맡고 있다.

감사 인사

저는 매년 500명에 가까운 MBA 학생들을 가르치고 있으며, 그들에게서 많은 것을 배웁니다. 이 점에 대해 깊이 감사드립니다. 그 중에서도 제 여름 연구 조교였던 션 플레밍Sean Fleming과 이 책의 배경 연구에 기여한 장시월Siwol Chang, 모니카 조Monica Cho, 안젤리카 크리스피노Angelica Crispino, 브라이언 맥나마라Brian McNamara, 케이틀린 위셔먼Caitlin Wischermann, 슈라다 매니Shradha Mani에게 특별한 감사를 표합니다.

컬럼비아 대학교의 교수진, 특히 컬럼비아 경영대학원의 코스티스 매글라러스Costis Maglaras 학장과 제프 힐Geoff Heal 교수, 샌드라 나벌리Sandra Navalli의 지도하에 있는 테이머 센터Tamer Center의 뛰어난 팀원들까지 모두 엄청난 지원을 아끼지 않았습니다. 컬럼비아 기후 연구소의 알렉스 할리데이Alex Halliday 학장님을 비롯하여 제이슨 보르도프Jason Bordof, 모린 레이모Maureen Raymo, 루스 드프리스

Ruth DeFries는 기후 과학과 정책에 대한 귀중한 통찰력을 제공해 주셨고, 비극적인 기후변화를 피해야 한다는 시급한 필요성을 알려 주셨습니다.

기후 솔루션을 개발하는 기업가와 그들을 지원하는 투자자들도 영감을 주셨습니다. 일일이 열거할 수 없을 정도로 많은 분이 있지만, 특히 브렌트 올더퍼Brent Alderfer, 에릭 블랭크Eric Blank, 브렌트 비얼리Brent Beerley가 속한 커뮤니티 에너지팀Community Energy Team, 빌리 패리시Billy Parish, 댄 로젠Dan Rosen의 모자이크 팀, SJF 벤처스의 데이브 커크패트릭Dave Kirkpatrick, 그린배커의 벤 베이커Ben Baker를 언급하고 싶습니다.

컬럼비아 대학교 출판부의 마일스 톰슨Myles Thompson과 브라이언 스미스Brian Smith, 여러분의 조언과 지원에 감사드립니다. 여러분들과 함께 일할 수 있었던 것을 기쁘게 생각합니다.

원고 초안에 대한 에릭Eric의 자세한 검토와 의견 덕분에 훨씬 더 완성도 있는 글이 되었습니다. 기후 분야에서 리더십을 발휘하고 있는 형제가 있어, 아이디어를 서로 공유할 수 있다는 사실은 저에게 큰 행운이었습니다.

나오미Naomi, 제가 경영계에서 학계로 적을 옮길 수 있도록 지지해 주지 않았다면 이 책은 결코 나올 수 없었을 것입니다. 제 인생 최고의 결정이라고 하셨지요. 그 말씀이 맞았습니다.

머리말

1 Jennifer Marlon, Peter Howe, Matto Mildenberger, et al., "Yale Climate Opinion Maps 2020," Yale Program on Climate Change Communication, September 2, 2020, https://climatecommunication.yale.edu/visualizations-data/ycom-us/.

2 "Future Climate Changes, Risks and Impacts," in IPCC 2014 *Synthesis Report*, accessed February 2, 2022, https://ar5-syr.ipcc.ch/topic_futurechanges.php.

3 "The Time for Climate Action Is Now," BCG Executive Perspectives, April 2021, https://media-publications.bcg.com/BCG-Executive-Perspectives-Time-for-Climate-Action.pdf.

4 "Climate Finance Markets and the Real Economy," BCG & GFMA, December 2020, https://www.sifma.org/wp-content/uploads/2020/12/Climate-Finance-Markets-and-the-Real-Economy.pdf.

1부 | 모멘텀

1 In physics, momentum is "the property that a moving object has due to its mass and its motion." Merriam-Webster, accessed February 4, 2022, https://www.merriam-webster.com/dictionary/momentum.

1장 | 번영, 이면의 문제

1 Robert F. Bruner and Scott Miller, *The Great Industrial Revolution in Europe: 1760–1860*(Charlottesville, VA: Darden Business Publishing, 2019).

2 "Fritz Haber, Biographical," in *Nobel Lectures, Chemistry 1901-1921* (Amsterdam: Elsevier 1966), accessed February 1, 2022, https://www.nobelprize.org/prizes/chemistry/1918/haber/biographical/. First published in the book series *Les Prix Nobel*, it was later edited and republished in *Nobel Lectures*.

3 "Corn Yields in the United States, 1866 to 2014," Our World in Data, accessed February 1, 2022, https://ourworldindata.org/search?q=average+corn+yields.

4 Vaclav Smil, *Enriching the Earth: Fritz Haber, Carl Bosch, and the Transformation of World Food Production*(Cambridge, MA: MIT Press, 2000).

5 Max Roser, Hannah Ritchie, and Esteban Ortiz-Ospina, "World Population Growth," Our World in Data, last modified May 2019, https://ourworldindata.org/world-population-growth.

6 Max Roper, "Economic Growth," Our World in Data, accessed February 1, 2022, https://ourworldindata.org/economic-growth#:~:text=The%20income%20of%20the%20average%20person%20in%20the%20world%20has,times%20richer%20than%20in%201950.

7 "Real GDP Per Capita, 2017," Our World in Data, accessed February 1, 2022, https://ourworldindata.org/grapher/real-gdp-per-capita-pennwt.

8 "AR6 Climate Change 2021: The Physical Science Basis," IPCC, accessed February 1, 2022, https://www.ipcc.ch/report/ar6/wg1/#SPM.

9 "AR6 Climate Change 2021: The Physical Science Basis," IPCC.

10 Chelsea Harvey, "Earth Hasn't Warmed This Fast in Tens of Millions of Years," *E&E News, Scientific American*, September 13, 2020, https://www.scientificamerican.com/article/earth-hasnt-warmed-this-fast-in-tens-of-millions-of-years/.

11 J. Rogelj, D. Shindell, K. Jiang, et al., "Mitigation Pathways Compatible with 1.5°C in the Context of Sustainable Development," in *Global Warming of 1.5°C. An IPCC Special Report on the Impacts of Global Warming of 1.5°C Above Pre-industrial Levels and Related Global Greenhouse Gas Emission Pathways, in the Context of Strengthening the Global Response to the Threat of Climate*

Change, Sustainable Development, and Efforts to Eradicate Poverty, ed. V. Masson-Delmotte, P. Zhai, H.-O. Pörtner, et al.(IPCC, 2018), https://www. ipcc.ch/site/assets/uploads/sites/2/2019/05/SR15_Chapter2_Low_Res.pdf.

12 Philip Shabecoff, "Global Warming Has Begun, Expert Tells Senate," *New York Times*, June 24, 1988, https://www.nytimes.com/1988/06/24/us/global-warming-has-begun-expert-tells-senate.html.

13 Kat Eschner, "Leaded Gas Was a Known Poison the Day It Was Invented," *Smithsonian*, December 9, 2016, https://www.smithsonianmag.com/smart-news/leaded-gas-poison-invented-180961368/.

14 Jerome O. Nriagu, "The Rise and Fall of Leaded Gasoline," *Science of the Total Environment* 92(1990): 13–28, http://www.columbia.edu/itc/sipa/envp/louchouarn /courses/env-chem/Pb-Rise&Fall%28Nriagu1990%29.pdf.

15 "Remarks by the President on the Paris Agreement," White House, Office of the Press Secretary, October 5, 2016, https://obamawhitehouse.archives.gov/the-press-office/2016/10/05/remarks-president-paris-agreement.

16 "Emissions Gap Report 2016," UN Environment, November 26, 2016, https://www. unenvironment.org/resources/emissions-gap-report-2016.

17 "Emissions Gap Report 2020," UNEP, UNEP DTU Partnership, December 9, 2020, https://www.unep.org/emissions-gap-report-2020.

18 "Emissions Gap Report 2020," UNEP, UNEP DTU Partnership.

19 Phil Drew and Ruairidh Macintosh, "Amount of Finance Committed to Achieving 1.5°C Now at Scale Needed to Deliver the Transition," GFANZ, November 3, 2021, https://www.gfanzero.com/press/amount-of-finance-committed-to-achieving-1-5c-now-at-scale-needed-to-deliver-the-transition/.233

20 Rochelle Toplensky, "Business Is the Game-Changer at COP26 in Glasgow," *Wall Street Journal*, November 6, 2021, https://www.wsj.com/articles/business-is-the-game-changer-at-cop26-in-glasgow-11636196493?st=f7gt0p5mhup8a94&r eflink=article_email_share.

2장 I 기후변화 시대에 대한 투자

1 Taylor Telford and Dino Grandoni, "Murray Energy Files for Bankruptcy as Coal's Role in U.S. Power Dwindles," *Washington Post*, October 29, 2019, https://www.washingtonpost.com/business/2019/10/29/coal-giant-murray-ene

rgy-files-bankruptcy-coals-role-us-power-dwindles/.

2　Pippa Stevens, "Exxon Mobil Replaced by a Software Stock After 92 Years in the Dow Is a 'Sign of the Times,'" CNBC, August 25, 2020, https://www.cnbc.com/2020/08/25/exxon-mobil-replaced-by-a-software-stock-after-92-years-in-the-dow-is-a-sign-of-the-times.html.

3　Reed Stevenson, "Tesla Overtakes Toyota as the World's Most Valuable Automaker," Bloomberg, July 1, 2020, https://www.bloomberg.com/news/articles/2020-07-01/tesla-overtakes-toyota-as-the-world-s-most-valuable-automaker?sref=q3MO9qbb.

4　Mike Murphy, "Beyond Meat Soars 163 Percent in Biggest-Popping U.S. IPO Since 2000," MarketWatch, May 5, 2019, https://www.marketwatch.com/story/beyond-meat-soars-163-in-biggest-popping-us-ipo-since-2000-2019-05-02.

5　Cary Funk and Brian Kennedy, "How Americans See Climate Change and the Environment in 7 Charts," Pew Research Center, April 21, 2020, https://www.pewresearch.org/fact-tank/2020/04/21/how-americans-see-climate-change-and-the-environment-in-7-charts/.

6　Matthew Ballew, Jennifer Marlon, John Kotcher, et al., "Climate Note: Young Adults, Across Party Lines, Are More Willing to Take Climate Action," Yale Program on Climate Change Communication, April 28, 2020, https://climatecommunication.yale.edu/publications/young-adults-climate-activism/.

7　Audrey Choi, "How Younger Investors Could Reshape the World," Morgan Stanley Wealth Management, January 24, 2018, https://www.morganstanley.com/access/why-millennial-investors-are-different.

8　"Amazon Sustainability," Amazon.com, accessed February 4, 2022, https://sustainability.aboutamazon.com/.

9　Tom Murray, "Apple, Ford, McDonald's and Microsoft Among This Summer's Climate Leaders," Environmental Defense Fund, August 10, 2020, https://www.edf.org/blog/2020/08/10/apple-ford-mcdonalds-and-microsoft-among-summers-climate-leaders.

10　"Microsoft Announces It Will Be Carbon Negative by 2030," Microsoft News Center, January 16, 2020, https://news.microsoft.com/2020/01/16/microsoft-announces-it-will-be-carbon-negative-by-2030/#:~:text=%E2%80%9CBy%202030%20Microsoft%20will%20be,it%20was%20founded%20in%201975.%E2%80%9D.

11 Heleen L. van Soest, Michel G. J. den Elzen, and Detlef P. van Vuuren, "Net-Zero Emission Targets for Major Emitting Countries Consistent with the Paris Agreement," *Nature Communications* 12(April 9, 2021): article 2140, https://www.nature.com/articles/s41467-021-22294-x.

12 *The Long-Term Strategy of the United States: Pathways to Net-Zero Greenhouse Gas Emissions by 2050*(Washington, DC: U.S. Department of State and U.S. Executive Office of the President, 2021), https://www.whitehouse.gov/wp-content/uploads/2021/10/US-Long-Term-Strategy.pdf.

13 "State Renewable Portfolio Standards and Goals," NCSL, August 13, 2021, https://www.ncsl.org/research/energy/renewable-portfolio-standards.aspx#:~:text=489%20.

14 "How did you go bankrupt?" "Two ways. Gradually and then suddenly," Quote Investigator, accessed February 4, 2022, https://quoteinvestigator.com/2018/08/06/bankrupt/

3장 l 모멘텀

1 Larry Fink's 2020 Letter to CEOs, BlackRock, https://www.blackrock.com/corporate/investor-relations/2020-larry-fink-ceo-letter.

2 David Solomon, "Goldman Sachs' Commercially Driven Plan for Sustainability," *Financial Times*, December 15, 2019, https://www.ft.com/content/ffd794c8-183a-11ea-b869-0971bffac109.

3 Marcie Frost, "How California's Pension Fund Is Confronting Climate Change," CalMatters, last modified December 17, 2019, https://calmatters.org/commentary/2019/12/pension-climate-change/.

4 Leslie Hook and Gillian Tett, "Hedge Fund TCI Vows to Punish Directors Over Climate Change," *Financial Times*, December 1, 2019, https://www.ft.com/content/dde5e4d4-140f-11ea-9ee4-11f260415385.

5 "We need to reach net zero emissions by 2050," Financing Roadmaps, accessed February 4, 2022, https://www.gfanzero.com/netzerofinancing.

2부 | 기후변화 솔루션

1 *Special Report: Global Warming of 1.5 °C*, IPCC, accessed February 4, 2022, https://www.ipcc.ch/sr15/.

2 Michelle Della Vigna, Zoe Stavrinou, and Alberto Gandolfi, "Carbonomics: Innovation, Deflation and Affordable De-carbonization," Goldman Sachs, October 13, 2020, https://www.goldmansachs.com/insights/pages/gs-research/carbonomics-innovation-deflation-and-affordable-de-carbonization/report.pdf.

3 "GDP (Current US$)," World Bank, accessed February 4, 2022, https://data.worldbank.org/indicator/NY.GDP.MKTP.CD.

4장 | 재생에너지

※ The Edison quote on the chapter-opening page is taken from Heather Rogers, "Reconsideration: Current Thinking," *New York Times*, June 3, 2007, https://www.nytimes.com/2007/06/03/magazine/03wwln-essay-t.html#:~:text=In%201931%2C%20not%20long%20before,out%20before%20we%20tackle%20that.%E2%80%9D.

1 Material in this section is sourced from Bruce Usher, *Renewable Energy: A Primer for the Twenty-First Century* (New York: Columbia University Press, 2019), chap. 5.

2 "How Does Solar Work?" Office of Energy Efficiency & Renewable Energy, accessed February 4, 2022, https://www.energy.gov/eere/solar/how-does-solar-work.

3 "The Nobel Prize in Physics 1921, Albert Einstein," Nobelprize.org, accessed February 4, 2022, https://www.nobelprize.org/nobel_prizes/physics/laureates/1921/.

4 Jeremy Hsu, "Vanguard 1, First Solar-Powered Satellite, Still Flying at 50," Space.com, March 18, 2008, https://www.space.com/5137-solar-powered-satellite-flying-50.html .

5 "Photovoltaic Energy Factsheet," Center for Sustainable Systems, University of Michigan, 2017, http://css.umich.edu/factsheets/photovoltaic-energy-factsheet.

6 Ramez Naam, "Smaller, Cheaper, Faster: Does Moore's Law Apply to Solar Cells?" *Scientific American*, March 16, 2011, https://blogs.scientificamerican.

com/guest-blog/smaller-cheaper-faster-does-moores-law-apply-to-solar-cells/.

7 Martin Schachinger, "Module Price Index," *PV Magazine*, last modified January 15, 2021, https://www.pv-magazine.com/module-price-index/.

8 A different solar technology, concentrated solar power (CSP), uses mirrors to concentrate the sun's rays. The heat is used to drive a steam-powered turbine to generate electricity. However, concentrated solar power has fallen out of favor because the cost of generating electricity from CSP is significantly higher than from PV, making it less competitive.

9 Annie Sneed, "Moore's Law Keeps Going, Defying Expectations," *Scientific American*, May 19, 2015, https://www.scientificamerican.com/article/moore-s-law-keeps-going-defying-expectations/.

10 "Sunny Uplands," Science & Technology, *The Economist*, November 21, 2012, https://www.economist.com/news/2012/11/21/sunny-uplands.

11 "International Technology Roadmap for Photovoltaic (ITRPV) 2020 Results," 12th ed., April 2021, https://www.vdma.org/international-technology-road map-photovoltaic.

12 "International Technology Roadmap for Photovoltaic (ITRPV) 2020 Results," 12 ed.

13 "Lazard's Levelized Cost of Energy Analysis — Version 14.0," Lazard, October 2020, https://www.lazard.com/media/451419/lazards-levelized-cost-of-energy-version-140.pdf.

14 Billy Ludt, "What Is a Solar Tracker and How Does It Work?" Solar Power World, January 16, 2020, https://www.solarpowerworldonline.com/2020/01/what-is-a-solar-tracker-and-how-does-it-work/.

15 "Bifacial Solar Advances with the Times — and the Sun," NREL, accessed February 4, 2022, https://www.nrel.gov/news/features/2020/bifacial-solar-advances-with-the-times-and-the-sun.html.

16 "Solar Industry Research Data," SEIA, accessed February 4, 2022, http://www.seia.org/research-resources/solar-industry-data.

17 "WoodMac Expects Up to 25 Percent Drop in Solar Costs This Decade," Renewables Now, January 21, 2021, https://renewablesnow.com/news/woodmac-expects-up-to-25-drop-in-solar-costs-this-decade-728679/.

18 Andrew Z. P. Smith, "Fact Checking Elon Musk's Blue Square: How Much Solar

to Power the US?" UCL Energy Institute blog, May 21, 2015, https://blogs. ucl.ac.uk/energy/2015/05/21/fact-checking-elon-musks-blue-square-how-much -solar-to-power-the-us/.

19 "News Release: NREL Raises Rooftop Photovoltaic Technical Potential Estimate," NREL, March 24, 2016, https://www.nrel.gov/news/press/2016/ 24662.html.

20 *The Energy Outlook*, 2020 ed., BP, https://www.bp.com/content/dam/bp/ business-sites/en/global/corporate/pdfs/energy-economics/energy-outlook/bp-energy-outlook-2020.pdf.

21 "Amazon Becomes World's Largest Corporate Purchaser of Renewable Energy, Advancing Its Climate Pledge Commitment to Be Net-Zero Carbon by 2040," BusinessWire, December 10, 2020, https://www.businesswire.com/news/ home/20201210005304/en/Amazon-Becomes-World%E2%80%99s-Largest-Corp orate-Purchaser-of-Renewable-Energy-Advancing-its-Climate-Pledge-Commitme nt-to-be-Net-zero-Carbon-by-2040#:~:text=%E2%80%9CWith%20a%20total%20o f%20127,our%20original%20target%20of%202030.

22 Emma Foehringer Merchant, "California's Rooftop Solar Mandate Hits Snag with Housing Market Set for Slowdown," GTM: A Wood Mackenzie Business, July 22, 2020, https://www.greentechmedia.com/articles/read/will-the-coronavirus-slow-californias-solar-home-requirement.

23 Jon Moore and Seb Henbest, "New Energy Outlook 2020," BloombergNEF, October 2020, https://assets.bbhub.io/professional/sites/24/928908_NEO2020-Executive-Summary.pdf.

24 Material in this section is sourced from Usher, *Renewable Energy*, chap. 4.

25 "An Industry First: Haliade-X Offshore Wind Turbine," GE Renewable Energy, accessed February 4, 2022, https://www.ge.com/renewableenergy/wind-energy/ offshore-wind/haliade-x-offshore-turbine.

26 "Lazard's Levelized Cost of Energy Analysis—Version 15.0," Lazard, October 2021, https://www.lazard.com/media/451905/lazards-levelized-cost-of-energy-version-150-vf.pdf.

27 "Wind Explained: Electricity Generation from Wind," EIA, last modified March 17, 2021, https://www.eia.gov/energyexplained/wind/electricity-generation-from-wind.php.

28 "Wind Energy Basics," NYSERDA, accessed February 4, 2022, https://www. nyserda.ny.gov/-/media/Files/Publications/Research/Biomass-Solar-Wind/NY-Wind-Energy-Guide-1.pdf.

29 Jan Dell and Matthew Klippenstein, "Wind Power Could Blow Past Hydro's Capacity Factor by 2020," GTM: A Wood Mackenzie Business, February 8, 2017, https://www.greentechmedia.com/articles/read/wind-power-could-blow-past-hydros-capacity-factor-by-2020.

30 Jason Finkelstein, David Frankel, and Jesse Noffsinger, "How to Decarbonize Global Power Systems," McKinsey & Company, May 19, 2020, https://www. mckinsey.com/industries/electric-power-and-natural-gas/our-insights/how-to-d ecarbonize-global-power-systems.

31 Graeme R. G. Hoste, Michael J. Dvorak, and Mark Z. Jacobson, "Matching Hourly and Peak Demand by Combining Different Renewable Energy Sources: A Case Study for California in 2020," Stanford University, Department of Civil and Environmental Engineering, accessed February 4, 2022, https://web. stanford.edu/group/efmh/jacobson/Articles/I/CombiningRenew/HosteFinalDraft.

32 Justin Gerdes, "California's Wind Market Has All But Died Out. Could Grid Services Revenue Help?" GTM: A Wood Mackenzie Business, March 30, 2020, https://www.greentechmedia.com/articles/read/justin-california.

33 "Wind Turbines," U.S. Fish & Wildlife Services, last modified April 18, 2018, https://www.fws.gov/birds/bird-enthusiasts/threats-to-birds/collisions/wind-tur bines.php.

34 "Cats Indoors," American Bird Conservancy, accessed February 4, 2022, https://abcbirds.org/program/cats-indoors/cats-and-birds/.

35 National Audubon Society, "Climate: Wind Power and Birds," July 21, 2020, https://www.audubon.org/news/wind-power-and-birds.

36 Jason Samenow, "Blowing Hard: The Windiest Time of Year," *Washington Post*, March 31, 2016, https://www.washingtonpost.com/news/capital-weather-gang/ wp/2014/03/26/what-are-the-windiest-states-and-cities-what-is-d-c-s-windiest-m onth/?utm_term=.4ac52623e129.

37 "Offshore Wind Outlook 2019," IEA, November 2019, https://www.iea.org/ reports/offshore-wind-outlook-2019.

38 "An Industry First," GE Renewable Energy.

39 "Block Island Wind Farm," Power Technology, December 30, 2016, https://www.power-technology.com/projects/block-island-wind-farm/.

40 "Offshore Wind Projects," New York State ERDA, November 19, 2021, https://www.nyserda.ny.gov/All-Programs/Programs/Offshore-Wind/Focus-Areas/NY-Offshore-Wind-Projects.

41 "Levelized Cost of Energy, Levelized Cost of Storage, and Levelized Cost of Hydrogen 2020," Lazard, October 19, 2020, https://www.lazard.com/perspective/levelized-cost-of-energy-and-levelized-cost-of-storage-2020/.

42 "Governor Cuomo Announces Finalized Contracts for Empire Wind and Sunrise Wind Offshore Wind Projects to Deliver Nearly 1,700 Megawatts of Clean and Affordable Renewable Energy to New Yorkers," New York State ERDA, November 19, 2021, https://www.nyserda.ny.gov/About/Newsroom/2019-Announcements/2019-10-23-GovernorCuomo-Announces-Finalized-Contracts-for-Empire-Wind-and-Sunrise-Wind-Offshore-Wind-Projects.

43 Eric Paya and Aaron Zigeng Du, "The Frontier Between Fixed and Floating Foundations in Offshore Wind," Empire Engineering, October 19, 2020, https://www.empireengineering.co.uk/the-frontier-between-fixed-and-floating-foundations-in-offshore-wind/.

44 Sarah McFarlane, "Floating Wind Turbines Buoy Hopes of Expanding Renewable Energy," The Future of Everything: Energy & Climate, Wall Street Journal, February 6, 2021, https://www.wsj.com/articles/floating-wind-turbines-buoy-hopes-of-expanding-renewable-energy-11612623702?mod=article_inline.

45 McFarlane, "Floating Wind Turbines."

46 McFarlane, "Floating Wind Turbines."

47 Moore and Henbest, "New Energy Outlook 2020."

48 Gregory Meyer, "Offshore Wind Power Project Moves Ahead Under Biden," Financial Times, March 8, 2021, https://www.ft.com/content/923de0ae-b72e-4106-9688-c549b6bb1690.

49 "FAQ: How Old Are U.S. Nuclear Power Plants, and When Was the Newest One Built?" EIA, last modified December 29, 2020, https://www.eia.gov/tools/faqs/faq.php?id=228&t=21#:~:text=The%20newest%20reactor%20to%20enter,nuclear%20reactors%20for%2040%20years.

50 Julian Spector, "Sole US Nuclear Plant Under Construction Plods on Despite

Virus Infections," GTM: A Wood Mackenzie Business, April 30, 2020, https://www.greentechmedia.com/articles/read/covid-19-impacted-productivity-of-vogtle-nuclear-plant-construction.

51 "Lazard's Levelized Cost of Energy Analysis — Version 14.0," Lazard.

52 "Annual Energy Outlook 2020, with Projections to 2050," EIA, January 29, 2020, https://www.eia.gov/outlooks/aeo/pdf/AEO2020%20Full%20Report.pdf.

53 Adrian Cho, "U.S. Department of Energy Rushes to Build Advanced Nuclear Reactors," News, *Science*, May 20, 2020, https://www.sciencemag.org/news/2020/05/us-department-energy-rushes-build-advanced-new-nuclear-reactors.

54 Catherine Clifford, "Bill Gates: Nuclear Power Will 'Absolutely' Be Politically Acceptable Again — It's Safer than Oil, Coal, Natural Gas," CNBC, February 25, 2021, https://www.cnbc.com/2021/02/25/bill-gates-nuclear-power-will-absolutely-be-politically-acceptable.html.

55 "A Cost-Competitive Nuclear Power Solution," Nuscale, 2021, https://www.nuscalepower.com/benefits/cost-competitive#:~:text=The%20first%20module%20will%20be,new%20frontier%20of%20clean%20energy.

56 "Levelized Costs of New Generation Resources in the *Annual Energy Outlook 2021*," EIA, February 2021, https://www.eia.gov/outlooks/aeo/pdf/electricity_generation.pdf.

57 Daniel Michaels, "Mini Nuclear Reactors Offer Promise of Cheaper, Clean Power," The Future of Everything: Energy & Climate, *Wall Street Journal*, last modified February 11, 2021, https://www.wsj.com/articles/mini-nuclear-reactors-offer-promise-of-cheaper-clean-power-11613055608?&mod=article_inline.

58 Stephen Lacey, "Investors Funnel $1.3 Billion Into the Advanced Nuclear Industry," GTM: A Wood Mackenzie Business, June 17, 2015, https://www.greentechmedia.com/articles/read/investors-pour-1-3-billion-into-the-advanced-nuclear-industry.

59 "Advanced Nuclear Energy Projects Loan Guarantees," U.S. Department of Energy, Loan Programs Office, accessed February 4, 2022, https://www.energy.gov/lpo/advanced-nuclear-energy-projects-loan-guarantees.

60 "Bill Gates: Chairman of the Board," TerraPower, accessed February 4, 2022, https://www.terrapower.com/people/bill-gates/.

61 "Electricity Explained: Electricity in the United States," EIA, last modified March

18, 2021, https://www.eia.gov/energyexplained/electricity/electricity-in-the-us.
php.

62   Kelly Pickerel, "Utility-Scale Solar Makes Up Nearly 30% of New U.S. Electricity
Generation in 2020," Solar Power World, February 9, 2021, https://www.
solarpowerworldonline.com/2021/02/utility-scale-solar-makes-up-nearly-30-of-
new-u-s-electricity-generation-in-2020/#:~:text=Webinars%20%2F%20Digital%2
0Events-,Utility%2Dscale%20solar%20makes%20up%20nearly%2030%25%20of%
20new%20U.S.,78%25%20of%202020%20electricity%20additions.

63   Julia Gheorghiu and Dive Brieff: "El Paso Electric Sees Record Low Solar Prices
as It Secures New Mexico Project Approvals," Utility Dive, May 18, 2020,
https://www.utilitydive.com/news/el-paso-electric-sees-record-low-solar-prices
-as-it-secures-new-mexico-proj/578113/.

64   "Lazard's Levelized Cost of Energy Analysis—Version 14.0," Lazard.

65   Geoffrey Heal, "Economic Aspects of the Energy Transition," NBER, September
2020, https://www.nber.org/papers/w27766.

66   Katherine Walla, "The World Is About to Embark on a Big Energy Transition.
Here's What It Could Look Like," Atlantic Council, January 19, 2021, https://
www.atlanticcouncil.org/blogs/new-atlanticist/the-world-is-about-to-embark-o
n-a-big-energy-transition-heres-what-it-could-look-like/.

67   Bill Bostock, "The UK Has Gone 2 Months Without Burning Coal, the longest
Period Since the Dawn of the Industrial Revolution," Business Insider, June 13,
2020, https://www.businessinsider.com/britain-no-coal-burning-first-time-since-
industrial-revolution-2020-6.

68   U.S. Energy Information Administration, *Electric Power Annual*, October 2021,
https://www.eia.gov/electricity/annual/pdf/epa.pdf.

69   Fred Pearce, "As Investors and Insurers Turn Away, the Economics of Coal Turn
Toxic," Yale Environment 360, March 10, 2020, https://e360.yale.edu/features/
as-investors-and-insurers-back-away-the-economics-of-coal-turn-toxic.

70   Valerie Volcovici, "Murray Energy Files for Bankruptcy as U.S. Coal Decline
Continues," Reuters, October 29, 2019, https://www.reuters.com/article/us-
usa-coal-bankruptcy/murray-energy-files-for-bankruptcy-as-u-s-coal-decline-co
ntinues-idUSKBN1X81SB.

71   Climate Solutions/Energy Solutions: "Natural Gas," C2ES, Center for Climate and

Energy Solutions, accessed February 4, 2022, https://www.c2es.org/content/natural-gas/.

72 "Lazard's Levelized Cost of Energy Analysis—Version 14.0," Lazard.

73 "Electricity Explained," EIA.

74 Dennis Wamsted, "IEEFA U.S.: Utilities Are Now Skipping the Gas 'Bridge' in Transition from Coal to Renewables," Institute for Energy Economics and Financial Analysis(IEEFA), July 1, 2020, https://ieefa.org/ieefa-u-s-utilities-are-now-skipping-the-gas-bridge-in-transition-from-coal-to-renewables/.

75 Dennis Wamsted, "IEEFA U.S."

76 "Electricity Explained," EIA.

77 "Annual Energy Outlook 2021, with Projections to 2050," EIA, February 2021, https://www.eia.gov/outlooks/aeo/pdf/AEO_Narrative_2021.pdf.

78 IEA, *Geothermal Power*(Paris: IEA, 2021), https://www.iea.org/reports/geothermal.

79 "Global Energy Perspective 2021," McKinsey & Company, January 2021, https://www.mckinsey.com/~/media/McKinsey/Industries/Oil%20and%20Gas/Our%20Insights/Global%20Energy%20Perspective%202021/Global-Energy-Perspective-2021-final.pdf.

80 *The Energy Outlook*, 2020 ed., BP.

81 Michelle Della Vigna, Zoe Stavrinou, and Alberto Gandolfi, "Carbonomics: The Green Engine of Economic Recovery," Goldman Sachs, Equity Research, June 16, 2020, https://www.goldmansachs.com/insights/pages/gs-research/carbonomics-green-engine-of-economic-recovery-f/report.pdf.

5장 | 전기차

※ Material in this chapter is sourced from Bruce Usher, *Renewable Energy: A Primer for the Twenty-First Century*(New York: Columbia University Press, 2019), chap. 8.

1 Robert L. Bradley Jr., "Electric Vehicles: As in 1896, the Wrong Way to Go," IER, October 19, 2010, http://instituteforenergyresearch.org/analysis/electric-vehicles-as-in-1896-the-wrong-way-to-go/.

2 RLF Attorneys, "Who Got America's First Speeding Ticket?" Rosenblum Law, June 20, 2016, http://newyorkspeedingfines.com/americas-speeding-ticket/.

3 Derek Markham, "This $10K Air-Powered Vehicle Could Be the Tiny Car to Go with Your Tiny House," Treehugger, last modified October 11, 2018, https://www.mnn.com/green-tech/transportation/blogs/porsches-long-buried-first-vehicle-was-an-electric-car-and-it-was.

4 "All Electric Vehicles," U.S. Department of Energy, accessed February 5, 2022, https://www.fueleconomy.gov/feg/evtech.shtml.

5 Dan Strohl, "Ford, Edison and the Cheap EV That Almost Was," *Wired*, June 18, 2010, https://www.wired.com/2010/06/henry-ford-thomas-edison-ev/.

6 Martin V. Melosi, "The Automobile and the Environment in American History," Automobile in American Life and Society, accessed February 5, 2022, http://www.autolife.umd.umich.edu/Environment/E_Overview/E_Overview3.htm.

7 Bob Casey, "Past Forward, Activating the Henry Ford Archive of Innovation," The Henry Ford, June 22, 2015, https://www.thehenryford.org/explore/blog/general-motors-ev1/.

8 Elon Musk, "The Secret Tesla Motors Master Plan (just between you and me)," Tesla, August 2, 2006, https://www.tesla.com/blog/secret-tesla-motors-master-plan-just-between-you-and-me.

9 Electric vehicles receive a miles-per-gallon *equivalent* rating for consumers to compare fuel efficiency against gasoline-powered vehicles.

10 Kim Reynolds, "2008 Tesla Roadster First Drive," *MotorTrend*, January 23, 2008, http://www.motortrend.com/cars/tesla/roadster/2008/2008-tesla-roadster/.

11 Bjorn Nykvist and Mans Nilsson, "Rapidly Falling Costs of Battery Packs for Electric Vehicles," *Nature Climate Change*, February 9, 2015, https://mediamanager.sei.org/documents/Publications/SEI-Nature-pre-pub-2015-falling-costs-battery-packs-BEVs.pdf.

12 "Federal Tax Credits for New All-Electric and Plug-in Hybrid Vehicles," U.S. Department of Energy, last modified November 3, 2021, https://www.fueleconomy.gov/feg/taxevb.shtml.

13 Rob Wile, "Credit Suisse Gives Point-by-Point Breakdown Why Tesla Is Better than Your Regular Car," Business Insider, August 14, 2014, http://www.businessinsider.com/credit-suisse-on-tesla-2014-8.

14 Leslie Shaffer, "JPMorgan Thinks the Electric Vehicle Revolution Will Create a Lot of Losers," CNBC, August 22, 2017, https://www.cnbc.com/2017/08/22/

jpmorgan-thinks-the-electric-vehicle-revolution-will-create-a-lot-of-losers.html.

15 Steven Szakaly and Patrick Manzi, "Nada Data 2015," Nada, accessed February 5, 2022, https://www.nada.org/WorkArea/DownloadAsset.aspx?id=21474839497.

16 Dana Hull, "Tesla Said It Received Over 325,000 Model 3 Reservations," Bloomberg, April 7, 2016, https://www.bloomberg.com/news/articles/2016-04-07/tesla-says-model-3-pre-orders-surge-to-325-000-in-first-week?sref=3rbSWFkc.

17 "Global Top 20—December 2020," EV Sales, February 2, 2021, http://ev-sales.blogspot.com/2021/02/global-top-20-december-2020.html.

18 Peter Campbell, "Electric Car Rivals Revved Up to Challenge Tesla," *Financial Times*, September 21, 2018, https://www.ft.com/content/3f5ded00-bd7d-11e8-8274-55b72926558f.

19 Srikant Inampudi, Nicolaas Kramer, Inga Maurer, and Virginia Simmons, "As Dramatic Disruption Comes to Automotive Showrooms, Proactive Dealers Can Benefit Greatly," McKinsey & Company, January 23, 2019, https://www.mckinsey.com/industries/automotive-and-assembly/our-insights/as-dramatic-disruption-comes-to-automotive-showrooms-proactive-dealers-can-benefit-greatly.

20 Steven Loveday, "US EV Sales Hit All-Time High in Q4 2021: Tesla Leads w/72% Share," InsideEVs, February 24, 2022, https://insideevs.com/news/569711/tesla-leads-ev-sales-surge/.

21 24/7 Wall St., "How Many Gas Stations Are in U.S.? How Many Will There Be in 10 Years?" MarketWatch, February 16, 2020, https://www.marketwatch.com/story/how-many-gas-stations-are-in-us-how-many-will-there-be-in-10-years-2020-02-16.

22 Tina Bellon and Paul Lienert, "Change Suite: Factbox: Five Facts on the State of the U.S. Electric Vehicle Charging Network," Reuters, September 1, 2021, https://www.reuters.com/world/us/five-facts-state-us-electric-vehicle-charging-network-2021-09-01/#:~:text=The%20United%20States%20currently%20has,U.S.%20Department%20of%20Energy%20data.

23 Rebecca Lindland, "How Long Does It Take to Charge an Electric Car?" J. D. Power, March 26, 2020, https://www.jdpower.com/cars/shopping-guides/how-long-does-it-take-to-charge-an-electric-car.

24 "Battery Pack Prices Cited Below $100/kWh for the First Time in 2020, While Market Average Sits at $137/kWh," BloombergNEF, December 16, 2020,

https://about.bnef.com/blog/battery-pack-prices-cited-below-100-kwh-for-the-f
irst-time-in-2020-while-market-average-sits-at-137-kwh/.

25 Akshat Rathii, "The Magic Number That Unlocks the Electric Car Revolution,"
Bloomberg News, September 22, 2020, https://www.bloomberg.com/news/
articles/2020-09-22/elon-musk-s-battery-day-could-reveal-very-cheap-batteries.

26 Jack Ewing and Ivan Penn, "The Auto Industry Bets Its Future on Batteries,"
New York Times, last modified May 4, 2021, https://www.nytimes.com/2021/
02/16/business/energy-environment/electric-car-batteries-investment.html?actio
n=click&module=Well&pgtype=Homepage&section=Business.

27 Aarian Marshall, "The Intersection Between Self-Driving Cars and Electric Cars,"
Wired, July 13, 2020, https://www.wired.com/story/intersection-self-driving-
cars-electric/.

28 Neal E. Boudette and Coral Davenport, "G.M. Will Sell Only Zero-Emission
Vehicles by 2035," New York Times, last modified October 1, 2021, https://
www.nytimes.com/2021/01/28/business/gm-zero-emission-vehicles.html.

29 Akshat Rathi, "If Tesla Is the Apple of Electric Vehicles, Volkswagen Is Betting
It Can Be Samsung," Bloomberg Green, March 26, 2021, https://www.
bloomberg.com/news/articles/2021-03-16/if-tesla-is-the-apple-of-electric-vehicl
es-volkswagen-is-betting-it-can-be-samsung?sref=3rbSWFkc.

30 Jack Denton, "Forget Nio and XPeng. This company and Tesla will be the top
two electric-vehicle plays by 2025, says UBS," MarketWatch, March 13, 2021,
https://www.marketwatch.com/story/forget-nio-and-xpeng-this-company-and-t
esla-will-be-the-top-2-electric-vehicle-plays-by-2025-says-ubs-11615306959.

31 "Sources of Greenhouse Gas Emissions," EPA, accessed February 5, 2022,
https://www.epa.gov/ghgemissions/sources-greenhouse-gas-emissions#transp
ortation.

6장 | 에너지 저장

※ The quote in the chapter-opening image caption is taken from Brian Eckhouse
and David Stringer, "A Megabattery Boom Is Coming to Rescue Overloaded
Power Grids," Bloomberg Businessweek, January 22, 2021, https://www.
bloomberg.com/news/articles/2021-01-22/megabattery-boom-will-rescue-overl
oaded-power-grids?sref=3rbSWFkc.

1 Material in this chapter is sourced from Bruce Usher, *Renewable Energy: A Primer for the Twenty-First Century* (New York: Columbia University Press, 2019), chap. 10.

2 "What the Duck Curve Tells Us About Managing a Green Grid," California ISO, 2016, https://www.caiso.com/Documents/FlexibleResourcesHelpRenewables_FastFacts.pdf.

3 "Phase Out Peakers," Clean Energy Group, accessed February 5, 2022, https://www.cleanegroup.org/ceg-projects/phase-out-peakers/.

4 "Lazard's Levelized Cost of Energy Analysis—Version 14.0," Lazard, October 2020, https://www.lazard.com/media/451419/lazards-levelized-cost-of-energy-version-140.pdf.

5 Andrew Blakers Matthew Stocks, Bin Lu, and Cheng Cheng, "A Review of Pumped Hydro Energy Storage," *Progress in Energy* 3, no. 2 (March 25, 2021): 022003, https://iopscience.iop.org/article/10.1088/2516-1083/abeb5b.

6 "Packing Some Power," *The Economist*, March 3, 2012, http://www.economist.com/node/21548495?frsc=dg%7Ca.

7 "Lazard's Levelized Cost of Storage — Version 2.0," Lazard, December 2016, https://www.lazard.com/media/438042/lazard-levelized-cost-of-storage-v20.pdf.

8 Thomas Fisher, "Tesla Alone Could Double Global Demand for the Laptop Batteries It Uses," Reuters, September 4, 2013, https://www.reuters.com/article/idUS302095204320130905.

9 Adele Peters, "Inside Tesla's 100% Renewable Design for the Gigafactory," Fast Company, April 15, 2019, https://www.fastcompany.com/90334858/inside-teslas-100-renewable-design-for-the-Gigafactory.

10 Bruce Usher and Geoff Heal, "Architects of the Future? Tesla, Inc., Energy, Transportation, and the Climate," Columbia CaseWorks, August 11, 2020.

11 Micah S. Ziegler and Jessika E. Trancik, "Re-examining Rates of Lithium-Ion Battery Technology Improvement and Cost Decline," *Energy and Environmental Science* 4 (March 23, 2021), https://pubs.rsc.org/en/content/articlelanding/2021/EE/D0EE02681F#!divAbstract.

12 Phil LeBeau, "Tesla's Lead in Batteries Will Last Through Decade While GM Closes In," CNBC, March 10, 2021, https://www.cnbc.com/2021/03/10/teslas-lead-in-batteries-will-last-through-decade-while-gm-closes-in-.html.

13 Julian Spector, "Tesla Battery Day: Expect Battery Costs to Drop by Half Within 3 Years," GTM: A Wood Mackenzie Business, September 22, 2020, https://www. greentechmedia.com/articles/read/tesla-battery-day-cost-reduction-three-years.

14 Battery energy storage systems are characterized by rated power(MW) and energy storage capacity(MWh). For example, a 50 MW system for 4 hours has 200 MWh of electrical output.

15 "Vistra Brings World's Largest Utility-Scale Battery Energy Storage System Online," Cision: PR Newswire, January 26, 2021, https://www.prnewswire. com/news-releases/vistra-brings-worlds-largest-utility-scale-battery-energy-stora ge-system-online-301202027.html.

16 "Energy Storage Grand Challenge: Energy Storage Market Report," U.S. Department of Energy, December 2020, https://www.energy.gov/sites/prod/ files/2020/12/f81/Energy%20Storage%20Market%20Report%202020_0.pdf.

17 Zhao Liu, "The History of the Lithium-Ion Battery," ThermoFisher Scientific, October 11, 2019, https://www.thermofisher.com/blog/microscopy/the-history-of-the-lithium-ion-battery/.

18 "The Truck of the Future Is Here: All-Electric Ford F-150," Ford, May 19, 2021, https://media.ford.com/content/fordmedia/fna/us/en/news/2021/05/19/all-ele ctric-ford-f-150-lightning.html.

19 Isobel Asher Hamilton, "Tesla Is Letting California Solar Customers with Powerwalls Feed Their Energy Back into the Grid to Help Prevent Blackouts," Business Insider, July 23, 2021, https://www.businessinsider.com/tesla-powerwall-virtual-power-plant-california-grid-solar-energy-2021-7.

20. "2035 The Report," Goldman School of Public Policy, University of California Berkeley, June 2020, http://www.2035report.com/wp-content/uploads/2020/ 06/2035-Report.pdf?hsCtaTracking=8a85e9ea-4ed3-4ec0-b4c6-906934306ddb%7 Cc68c2ac2-1db0-4d1c-82a1-65ef4daaf6c1.

21 "Annual Energy Outlook 2020," EIA, accessed February 5, 2022, https:// www.eia.gov/outlooks/aeo/data/browser/#/?id=9-AEO2020&cases=ref2020&so urcekey=0.

7장 | 그린 수소

※ The quote on the chapter-opening page is taken from Christopher M. Matthews and Katherine Blunt, "Green Hydrogen Plant in Saudi Desert Aims to Amp Up Clean Power," *Wall Street Journal*, February 8, 2021, https://www.wsj.com/articles/green-hydrogen-plant-in-saudi-desert-aims-to-amp-up-clean-power-116 12807226.

1 "Path to Hydrogen: A Cost Perspective," Hydrogen Council, January 20, 2020, https://hydrogencouncil.com/wp-content/uploads/2020/01/Path-to-Hydrogen-Competitiveness_Full-Study-1.pdf.

2 "Green Hydrogen: The Next Transformational Driver of the Utilities Industry," Goldman Sachs, September 22, 2020, https://www.goldmansachs.com/insights/pages/gs-research/green-hydrogen/report.pdf.

3 Highlights compiled by Kimmie Skinner and Celine Yang, "Congressional Climate Camp #2: Federal Policies for High Emitting Sectors, EESI," EESI, February 26, 2021, https://www.eesi.org/briefings/view/022621camp.

4 "Airbus Reveals New Zero-Emission Concept Aircraft," Airbus, September 21, 2020, https://www.airbus.com/newsroom/press-releases/en/2020/09/airbus-reveals-new-zeroemission-concept-aircraft.html.

5 "Transitioning to Green Fertilizers in Agriculture: Outlook and Opportunities," University of Minnesota, ARPA-E Macroalgae Valorization Workshop, November 16, 2020, https://arpa-e.energy.gov/sites/default/files/Mon5%20Reese%20-%20 Transition%20to%20Green%20Fertilizer%20-%20ARPA-E%20Macroalgae%20Wor kshop%20FINAL.pdf.

6 Anmar Frangoul, "Sweden Will Soon Be Home to a Major Steel Factory Powered by the 'World's Largest Green Hydrogen Plant,'" *Sustainable Energy*, CNBC, February 25, 2021, https://www.cnbc.com/2021/02/25/steel-factory-to-be-powered -by-worlds-largest-green-hydrogen-plant.html.

7 Gerson Freitas Jr. and Chris Martin, "Cheap Wind Power Could Boost Green Hydrogen," Bloomberg Green, July 24, 2020, https://origin.www.bloomberg. com/news/articles/2020-07-23/cheap-wind-power-could-boost-green-hydrogen -morgan-stanley-says?cmpid=BBD072420_GREENDAILY&utm_medium=email& utm_source=newsletter&utm_term=200724&utm_campaign=greendaily&sref=q 3MO9qbb.

8 "Hydrogen Economy Outlook: Key Messages," BloombergNEF, March 30, 2020, https://data.bloomberglp.com/professional/sites/24/BNEF-Hydrogen-Economy

-Outlook-Key-Messages-30-Mar-2020.pdf.

9   John Parnell, "World's Largest Green Hydrogen Project Unveiled in Saudi Arabia," GTM: A Wood Mackenzie Business, July 7, 2020, https://www.greentechmedia.com/articles/read/us-firm-unveils-worlds-largest-green-hydrog en-project.

10 "Hydrogen: Beyond the Hype," S&P Global: Platts, accessed February 5, 2022, https://www.spglobal.com/platts/en/market-insights/topics/hydrogen.

11 Parnell, "World's Largest Green Hydrogen Project."

12 Andrew Moore, "Air Products Expects 'First-Mover' Advantage with Ambitious Saudi Arabia Hydrogen Project," S&P Global: Platts, September 30, 2020, https://www.spglobal.com/platts/en/market-insights/latest-news/electric-powe r/093020-air-products-expects-first-mover-advantage-with-ambitious-saudi-arabi a-hydrogen-project.

13 "Hydrogen Economy Outlook: Key Messages," BloombergNEF.

14 Blake Matich, "Global Hydrogen Project Pipeline Expected to Exceed $300 Billion by 2030," PV Magazine, February 18, 2021, https://www.pv-magazine.com/2021/02/18/global-hydrogen-project-pipeline-expected-to-exceed-300-billi on-by-2030/.

15 Matthews and Blunt, "Green Hydrogen Plant in Saudi Desert."

16 Michelle Della Vigna, Zoe Stavrinou, and Alberto Gandolfi, "Carbonomics: Innovation, Deflation and Affordable De-carbonization," Goldman Sachs, October 13, 2020, https://www.goldmansachs.com/insights/pages/gs-research/carbonomics-innovation-deflation-and-affordable-de-carbonization/report.pdf.

8장 | 탄소 제거

※ The quote in the chapter-opening image caption is taken from Myles McCormick, "Occidental Claims Green Push 'Does More than Tesla,'" Financial Times, January 18, 2021, https://www.ft.com/content/eb8236e0-abfc-4d82-b6ff-540d36c501e9.

1   Prof. Dr. Sabine Fuss and Prof. Jan Minx, "What the Paris Agreement Means," MCC: Common Economics Blog, March 8, 2018, https://blog.mcc-berlin.net/post/article/what-the-paris-agreement-means.html.

2   Vincent Gonzales, Alan Krupnik, and Lauren Dunlap, "Carbon Capture and

Storage 101," Resources for the Future, May 6, 2020, https://www.rff.org/publications/explainers/carbon-capture-and-storage-101/.

3 Krysta Biniek, Kimberly Henderson, Matt Rogers, and Gregory Santoni, "Driving CO_2Emissions to Zero (and Beyond) with Carbon Capture, Use, and Storage," McKinsey Quarterly, June 30, 2020, https://www.mckinsey.com/business-functions/sustainability/our-insights/driving-co2-emissions-to-zero-and-beyond-with-carbon-capture-use-and-storage.

4 Lawrence Irlam, "Global Costs of Carbon Capture and Storage," Global CCS Institute, June 2017, https://www.globalccsinstitute.com/archive/hub/publications/201688/global-ccs-cost-updatev4.pdf.

5 Biniek, Henderson, Rogers, and Santoni, "Driving CO_2 Emissions to Zero."

6 "The Tax Credit for Carbon Sequestration(Section 45Q)," Congressional Research Service, June 8, 2021, https://sgp.fas.org/crs/misc/IF11455.pdf.

7 "Valero and BlackRock Partner with Navigator to Announce Large-Scale Carbon Capture and Storage Project," BusinessWire, March 16, 2021, https://www.businesswire.com/news/home/20210316005599/en/.

8 K. G. Austin, J. S. Baker, B. L. Sohngen, et al., "The Economic Costs of Planting, Preserving, and Managing the World's Forests to Mitigate Climate Change," *Nature Communications 11*(2020), https://www.nature.com/articles/s41467-020-19578-z.pdf.

9 Analysis by David Shukman, "Brazil's Amazon: Deforestation 'Surges to 12-Year High,'" BBC News, November 30, 2020, https://www.bbc.com/news/world-latin-america-55130304.

10 "Forests and Climate Change," IUCN, February 2021, https://www.iucn.org/resources/issues-briefs/forests-and-climate-change#:~:text=Around%2025%25%20of%20global%20emissions,from%20deforestation%20and%20forest%20degradation.

11 "REDD+ Reducing Emissions from Deforestation and Forest Degradation," Food and Agriculture Organization of the United Nations, October 6, 2020, http://www.fao.org/redd/news/detail/en/c/1309984/.

12 Jonathan Shieber, "As the Western US Burns, a Forest Carbon Capture Monitoring Service Nabs Cash from Amazon & Bill Gates-Backed Fund," TechCrunch+, September 17, 2020, https://techcrunch.com/2020/09/17/as-the-

western-us-burns-a-forest-carbon-capture-monitoring-service-nabs-cash-from-a
mazon-bill-gates-backed-fund/?guccounter=1&guce_referrer=aHR0cHM6Ly93d
3cuZ29vZ2xlLmNvbS88&guce_referrer_sig=AQAAAIqTYtdQa8nqPLgSLkW77KD
zDxHdJ-ueNw7tqRydVU-muwCYGZ47SLKD58pFX1Buf1WvcA_BQgtn_b45EU7
D_79486Pokck6zaLZpTNS_d5X0Od_y_u69isQGeEmZcdazzT1bKyq3vqM9bzX1
c1-gMxKLFFBXTo66n7bGs1n2opg.

13 Ella Adlen and Cameron Hepburn, "10 Carbon Capture Methods Compared:
Costs, Scalability, Permanence, Cleanness," EnergyPost.eu, November 11, 2019,
https://energypost.eu/10-carbon-capture-methods-compared-costs-scalability-p
ermanence-cleanness/.

14 Biniek, Henderson, Rogers and Santoni, "Driving CO_2 Emissions to Zero."

15 Sean Silcoff, "B.C.'s Carbon Engineering Secures $68-Million to Commercialize
CO_2 Removal Technology," Globe and Mail, last modified March 22, 2019,
https://www.theglobeandmail.com/business/article-bcs-carbon-engineering-se
cures-68-million-to-commercialize-c0/.

16 The Chief Staff, "Carbon Engineering Doubles Capacity of Proposed U.S.
Facility," The Squamish Chief, September 24, 2019, https://www.squamishchief.
com/news/local-news/carbon-engineering-doubles-capacity-of-proposed-u-s-fa
cility-1.23956265.

17 Jeff Tolefson, "Sucking Carbon Dioxide from Air Is Cheaper than Scientists
Thought," News, Nature, June 7, 2018, https://www.nature.com/articles/d4158
6-018-05357-w.

18 J. Rogelj, D. Shindell, K. Jiang, et al., "Mitigation Pathways Compatible with
$1.5°C$ in the Context of Sustainable Development," in Global Warming of $1.5°C$.
An IPCC Special Report on the Impacts of Global Warming of $1.5°C$ Above
Pre-industrial Levels and Related Global Greenhouse Gas Emission Pathways, in
the Context of Strengthening the Global Response to the Threat of Climate
Change, Sustainable Development, and Efforts to Eradicate Poverty, ed. V.
Masson-Delmotte, P. Zhai, H.-O. Pörtner, et al. (IPCC, 2018), https://www.
ipcc.ch/sr15/chapter/chapter-2/.

19 "Elon Musk to Offer $100 Million Prize for 'Best' Carbon Capture Tech," Reuters,
January 22, 2021, https://www.nbcnews.com/science/environment/elon-musk-
offer-100-million-prize-best-carbon-capture-tech-rcna234.

20 "$100 Million Prize for Carbon Removal," XPrize, accessed February 5, 2022, https://www.xprize.org/prizes/elonmusk.

9장 | 함께 더 나아지기

※ The quote in the chapter-opening image caption is taken from "The Future of Energy: The End of the Oil Age," *The Economist*, October 25, 2003, https://www.economist.com/leaders/2003/10/23/the-end-of-the-oil-age.

1 Benoit Faucon and Summer Said, "Sheikh Yamani, Mastermind of Saudi Oil Supremacy, Dies at 90," *Wall Street Journal*, last modified February 23, 2021, https://www.wsj.com/articles/sheikh-yamani-who-led-saudi-arabias-rise-to-oil-supremacy-dies-at-90-11614066753.

2 Simon Evans, "Analysis: World Has Already Passed 'Peak Oil,' BP Figures Reveal," CarbonBrief, September 15, 2020, https://www.carbonbrief.org/analysis-world-has-already-passed-peak-oil-bp-figures-reveal.

3 Brad Plumer, "Electric Cars Are Coming, and Fast. Is the Nation's Grid Up to It?" *New York Times*, January 29, 2021, https://www.nytimes.com/2021/01/29/climate/gm-electric-cars-power-grid.html.

4 "Hydrogen Economy Outlook: Key Messages," BloombergNEF, March 30, 2020, https://data.bloomberglp.com/professional/sites/24/BNEF-Hydrogen-Economy-OutlookKey-Messages-30-Mar-2020.pdf.

5 Simon Evans, "Direct CO2 Capture Machines Could Use 'a Quarter of Global Energy' in 2100," CarbonBrief, July 22, 2019, https://www.carbonbrief.org/direct-co2-capture-machines-could-use-quarter-global-energy-in-2100.

6 "Table of Solutions," Project Drawdown, accessed February 5, 2022, https://drawdown.org/solutions/table-of-solutions.

7 "We will make electricity so cheap that only the rich will burn candles," Quote Investigator, accessed February 5, 2022, https://quoteinvestigator.com/2012/04/10/rich-burn-candles/#:~:text=Edison%20is%20reported%20to%20have,the%20rich%20will%20burn%20candles.%E2%80%9D.

8 "Net Zero by 2050 Scenario," IEA, last modified May 2021, https://www.iea.org/data-and-statistics/data-product/net-zero-by-2050-scenario#overview.

9 "Fast Facts on Transportation Greenhouse Gas Emissions," EPA, accessed February 5, 2022, https://www.epa.gov/greenvehicles/fast-facts-transportation-

greenhouse-gas-emissions.

10 "Net Zero by 2050 Scenario," IEA.

11 William F. Lamb, Thomas Wiedmann, Julia Pongratz, et al., "A Review of Trends and Drivers of Greenhouse Gas Emissions by Sector from 1990 to 2018," *Environmental Research Letters* 16, no. 7 (2021): 073005, https://iopscience. iop.org/article/10.1088/1748-9326/abee4e.

12 Michelle Della Vigna, Zoe Stavrinou, and Alberto Gandolfi, "Carbonomics: Innovation, Deflation and Affordable De-carbonization," Goldman Sachs, October 13, 2020, https://www.goldmansachs.com/insights/pages/gs-research/ carbonomics-innovation-deflation-and-affordable-de-carbonization/report.pdf.

3부 | 투자 전략

10장 | 리스크 경감

※ The statistic about Hurricane Katrina in the chapter-opening image caption comes from Stephanie K. Jones, "Hurricane Katrina, the Numbers Tell Their Own Story," *Insurance Journal*, August 26, 2015, https://www.insurancejournal. com/news/southcentral/2015/08/26/379650.htm.

1 Munich Re, "Insurance gap: Extreme Weather Risks," website accessed February 24, 2022, https://www.munichre.com/en/risks/extreme-weather.html.

2 Mark Carney, "Breaking the Tragedy of the Horizon—Climate Change and Financial Stability," BIS, September 29, 2015, https://www.bis.org/review/ r151009a.pdf.

3 Carney, "Breaking the Tragedy."

4 Carney, "Breaking the Tragedy."

5 IPCC Sixth Assessment Report, https://www.ipcc.ch/assessment-report/ar6/.

6 Stephen Leahy, "'Off-the-Charts' Heat to Affect Millions in U.S. in Coming Decades," *National Geographic*, July 16, 2019, https://www.nationalgeographic. com/environment/article/extreme-heat-to-affect-millions-of-americans.

7 Jacob Fenston, "D.C. Averages a Week of 100-Degree Days. Climate Change Could Make That Two Months," WAMU, July 16, 2019, https://wamu.org story/ 19/07/16/d-c-averages-a-week-of-100-degree-days-climate-change-could-make-

that-two-months/.

8   Rebecca Lindsey, "Climate Change: Global Sea Level," NOAA/Climate.gov, last modified October 7, 2021, https://www.climate.gov/news-features/understanding -climate/climate-change-global-sea-level.

9   William Sweet and John Marra, "Understanding Climate: Billy Sweet and John Marra Explain Nuisance Floods," NOAA/Climate.gov, last modified July 9, 2021, https://www.climate.gov/news-features/understanding-climate/understanding-climate-billy-sweet-and-john-marra-explain.

10 Carney, "Breaking the Tragedy."

11 Jonathan Woetzel, Dickon Pinner, Hamid Samandari, et al., "Will Mortgages and Markets Stay Afloat in Florida?" McKinsey Global Institute, April 27, 2020, https://www.mckinsey.com/business-functions/sustainability/our-insights/will-mortgages-and-markets-stay-afloat-in-florida.

12 Woetzel, Pinner, Samandari, et al. "Will Mortgages and Markets."

13 Zillow Research, "Ocean at the Door: More than 386,000 Homes at Risk of Coastal Flooding by 2050," Zillow, November 13, 2018, https://www.zillow.com/research/ocean-at-the-door-21931/.

14 "What Is the Inevitable Policy Response?" PRI, accessed February 7, 2022, https://www.unpri.org/inevitable-policy-response/what-is-the-inevitable-policy -response/4787.article.

15 Nadja Popovich, Livia Albeck-Ripka, and Kendra Pierre-Louis, "The Trump Administration Rolled Back More than 100 Environmental Rules. Here's the Full List," New York Times, last modified January 20, 2021, https://www.nytimes.com/interactive/2020/climate/trump-environment-rollbacks-list.html.

16 "Executive Order on Climate-Related Financial Risk," White House Briefing Room, May 20, 2021, https://www.whitehouse.gov/briefing-room/presidential-actions/2021/05/20/executive-order-on-climate-related-financial-risk/.

17 "Final Report: Recommendations of the Task Force on Climate-Related Financial Disclosures," TCFD, June 2017, https://assets.bbhub.io/company/sites/60/2020/10/FINAL-2017-TCFD-Report-11052018.pdf.

18 "Global Investors Driving Business Transition," Climate Action 100+, accessed February 7, 2022, https://www.climateaction100.org/.

19 "Task Force on Climate-Related Financial Disclosures: 2020 Status Report,"

TCFD, October 2020, https://assets.bbhub.io/company/sites/60/2020/09/2020-TCFD_Status-Report.pdf.

20. Giulia Christianson and Ariel Pinchot, "BlackRock Is Getting Serious About Climate Change. Is This a Turning Point for Investors?" World Resources Institute, January 27, 2020, https://www.wri.org/insights/blackrock-getting-serious-about-climate-changeturning-point-investors.

21 "An Update on the ISSB at COP26," IFRS, accessed February 7, 2022, https://www.ifrs.org/news-and-events/news/2021/11/An-update-on-the-ISSB-at-COP26/.

22 https://www.sec.gov/news/press-release/2022-46.

23 Larry Fink's 2021 Letter to CEOs, BlackRock, https://www.blackrock.com/us/individual/2021-larry-fink-ceo-letter.

24 Philipp Krueger, Zacharias Sautner, and Laura T. Starks, "The Importance of Climate Risks for Institutional Investors," SSRN, November 11, 2019, https://papers.ssrn.com/sol3/papers.cfm?abstract_id=3235190.

25 "Climate Science and Investing: Integrating Climate Science and Investing," AllianceBernstein & Columbia Climate School: The Earth Institute, 2021, https://www.alliancebernstein.com/corporate/en/corporate-responsibility/environmental-stewardship/columbia-partnership.html.

26 "Investing Lessons from Climate School: Class of 2021," AllianceBernstein, May 27, 2021, https://www.alliancebernstein.com/corporate/en/insights/esg-in-action/esg-in-action-investing-lessons-from-climate-school-class-of-2021.html.

27 Peter H. Diamandis, "Problems Are Goldmines," Diamandis.com, August 30, 2015, https://www.diamandis.com/blog/problems-are-goldmines.

11장 l 투자철회

※ The quote in the chapter-opening image caption is taken from Bill McKibben, "The Case for Fossil-Fuel Divestment: On the Road with the New Generation of College Activists Fighting for the Environment," Rolling Stone, February 22, 2013, https://www.rollingstone.com/politics/politics-news/the-case-for-fossil-fuel-divestment-100243/.

1 C. L. Brown and Omohundro Institute of Early American History & Culture, Moral Capital: Foundations of British Abolitionism(Chapel Hill: Omohundro Institute and University of North Carolina Press, 2006), 4.

2 Brycchan Carey and Geoffrey Gilbert Plank, eds., *Quakers and Abolition* (Champaign: University of Illinois Press, 2014), 30.

3 Carey and Plank, *Quakers and Abolition*, 3.

4 Adele Simmons, "Outside Opinion: Skeptics Were Wrong; South Africa Divestment Worked," *Chicago Tribune*, December 15, 2013, https://www. chicagotribune.com/business/ct-xpm-2013-12-15-ct-biz-1215-outside-opinion-2 0131215-story.html.

5 Simmons, "Outside Opinion."

6 Simmons, "Outside Opinion."

7 Simmons, "Outside Opinion."

8 Rebecca Leber, "Divestment Won't Hurt Big Oil, and That's OK," *New Republic*, May 20, 2015, https://newrepublic.com/article/121848/does-divestment-work.

9 McKibben, "Case for Fossil-Fuel Divestment."

10 McKibben, "Case for Fossil Fuel Divestment."

11 Hannah Ritchie and Max Roser, "CO_2 and Greenhouse Gas Emissions," Our World in Data, last modified August 2020, https://ourworldindata.org/co2-and-other-greenhouse-gas-emissions.

12 "Stanford to Divest from Coal Companies," Stanford Report, May 6, 2014, https://news.stanford.edu/news/2014/may/divest-coal-trustees-050714.html.

13 "Stanford to Divest from Coal Companies," Stanford Report.

14 Jeffrey Ball, "The Truth About Stanford's Coal Divestment," *New Republic*, May 22, 2014, https://newrepublic.com/article/117871/stanfords-coal-divestment-shows-environmental-hurdles-ahead.

15 Prof. Daniel R. Fischel, "Fossil Fuel Divestment: A Costly and Ineffective Investment Strategy," Compass Lexecon, accessed February 7, 2022, http://divestmentfacts.com/pdf/Fischel_Report.pdf.

16 Bradford Cornell, "The Divestment Penalty: Estimating the Costs of Fossil Fuel Divestment to Select University Endowments," SSRN, September 3, 2015, https://papers.ssrn.com/sol3/papers.cfm?abstract_id=2655603.

17 "Investment Return of 12.3 Percent Brings Yale Endowment Value to $29.4 Billion," Yale News, October 1, 2018, https://news.yale.edu/2018/10/01/investment-return-123-brings-yale-endowment-value-294-billion.

18 Amy Whyte, "Yale Activists Want Divestment. David Swensen Isn't Budging,"

Institutional Investor, February 21, 2020, https://www.institutionalinvestor. com/article/b1kftwb98pdn9q/Yale-Activists-Want-Divestment-David-Swensen-I sn-t-Budging.

19 Zach Schonfeld, "Stanford Pulls Its Coal Investments, but Why Haven't Other Divestment Movements Succeeded?" *Newsweek*, May 9, 2014, https://www. newsweek.com/many-ways-college-administrations-have-resisted-fossil-fuel-div estment-movement-250409;

Schonfeld, "Stanford Pulls Its Coal Investments"; Letter of Marc Fleurbaey, Chair, Princeton Sustainable Investment Initiative, Princeton University, May 1, 2015, https://cpucresources.princeton.edu/sites/cpucresources/files/reports/Report-o n-the-Princeton-Sustainable-Investment-Initiative-proposal.pdf.

20 Alan Livsey, "Lex in Depth: The $900bn Cost of Stranded Energy Assets," *Financial Times*, February 4, 2020, https://www.ft.com/content/95efca74-4299-11ea-a43a-c4b328d9061c.

21 Livsey, "Lex in Depth."

22 C. McGlade and P. Ekins, "The Geographical Distribution of Fossil Fuels Unused when Limiting Global Warming to 2 °C," *Nature* 517 (2015): 187–190, https://doi.org/10.1038/nature14016.

23 Livsey, "Lex in Depth."

24 Alicia Steiger, "Mother Nature Is Not Calling for Divestment," SLS, May 20, 2019, https://law.stanford.edu/2019/05/20/mother-nature-is-not-calling-for-divestment/.

25 Daniel R. Fischel, "The Feel-Good Folly of Fossil-Fuel Divestment," Opinion, *Wall Street Journal*, February 9, 2015, https://www.wsj.com/articles/daniel-r-fischel-the-feel-good-folly-of-fossil-fuel-divestment-1423527484;

Mike Gaworecki, "Fossil Fuel Industry Funds Study That Concludes Fossil Fuel Divestment Is a Bad Idea," DeSmog, February 11, 2015, https://www.desmogblog.com/2015/02/11/fossil-fuel-industry-funds-study-concludes-fossil-f uel-divestment-bad-idea.

26 Arjan Trinks, Bert Scholtens, and Machiel Mulder, "Fossil Fuel Divestment and Portfolio Performance," ResearchGate, April 2018, https://www.researchgate. net/publication/324140601_Fossil_Fuel_Divestment_and_Portfolio_Performance.

27 Jeremy Grantham, "The Mythical Peril of Divesting from Fossil Fuels," Commentary, Grantham Research Institute, June 13, 2018, http://www.lse.ac.

uk/GranthamInstitute/news/the-mythical-peril-of-divesting-from-fossil-fuels/.

28 "UC's Investment Portfolios Fossil Free; Clean Energy Investments Top $1 Billion," University of California Office of the President, May 19, 2020, https:// www.universityofcalifornia.edu/press-room/uc-s-investment-portfolios-fossil-fr ee-clean-energy-investments-top-1-billion.

29 "Letter from President Paxson: Brown's Actions on Climate Change," News, Brown University, March 4, 2020, https://www.brown.edu/news/2020-03-04/ climate.

30 "Relevant Investment Policies," Columbia Finance, accessed February 7, 2022, https://www.finance.columbia.edu/content/relevant-investment-policies.

31 Jasper G. Goodman and Kelsey J. Griffin, "Harvard Will Move to Divest Its Endowment from Fossil Fuels," *Harvard Crimson*, September 10, 2021, https://www.thecrimson.com/article/2021/9/10/divest-declares-victory/.

32 "Fast Facts: Endowments," IES 〉NES, accessed February 7, 2022, https:// nces.ed.gov/fastfacts/display.asp?id=73.

33 "Pension Funds: Total Financial Assets, Level," Economic Research: FRED Economic Data, last modified September 23, 2021, https://fred.stlouisfed. org/series/BOGZ1FL594090005Q.

34 "New York City to Divest Pension Funds of Fossil Fuels," United Nations Climate Change, January 11, 2018, https://unfccc.int/news/new-york-city-to-divest-pension-funds-of-fossil-fuels.

35 Anne Barnard, "New York's $226 Billion Pension Fund Is Dropping Fossil Fuel Stocks," *New York Times*, last modified August 11, 2021, https://www. nytimes.com/2020/12/09/nyregion/new-york-pension-fossil-fuels.html.

36 "Commitments," Global Fossil Fuels Divestment Commitment Database, accessed February 7, 2022, https://divestmentdatabase.org/.

37 Patrick Jenkins, "Energy's Stranded Assets Are a Cause of Financial Stability Concern," *Financial Times*, March 2, 2020, https://www.ft.com/content/ 17b54f60-5ba5-11ea-8033-fa40a0d65a98.

38 "Coal 2019: Analysis and Forecasts to2024," IEA, December 2019, https://www. iea.org/reports/coal-2019.

39 "Innovation, Deflation and Affordable De-carbonization," Goldman Sachs Research, October 13, 2020, https://publishing.gs.com/content/research/en/

reports/2020/10/13/b6c26e3c-4556-41f9-81e3-c3b96bee5eb9.html.

40 Thomas Clarkson, *The History of the Rise, Progress, and Accomplishment of the Abolition of the African Slave-Trade by the British Parliament*, 2 vols.(London, 1808), 1: 262.

12장 | ESG 투자

※ The quote in the chapter-opening image caption is taken from Kofi Annan, "Kofi Annan's Address to World Economic Forum in Davos," February 1, 1999, https://www.un.org/sg/en/content/sg/speeches/1999-02-01/kofi-annans-address-world-economic-forum-davos.

1 "2018 Global Sustainable Investment Review," Global Sustainable Investment Alliance, accessed February 7, 2022, https://www.ussif.org/files/GSIR_Review 2018F.pdf.

2 *Who Cares Wins: Connecting Financial Markets to a Changing World*, The Global Compact, accessed February 7, 2022, https://www.unepfi.org/fileadmin/events/2004/stocks/who_cares_wins_global_compact_2004.pdf.

3 The author attended this meeting in 2005 and contributed to the *Who Cares Wins* report.

4 *Who Cares Wins*, The Global Compact.

5 "About the PRI," PRI, accessed February 7, 2022, https://www.unpri.org/pri/about-the-pri.

6 "About the PRI," PRI.

7 Lorenzo Saa, "PRI Milestone: 500 Asset Owner Members," Top 1000 Funds, January 30, 2020, https://www.top1000funds.com/2020/01/pri-milestone-500-asset-owner-members/.

8 Alice Ross, "Tackling Climate Change—An Investor's Guide", *Financial Times*, September 20, 2019, https://www.ft.com/content/fa7a4400-d940-11e9-8f9b-77216ebe1f17.

9 Sonal Mahida, "Fiduciary Duty Is Not an Obstacle to Addressing ESG," Intentional Endowments Network, The Crane Institute of Sustainability, accessed February 7, 2022, https://www.intentionalendowments.org/fiduciary_duty_is_not_an_obstacle_to_addressing_esg#_ftn4.

10 "Fact Sheet," U.S. Department of Labor, Employee Benefits Security

Administration, October 13, 2021, https://www.dol.gov/sites/dolgov/files/ EBSA/about-ebsa/our-activities/resource-center/fact-sheets/notice-of-proposed- rulemaking-on-prudence-and-loyalty-in-selecting-plan-investments-and-exercisi ng-shareholder-rights.pdf.

11 Robert G. Eccles and Svetlana Klimenko, "The Investor Revolution," *Harvard Business Review*, May–June 2019.

12 "Create a 1st-Class GRI Standards Sustainability Report ASAP," FBRH Con- sultants, accessed February 7, 2022, https://fbrh.co.uk/en/80-percent-of-the- world%E2%80%99s-250-largest-companies-report-according-to-gri#:~:text=The %20Global%20Reporting%20Initiative%20(GRI)%20is%20the%20gold%20standar d%20when,accordance%20with%20the%20GRI%20Standards.

13 Michael Cohn, "Former FASB Member Marc Siegel Joins SASB," *Accounting Today*, January 10, 2019, https://www.accountingtoday.com/news/former- fasb-board-member-marc-siegel-joins-sasb-to-set-sustainability-standards.

14 Gregory Unruh, David Kiron, Nina Kurschwitz, et al., "Investing for a Sustainable Future: Investors Care More About Sustainability than Many Executives Believe," *MIT Sloan Management Review*, May 11, 2016.

15 Vanessa Cuerel Burbano, "Social Responsibility Messages and Worker Wage Requirements: Field Experimental Evidence from Online Labor Marketplaces," ResearchGate, June 2016, https://www.researchgate.net/publication/304670971 _Social_Responsibility_Messages_and_Worker_Wage_Requirements_Field_Exp erimental_Evidence_from_Online_Labor_Marketplaces.

16 BusinessWire, "Nielsen: 50 Percent of Global Consumers Surveyed Willing to Pay More for Goods, Services from Socially-Responsible Companies, up from 2011," August 6, 2013.

17 Smruti Kulkarni and Arnaud Lefebvre, "How Can Sustainability Enhance Your Value Proposition," The Nielsen Company, 2018, https://www.nielsen.com/wp- content/uploads/sites/3/2019/05/sustainable-innovation-report.pdf.

18 Michael J. Hiscox and J. Hainmueller, "Buying Green? Field Experimental Tests of Consumer Support for Environmentalism," *Working Paper*, Harvard University, last modified October 18, 2017, https://scholar.harvard.edu/hiscox/ publications/buying-green-field-experimental-tests-consumer-support-environm entalism.

19 George Serafeim, "Integrated Reporting and Investor Clientele," *Journal of Applied Corporate Finance* 27, no. 2 (Spring 2015): 34–51, https://onlinelibrary.wiley.com/doi/10.1111/jacf.12116.

20 Ashish Lodh, "ESG and the Cost of Capital," MSCI Research, February 25, 2020, https://www.msci.com/www/blog-posts/esg-and-the-cost-of-capital/01726513589.

21 Amir Amel-Zadeh and George Serafeim, "Why and How Investors Use ESG Information: Evidence from a Global Survey," *Financial Analysts Journal* 74, no. 3 (2018): 87–103, https://www.tandfonline.com/doi/abs/10.2469/faj.v74.n3.2.

22 Tim Verheyden, Robert G. Eccles, and Andreas Feiner, "ESG for All? The Impact of ESG Screening on Return, Risk, and Diversification," *Journal of Applied Corporate Finance* 28, no. 2 (January 2016): 47–55, https://www.researchgate.net/publication/333244777_ESG_for_All_The_Impact_of_ESG_Screening_on_Return_Risk_and_Diversification.

23 "Sustainable Reality: Analyzing Risk and Returns of Sustainable Funds," Morgan Stanley, 2019, https://www.morganstanley.com/content/dam/msdotcom/ideas/sustainable-investing-offers-financial-performance-lowered-risk/Sustainable_Reality_Analyzing_Risk_and_Returns_of_Sustainable_Funds.pdf.

24. Alastair Marsh, "BlackRock Joins Allianz, Invesco Saying ESG Outperformed," Bloomberg Green, May 18, 2020, https://www.bloomberg.com/news/articles/2020-05-18/blackrock-joins-allianz-invesco-saying-esg-funds-outperformed?cmp id=BBD052020_GREENDAILY&utm_medium=email&utm_source=newsletter&utm_term=200520&utm_campaign=greendaily&sref=q3MO9qbb.

25 "Sustainable Reality," Morgan Stanley.

26 Ola Mahmoud and Julia Meyer, "The Anatomy of Sustainability," SSRN, May 1, 2020, https://ssrn.com/abstract=3597700.

27 "Global Sustainable Fund Flows Report," Morningstar, accessed February 7, 2022, https://www.morningstar.com/lp/global-esg-flows.

28 Mathieu Benhamou, Emily Chasan, and Saijel Kishan, "The Biggest ESG Funds Are Beating the Market," Bloomberg Green, January 29, 2020, https://www.bloomberg.com/graphics/2020-ten-funds-with-a-conscience/.

29 "ESG Integration and Analysis in the Americas," CFA Institute, 2018, https://www.cfainstitute.org/en/research/survey-reports/esg-integration-americas-survey-report.

30 Patrick Temple-West, "Impact Investing Creeps into the CLO Market," *Financial Times*, September 2, 2019, https://www.ft.com/content/14c8b0dc-cd5a-11e9-99a4-b5ded7a7fe3f.

31 Witold Henisz, Tim Koller, and Robin Nuttall, "Five Ways That ESG Creates Value," McKinsey Quarterly, November 2019, https://www.mckinsey.com/~/media/McKinsey/Business%20Functions/Strategy%20and%20Corporate%20Fina nce/Our%20Insights/Five%20ways%20that%20ESG%20creates%20value/Five-wa ys-that-ESG-creates-value.ashx.

32 Jess Shankelman, "Can Private Equity Giant Invest in Oil While Saving the Planet?" Bloomberg Green, June 24, 2020, https://www.bloomberg.com/news/articles/2020-06-24/can-a-private-equity-giant-invest-in-oil-while-saving-th e-planet.

33 "Proxy Voting and Shareholder Engagement," BlackRock, accessed February 7, 2022, https://www.blackrock.com/corporate/literature/fact-sheet/blk-responsible -investment-faq-global.pdf.

34 Ross Kerber, "United States: Shareholder Support for U.S. Climate Measures Hits Nearly 50 Percent—Report," Reuters, September 15, 2021, https://www.reuters. com/world/us/shareholder-support-us-climate-measures-hits-nearly-50-report-2 021-09-15/#:~:text=The%20paper%2C%20from%20Institutional%20Shareholder,t wo%20years%2C%20the%20report%20found.

35 Robert G. Eccles and Colin Mayer, "Can a Tiny Hedge Fund Push ExxonMobil Towards Sustainability?" *Harvard Business Review*, January 20, 2021, https://hbr. org/2021/01/can-a-tiny-hedge-fund-push-exxonmobile-towards-sustainability.

36 Saijel Kishan and Joe Carroll, "The Little Engine That Won an Environmental Victory Over Exxon," Bloomberg Businessweek, June 9, 2021, https://www. bloomberg.com/news/articles/2021-06-09/engine-no-1-proxy-campaign-against -exxon-xom-marks-win-for-esg-activists?sref=3rbSWFkc.

37 Alastair Marsh and Siajel Kishan, "Engine No. 1's Exxon Win Provides Boost for ESG Advocates," Bloomberg Green, May 27, 2021, https://www.bloomberg. com/news/articles/2021-05-27/engine-no-1-s-exxon-win-signals-turning-point-f or-esg-investors?sref=3rbSWFkc.

38 Aaron Yoon and Soohon Kim, "Analyzing Active Mutual Fund Managers' Commitment to ESG: Evidence from the United Nations Principles for

Responsible Investment," Northwestern Kellogg, 2020, https://www.kellogg. northwestern.edu/faculty/research/researchdetail?guid=c5358c04-9849-11ea-a7 6a-0242ac160003.

39 "Signatory Directory," PRI, accessed February 7, 2022, https://www.unpri. org/signatories/signatory-directory.

40 "What Is Powering the ESG Investment Surge?" Goldman Sachs, August 2, 2017, https://www.reuters.com/brandfeatures/goldman-sachs/what-is-powering-the-esg-investing-surge.

41 Robert G. Eccles and Svetlana Klimenko, "The Investor Revolution."

42 Shiva Rajgopal and Richard Foster, "ABCs of ESG," Breaking Views, Reuters, August 10, 2018, https://www.breakingviews.com/features/guest-view-esg-ratings-arent-reliable-enough/.

43 Steven Arons, "Deutsche Bank's DWS Slumps After U.S., Germany ESG Probe," Bloomberg, August 26, 2021, https://www.bloomberg.com/news/articles/2021-08-26/dws-shares-fall-after-u-s-opens-probe-on-sustainability-claims?sref=3rbS WFkc.

44 "About GRI," GRI, accessed February 7, 2022, https://www.globalreporting. org/information/about-gri/Pages/default.aspx.

45 Kelly Tang, "Indexology Blog: Carbon Emissions History of the S&P 500," S&P Dow Jones Indices, accessed February 7, 2022, https://www.indexologyblog. com/2018/01/31/carbon-emissions-history-of-the-sp-500-and-its-sectors/.

46 "S&P 500 Sales by Year," multpl, accessed February 7, 2022, https://www. multpl.com/s-p-500-sales/table/by-year.

47 Imogen Rose Smith, "David Blood and Al Gore Want to Reach the Next Generation," Institutional Investor, September 8, 2015, https://www. institutionalinvestor.com/article/b14z9wt9vk3ycy/david-blood-and-al-gore-wan t-to-reach-the-next-generation.

48 Owen Walker, "Al Gore: Sustainability Is History's Biggest Investment Opportunity," *Financial Times*, April 29, 2018, https://www.ft.com/content/ 1757dc40-486f-11e8-8ee8-cae73aab7ccb.

49 "2014 Social Enterprise Conference: Closing Keynote with Al Gore," Columbia Business School, The Social Enterprise Program, accessed February 7, 2022, https://www.youtube.com/watch?v=8aYJx2pfg34.

50 "Our Firm," Generation, https://www.generationim.com/our-firm/.

13장 | 테마적 임팩트 투자

※ The quote in the chapter-opening image caption is taken from "Impact Investing Goes Mainstream with DBL Partners' $400 Million Fund," MarketWatch, June 23, 2015, http://www.dblpartners.vc/2015/06/impact-investing-goes-mainstream-with-dbl-partners-400-million-fund/.

1 "7 Insights from Asset Owners on the Rise of Sustainable Investing," Institute for Sustainable Investing, Morgan Stanley, May 28, 2020, https://www.morganstanley.com/ideas/sustainability-investing-institutional-asset-owners.

2 Aneel G. Karnani, "Doing Well by Doing Good: The Grand Illusion," Ross School of Business Paper No. 1141, California Management Review, August 1, 2010, https://papers.ssrn.com/sol3/papers.cfm?abstract_id=1593009.

3 DBL Partners, "Bay Area Equity Fund 1," Palico, accessed February 7, 2022, https://www.palico.com/funds/bay-area-equity-fund-i/2a9b204c006a4aa996005875086ad99d.

4 DBL Partners, "Impact Investing Goes Mainstream with DBL Partners' $400 Million Fund," MarketWatch, June 23, 2015, http://www.dblpartners.vc/2015/06/impact-investing-goes-mainstream-with-dbl-partners-400-million-fund/; "SJF Ventures Closes Fourth Fund at $125 Million," SJF, December 15, 2016, https://sjfventures.com/sjf-ventures-closes-fourth-fund-at-125-million/.

5 Presentation by SJF in Columbia Business School Climate Finance course, February 2019.

6 Nancy E. Pfund and Lisa A. Hagerman, "Response to 'How Investors Can (and Can't) Create Social Value,'" Up for Debate, *Stanford Social Innovation Review*, December 8, 2016, https://ssir.org/up_for_debate/how_investors_can_and_cant_create_social_value/pfund_hagerman#;
Jessica Matthews and David Sternlicht(Cambridge Associates), Amit Bouri, Abhilash Mudaliar, and Hannah Schiff(Global Impact Investing Network), "Introducing the Impact Investing Benchmark," Global Impact Investing Network, 2015, https://thegiin.org/assets/documents/pub/Introducing_the_Impact_Investing_Benchmark.pdf.

7 Annual Impact Investor Survey," Global Impact Investing Network, June 19,

2019, https://thegiin.org/research/publication/impinv-survey-2019#charts.

8 "Committed to Lasting Impact," Bain Capital, accessed February 7, 2022, https://www.baincapital.com/about-us.

9 "Former Massachusetts Governor Deval L. Patrick Joins Bain Capital to Launch New Business Focused on Investments with Significant Social Impact," Bain Capital, April 13, 2015, https://www.baincapital.com/news/former-massachusetts -governor-deval-l-patrick-joins-bain-capital-launch-new-business-focused.

10 "Entrepreneurship: What We Know About Bain Capital's $390 Million Double Impact Fund," ImpactAlpha, July 19, 2017, https://impactalpha.com/what-we- know-about-bain-capitals-390-million-double-impact-fund-8dd4e0c90571/.

11 "TPG Launches Matrix Renewables with The Rise Fund's Acquisition of 1GW of Solar PV Projects from Trina Solar" [press release], The Rise Fund, July 1, 2020, https://therisefund.com/news/tpg-launches-matrix-renewables-rise-funds-acqui sition-1gw-solar-pv-projects-trina-solar.

12 "Global Impact: Leveraging More than 40 Years of Experience, KKR Global Impact Launched in 2018 to Invest in Solutions-Oriented Businesses," KKR, accessed February 7, 2022, https://www.kkr.com/businesses/global-impact.

13 "Our Impact," SJF, accessed February 7, 2022, https://sjfventures.com/impact/.

14 "World Energy Investment 2019," IEA, 2019, https://www.iea.org/reports/ world-energy-investment-2019/financing-and-funding-trends.

15 Jacob Kastrenakes, "Fisker Files for Chapter 11 Bankruptcy Protection Following Karma Electric Sports Car Flop," The Verge, November 23, 2013, https:// www.theverge.com/2013/11/23/5137856/fisker-automotive-files-chapter-11-ba nkruptcy-hybrid-technology-sale.

16 Dr. Maximilian Holland, "Tesla Passes 1 Million EV Milestone & Model 3 Becomes All Time Best Seller," CleanTechnica, March 10, 2020, https:// cleantechnica.com/2020/03/10/tesla-passes-1-million-ev-milestone-and-model- 3-becomes-all-time-best-seller/.

17 Colin McKerracher, Aleksandra O'Donovan, Nick Albanese, et al., "Electric Vehicle Outlook 2021," BloombergNEF, accessed February 7, 2022, https:// about.bnef.com/electric-vehicle-outlook/.

※ The quote on the chapter-opening page is taken from Bill Gates, "A New Model for Investing in Energy Innovation," GatesNotes, December 12, 2016, https://www.gatesnotes.com/Energy/Breakthrough-Energy-Ventures.

1 Brian L. Trelstad, "Impact Investing: A Brief History," Harvard Business School Faculty & Research, December 2016, https://www.hbs.edu/faculty/Pages/item.aspx?num=55902.

2 "Muhammad Yunus: Banker to the Poor(Part I)," excerpted from Dr. Denise Ames's book: *Human Rights: Towards a Global Values System*, The Center for Global Awareness, posted on May 3, 2016, https://thecenterforglobalaware ness.wordpress.com/2016/05/03/muhammad-yunus-banker-to-the-poor-part-i/.

3 Grameen Bank, accessed February 8, 2022, http://www.grameenbank.org.

4 "Acumen's Patient Capital Model Is a New Approach to Solving Poverty," Acumen, accessed February 8, 2022, https://acumen.org/about/patient-capital/.

5 "The Birth of Philanthrocapitalism," *The Economist*, February, 25, 2006, https://www.economist.com/special-report/2006/02/25/the-birth-of-philanthro capitalism.

6 Saadia Madsbjerg, "Bringing Scale to the Impact Investing Industry," The Rockefeller Foundation, August 15, 2018, https://www.rockefellerfoundation.org/blog/bringing-scale-impact-investing-industry/?doing_wp_cron=159499401 9.2125260829925537109375.

7 "Acumen Entrepreneurs Build Solutions to the Toughest Challenges Facing the Poor," Acumen, accessed February 8, 2022, https://acumen.org/investment/d-light.

8 Tayo Akinyemi, "The Delight of d.light Design," The Next Billion, accessed February 8, 2022, https://nextbillion.net/the-delight-of-d-light-design/.

9 "d.light design," Crunchbase, accessed February 8, 2022, https://www.crunchbase.com/organization/d-light-design#section-overview.

10 "Lighting the Way: Roadmaps to Exits in Off-Grid Energy," Acumen, 2019, https://acumen.org/wp-content/uploads/Acumen-Exits-Off-Grid-Energy-Report.pdf.

11 "Acumen Announces Nearly $70 Million Close of For-Profit Off-Grid Energy Fund Through Its Subsidiary Acumen Capital Partners," GlobeNewswire, April

17, 2019, https://www.globenewswire.com/news-release/2019/04/17/1805389/
0/en/Acumen-Announces-Nearly-70-Million-Close-of-For-Profit-Off-Grid-Energy
-Fund-through-its-subsidiary-Acumen-Capital-Partners.html.

12 "US Venture Capital Achieved Respectable Double-Digit Return in 2017,"
    Cambridge Associates, October 15, 2018, https://www.globenewswire.com/
    news-release/2018/10/15/1621269/0/en/US-Venture-Capital-Achieved-Respecta
    ble-Double-Digit-Return-in-2017.html.

13 "100 Million Lives Illuminated," Acumen, accessed February 8, 2022,
    https://acumen.org/dlight100m/.

14 "Charitable Giving Statistics," National Philanthropic Trust, accessed February 8,
    2022, https://www.nptrust.org/philanthropic-resources/charitable-giving-statistics/.

15 Kathleen Elkins, "Here's How Many People in America Qualify as Super Rich,"
    CNBC, September 13, 2018, https://www.cnbc.com/2018/09/12/wealth-x-
    heres-how-many-people-in-america-qualify-as-super-rich.html.

16 "SEC Adopts Rule Under Dodd-Frank Act Defining 'Family Offices,'" SEC, June
    22, 2011, https://www.sec.gov/news/press/2011/2011-134.htm.

17 "Acumen: The Ability to See the World as It Is, the Audacity to See the World as
    It Could Be," Acumen Partners, accessed February 8, 2022, https://acumen.
    org/wp-content/uploads/Acumen-Partner-One-Pager-Q4-2019.pdf.

18 Gates, "A New Model."

19 "Every Year, the World Adds 51 Billion Tons of Greenhouse Gases to the
    Atmosphere," Breakthrough Energy, accessed February 8, 2022, https://www.
    b-t.energy/ventures/.

20 Gates, "A New Model."

21 "Every Year, the World Adds," Breakthrough Energy.

22 Scott P. Burger, Fiona Murray, Sarah Kearney, and Liquian Ma, "The Investment
    Gap That Threatens the Planet," *Stanford Social Innovation Review* (Winter
    2018), https://primecoalition.org/wp-content/uploads/2017/12/Winter_2018_
    the_investment_gap_that_threatens_the_planet.pdf?x48191.

15장 | 재생에너지 프로젝트 ──────────────

※ The quote in the epigraph is from Evelyn Chang, "Warren Buffett Says He's Got a 'Big Appetite' for a Solar or Wind Project," CNBC, May 26, 2017, http://www.cnbc.com/2017/05/06/warren-buffett-says-hes-got-a-big-appetite-for-a-solar-or-wind-project.html.

1 "Geospatial Data Science," NREL, accessed February 8, 2022, https://www.nrel.gov/gis/solar.html.

2 Brian Kennedy and Cary Lynne Thigpen, "More U.S. Homeowners Say They Are Considering Home Solar Panels," Pew Research Center, December 17, 2019, https://www.pewresearch.org/fact-tank/2019/12/17/more-u-s-homeowners-say-they-are-considering-home-solar-panels/.

3 "Project Overview," Samson Solar, accessed February 8, 2022, https://samsonsolarenergycenter.com/#overview.

4 "Solar Market Insight Report 2020 Year in Review," SEIA, March 16, 2021, https://www.seia.org/research-resources/solar-market-insight-report-2020-year-review.

5 "Lease Rates for Solar Farms: How Valuable Is My Land?" SolarLandLease, accessed February 8, 2022, https://www.solarlandlease.com/lease-rates-for-solar-farms-how-valuable-is-my-land#:~:text=The%20most%20commonly%2Dasked%20question,%242%2C000%20per%20acre%2C%20per%20year.

6 Benjamin Mow, "STAT FAQs Part 2: Lifetime of PV Panels," State, Local & Tribal Governments, NREL, April 23, 2018, https://www.nrel.gov/state-local-tribal/blog/posts/stat-faqs-part2-lifetime-of-pv-panels.html#:~:text=NREL%20research%20has%20shown%20that,rate%20of%200.5%25%20per%20year.

7 "Solar Power Purchase Agreements," SEIA, accessed February 8, 2022, https://www.seia.org/research-resources/solar-power-purchase-agreements#:~:text=A%20solar%20power%20purchase%20agreement%20(PPA)%20is%20a%20financial%20agreement,at%20little%20to%20no%20cost.

8 "Solar Investment Tax Credit(ITC)," SEIA, accessed February 8, 2022, https://www.seia.org/initiatives/solar-investment-tax-credit-itc.

9 DSIRE Insight Team, "States Expanding Renewable and Clean Energy Standards,"

DSIREinsight, September 25, 2020, https://www.dsireinsight.com/blog/2020/9/25/states-expanding-renewable-and-clean-energy-standards.

10 "Renewable Portfolio Standard," State of New Jersey, Department of Environmental Protection, Air Quality, Energy & Sustainability, Office of Policy and Economic Standards, last modified February 16, 2017, https://www.tate.nj.us/dep/aqes/opea-renewable-portfolio.html.

11 James Chen, "Renewable Energy Certificate," Investopedia, last modified May 3, 2021, https://www.investopedia.com/terms/r/rec.asp.

12 Catherine Lane, "What Is an SREC? Solar Renewable Energy Credits Explained," Solar Reviews, last modified May 7, 2021, https://www.solarreviews.com/blog/what-is-an-srec-and-how-can-i-get-the-best-srec-prices.

13 "Historic Auction Prices," SRECTrade, accessed February 8, 2022, https://www.srectrade.com/auction.

14 Vikram Aggarwal, "What to Know About a Solar Panel Warranty," EnergySage, January 20, 2021, https://news.energysage.com/shopping-solar-panels-pay-attention-to-solar-panels-warranty/.

15 "How Long Do Solar Panels Last?" igsenergy, accessed February 8, 2022, https://www.igs.com/energy-resource-center/energy-101/how-long-do-solar-panels-last.

16 Karl-Erik Stromsa, "Fitch: Solar Projects Much More Reliable Performers than Wind Farms," GTM: A Wood Mackenzie Business, February 10, 2020, https://www.greentechmedia.com/articles/read/fitch-solar-projects-much-more-reliable-performers-than-wind-farms.

17 Emma Foehringer Merchant, "Is the Utility-Scale Solar Industry in a Finance Bubble?" GTM: A Wood Mackenzie Business, January 23, 2019, https://www.greentechmedia.com/articles/read/is-the-utility-scale-solar-industry-in-a-finance-bubble.

18 "U.S. Average Annual Wind Speed at 80 Meters," Office of Energy Efficiency & Renewable Energy: WindExchange, accessed February 8, 2022, https://windexchange.energy.gov/maps-data/319.

19 New York State Wind Energy Guidebook, NYSERDA, November 28, 2021, https://www.nyserda.ny.gov/windguidebook.

20 "Electric Power Monthly," EIA, accessed February 8, 2022, https://www.

eia.gov/electricity/monthly/epm_table_grapher.php?t=epmt_6_07_b.

21 Electricity generated = power rating × capacity factor × hours operated. In this
   example, electricity generated = 5 MW × 35% × 24 hours/day × 365 days/year =
   15,330 MWh/year.

22 Stromsa, "Fitch: Solar Projects."

23 "Areas of Industrial Wind Facilities," AWEO.org, accessed February 8, 2022,
   http://www.aweo.org/windarea.html.

24 Elizabeth Weise, "Wind Energy Gives American Farmers a New Crop to Sell in
   Tough Times," USA Today, last modified February 20, 2020, https://www.
   usatoday.com/story/news/nation/2020/02/16/wind-energy-can-help-american-f
   armers-earn-money-avoid-bankruptcy/4695670002/.

25 "Will the Cost to Produce Corn Decrease After 2022?" Illinois farmdoc,
   November 23, 2021, http://www.farmdoc.illinois.edu/manage/actual_projected
   _costs.pdf.

26 Jennifer Oldham, "Wind Is the New Corn for Struggling Farmers," Bloomberg
   Businessweek, October 6, 2016, https://www.bloomberg.com/news/articles/
   2016-10-06/wind-is-the-new-corn-for-struggling-farmers.

27 "Chapter 13: Power Purchase Agreement," Windustry, accessed February 8,
   2022, https://www.windustry.org/community_wind_toolbox_13_power_purchase
   _agreement#:~:text=Length%20of%20the%20Agreement,-PPAs%20are%20long&t
   ext=The%20stated%20term%20of%20most,25%20years%20is%20not%20unusual.

28 "Q4 2020: Renewable Energy Deal Tracker," GreenBiz, accessed February 8,
   2022, https://www.greenbiz.com/sites/default/files/2021-01/gbg_renewable_
   leaderboard%202020-Q4.pdf.

29 James Kobus, Ali Ibrahim Nasrallah, and Jim Guidera, "The Role of Corporate
   Renewable Purchase Power Agreements in Supporting US Wind and Solar
   Deployment," Columbia/SIPA, Center on Global Energy Policy, March 2021,
   https://www.energypolicy.columbia.edu/sites/default/files/pictures/PPA%20re
   port,%20designed%20v4,%203.17.21.pdf.

30 Richard Bowers(principal contributor), "U.S. Wind Energy Production Tax
   Credit Extended Through 2021," Today in Energy, EIA, January 28, 2021,
   https://www.eia.gov/todayinenergy/detail.php?id=46576.

31 McDermott Will & Emery, "IRS Provides Relief for Offshore Wind and Federal

Land Projects," JD Supra, January 7, 2021, https://www.jdsupra.com/legalnews/irs-provides-relief-for-offshore-wind-9892655/#:~:text=The%20offsho re%20wind%20ITC%20is,waters%20of%20the%20United%20States.

32 Nate Chute, "What Percentage of Texas Energy Is Renewable? Breaking Down the State's Power Sources from Gas to Wind," *Austin American-Statesman*, last modified February 19, 2021, https://www.statesman.com/story/news/2021/02/17/texas-energy-wind-power-outage-natural-gas-renewable-green-new-deal/6780546002/.

33 Amanda Luhavalja, "Texas Renewable Energy Credit Markets Advance; Green-e Prices Back Off," S&P Global Market Intelligence, August 28, 2020, https://www.spglobal.com/marketintelligence/en/news-insights/latest-news-headlines /texas-renewable-energy-credit-markets-advance-green-e-prices-back-off-60107 962#:~:text=Texas%20vintage%202020%20RECs%20posted,up%2C%20period%2 0is%20March%2031.

34 Tyler Hodge(principal contributor), "Wholesale U.S. Electricity Prices Were Generally Lower and Less Volatile in 2020 than 2019," Today in Energy, EIA, January 8, 2021, https://www.eia.gov/todayinenergy/detail.php?id=46396.

35 "About New York Green Bank," Green Bank Network, last modified June 2, 2020, https://greenbanknetwork.org/ny-green-bank/.

36 "Wind Turbine Reliability," Exponent, June 15, 2017, https://www.exponent.com/knowledge/alerts/2017/06/wind-turbine-reliability/?pageSize=NaN&pageN um=0&loadAllByPageSize=true.

37 "How Do Wind Turbines Survive Severe Storms?" Office of Energy Efficiency &Renewable Energy, accessed February 8, 2022, https://www.energy.gov/eere/articles/how-do-wind-turbines-survive-severe-storms.

38 Rochelle Toplensky, "Why Investors Have Learned to Love Wind and Solar Power," *Wall Street Journal*, June 6, 2020, https://www.wsj.com/articles/why-investors-have-learned-to-love-wind-and-solar-power-11594027941.

39 Luis Garcia, "Renewable Energy Investors Seek Returns in Project Develop-ment," Private Equity News, January 4, 2021, https://www.penews.com/articles/renewable-energy-investors-seek-returns-in-project-development-20210 104.

40 "U.S. Storage Market Sets New Installation Record in Q3 2021," Wood

Mackenzie, December 9, 2021, https://www.woodmac.com/industry/power-and-renewables/us-energy-storage-monitor/.

41 Eric Wesoff and William Driscoll, "How Does the US Retire 236 GW of Coal and 1,000 Gas Peaker Plants?" *PV Magazine*, September 18, 2020, https://pv-magazine-usa.com/2020/09/18/how-does-the-us-retire-236-gw-of-coal-and-100 0-gas-peaker-plants/.

42 Michael J. Coren, "Solar Plus Batteries Aim to Retire Natural Gas Plants in 2019," *Quartz*, January 11, 2019, https://qz.com/1521660/solar-and-batteries-are-retiring-natural-gas-plants/.

43 "Energy Storage," California Energy Commission ─ Tracking Progress, last modified August 2018, https://www.energy.ca.gov/sites/default/files/2019-12/energy_storage_ada.pdf.

44 Robert Walton, "NextEra Inks 700 MW Wind + Solar + Battery Project, Largest in the US," Utility Dive, July 29, 2019, https://www.utilitydive.com/news/nextera-inks-700-mw-wind-solar-battery-project-largest-in-the-us/559693/.

45 Karl-Erik Stromsta, "Next Era Sees Little Threat to Wind and Solar from Fading Tax Credits," Greentech Media, July 24, 2019, https://www.greentechmedia.com/articles/read/nextera-sees-little-threat-to-wind-and-solar-from-fading-tax-cr edits.

46 Deanne Barrow, "Energy Storage: Warranties, Insurance and O&M Issues," Norton Rose Fulbright: Project Finance, June 19, 2019, https://www.projectfinance.law/publications/2019/june/energy-storage-warranties-insurance -and-om-issues/.

47 "Lazard's Levelized Cost of Storage Analysis─Version 6.0," Lazard, accessed February 8, 2022, https://www.lazard.com/media/451566/lazards-levelized-cost-of-storage-version-60-vf2.pdf.

48 Hodgson Russ LLP, "New York City Clears the Path for Permitting of Energy Storage Systems," JD Supra, December 17, 2020, https://www.jdsupra.com/legalnews/new-york-city-clears-the-path-for-52979/.

49 Paul Robson and Davide Bonomi, "Growing the Battery Storage Market 2020: Exploring Four Key Issues," from the Producers of the Energy Storage World Forum, Dufresne ─ Energy Storage World Forum, Dufresne Research Ltd., accessed February 8, 2022, https://energystorageforum.com/files/ESWF_

Whitepaper_-_Growing_the_battery_storage_market.pdf.

50 "Lazard's Levelized Cost of Storage Analysis—Version 6.0," Lazard.

51 Darrell Proctor, "Distributed Energy: 'Best Is Yet to Come' for Energy Storage Technology," *Power,* March 1, 2021, https://www.powermag.com/best-is-yet-to-come-for-energy-storage-technology/.

52 Veronika Henze(contact), "Energy Storage Investments Boom as Battery Costs Halve in the Next Decade," BloombergNEF, July 31, 2019, https://about.bnef.com/blog/energy-storage-investments-boom-battery-costs-halve-next-decade/.

53 "Special Report: Global Renewables Performance Review(Solar and Wind Withstand Pandemic)," Fitch Ratings, March 15, 2021, https://www.fitchratings.com/research/infrastructure-project-finance/global-renewables-performance-review-solar-wind-withstand-pandemic-15-03-2021.

54 Veronika Henze(contact), "Energy Transition Investment Hit $500 Billion in 2020—for First Time," BloombergNEF, January 19, 2021, https://about.bnef.com/blog/energy-transition-investment-hit-500-billion-in-2020-for-first-time/.

16장 l 부동산

※ The quote in the chapter-opening caption is taken from Sarah Kaplan and Aaron Steckelberg, "Climate Solutions: Empire State of Green," *Washington Post,* May 27, 2020, https://www.washingtonpost.com/graphics/2020/climate-solutions/empire-state-building-emissions/.

1 Jonathan Shaw, "A Green Empire: How Anthony Malkin '84 Engineered the Largest "Green" Retrofit Ever," *Harvard Magazine,* March—April 2012, https://www.harvardmagazine.com/2012/03/a-green-empire.

2 Kaplan and Steckelberg, "Climate Solutions."

3 Shaw, "A Green Empire."

4 Kaplan and Steckelberg, "Climate Solutions."

5 "Sources of Greenhouse Gas Emissions," EPA, accessed February 8, 2022, https://www.epa.gov/ghgemissions/sources-greenhouse-gas-emissions.

6 "Retrofit Market Analysis," Urban Green, June 18, 2019, https://www.urbangreencouncil.org/sites/default/files/urban_green_retrofit_market_analysis.pdf.

7 "Empire State Building Retrofits Cut 10-Year Emissions by 40 Percent," The

Energy Mix, June 2, 2020, https://theenergymix.com/2020/06/02/empire-state-building-retrofits-cut-10-year-emissions-by-40/.

8   Stefan Knupfer, "A Carbon Emission Reduction Toolkit for Global Cities," McKinsey Sustainability, June 5, 2019, https://www.mckinsey.com/business-functions/sustainability/our-insights/sustainability-blog/a-carbon-emission-redu ction-toolkit-for-global-cities.

9   George Caraghiaur, "The Benefits of PACE Financing for Commercial Real Estate Companies," PACENation, May 2016, https://www.reit.com/sites/default/files/media/PDFs/ThebenefitsofPACEforCREFINAL.pdf.

10 Asaf Bernstein, Matthew Gustafson, and Ryan Lewis, "Disaster on the Horizon: The Price Effect of Sea Level Rise," *Journal of Financial Economics*, last updated July 26, 2018, https://papers.ssrn.com/sol3/papers.cfm?abstract_id=3073842.

11 Jonathan Woetzel, Dickon Pinner, Hamid Samandari, et al., "Will Mortgages and Markets Stay Afloat in Florida?" McKinsey Sustainability, April 27, 2020, https://www.mckinsey.com/business-functions/sustainability/our-insights/will-mortgages-and-markets-stay-afloat-in-florida.

12 "802,555 Homes at Risk of 10-Year Flood Inundation by 2050," Climate Central —Zillow Research, July 31, 2019, https://www.zillow.com/research/homes-at-risk-coastal-flooding-25040/.

13 A. Park Williams, John T. Abatzoglou, Alexander Gershunov, et al., "Observed Impacts of Anthropogenic Climate Change on Wildfire in California," *Earth's Future 7*, no. 8(August 2019): 892–910, https://agupubs.onlinelibrary.wiley.com/doi/full/10.1029/2019EF001210.

14 James M. Vose and David L. Peterson(federal coordinating lead authors), "Chapter 6: Forests," in *Fourth National Climate Assessment*(Washington, DC: U.S. Global Change Research Program, 2018), https://nca2018.globalchange.gov/chapter/6/.

15 Kate Mackenzie, "Lenders with the Best Climate Data Will Be in a Position to Discriminate," Bloomberg Green, June 26, 2020, https://www.bloomberg.com/news/articles/2020-06-26/lenders-with-the-best-climate-data-will-be-in-a-positio n-to-discriminate.

16 Christopher Flavelle, "Rising Seas Threaten an American Institution: The 30-Year Mortgage," *New York Times,* last modified March 2, 2021, https://www.

nytimes.com/2020/06/19/climate/climate-seas-30-year-mortgage.html.

17 Christopher Flavelle, "As Wildfires Get Worse, Insurers Pull Back from Riskiest
    Areas," *New York Times*, August 20, 2019, https://www.nytimes.com/2019/
    08/20/climate/fire-insurance-renewal.html.

18 Jonathan Woetzel, Dickon Pinner, Hamid Samandari, et al., "Can Coastal Cities
    Turn the Tide on Rising Flood Risk?" McKinsey Sustainability, April 20, 2020,
    https://www.mckinsey.com/business-functions/sustainability/our-insights/can-
    coastal-cities-turn-the-tide-on-rising-flood-risk.

19 Anne Barnard, "The $119 Billion Sea Wall That Could Defend New York . . . or
    Not," *New York Times*, last modified August 21, 2021, https://www.nytimes.
    com/2020/01/17/nyregion/sea-wall-nyc.html.

20 Neal E. Robbins, "Deep Trouble: Can Venice Hold Back the Tide?" *The
    Guardian*, December 10, 2019, https://www.theguardian.com/environment/
    2019/dec/10/venice-floods-sea-level-rise-mose-project.

21 "Life's a Beach," Insight, Freddie Mac, April 26, 2016, http://www.freddiemac.
    com/research/insight/20160426_lifes_a_beach.page.

22 Jake Goodman, "Real Estate Powers Ahead on Decarbonisation," PRI, April 28,
    2020, https://www.unpri.org/pri-blog/real-estate-powers-ahead-on-decarboni
    sation/5718.article.

17장 | 임업과 농업

※ The quote on the chapter-opening page is taken from Gil Gullickson, "How
   Carbon May Become Another Crop for Farmers," *Successful Farming*, February
   4, 2021, https://www.agriculture.com/farm-management/programs-and-policies/
   how-carbon-may-become-another-crop-for-farmers.

1 The State of the World's Forests 2020," Food and Agriculture Organization of the
   UnitedNations, accessed February 8, 2022, http://www.fao.org/state-of-forests/
   en/#:~:text=The%20total%20forest%20area%20is,equally%20distributed%20arou
   nd%20the%20globe.

2 Mikaela Weisse and Elizabeth Dow Goldman, "The World Lost a Belgium-Sized
   Area of Primary Rainforests Last Year," World Resources Institute, April 25, 2019,
   https://www.wri.org/blog/2019/04/world-lost-belgium-sized-area-primary-rainf
   orests-last-year.

3 "Data Explorer," ClimateWatch, accessed February 8, 2022, https://www.climatewatchdata.org/data-explorer/historical-emissions?historical-emissions-data-sources=71&historical-emissions-gases=246&historical-emissions-regions=All%20Selected%2CWORLD&historical-emissions-sectors=All%20Selected&page=1&sort_col=country&sort_dir=DESC.

4 Kenneth Gillingham and James H. Stock, "The Cost of Reducing Greenhouse Gas Emissions," August 2, 2018, https://scholar.harvard.edu/files/stock/files/gillingham_stock_cost_080218_posted.pdf.

5 "Pathways to a Low-Carbon Economy: Version 2 of the Global Greenhouse Gas Abatement Cost Curve," McKinsey & Company, accessed February 8, 2022, https://www.mckinsey.com/~/media/McKinsey/Business%20Functions/Sustainability/Our%20Insights/Pathways%20to%20a%20low%20carbon%20economy/Pathways%20to%20a%20low%20carbon%20economy.pdf.

6 Raphael Calel, "Climate Change and Carbon Markets: A Panoramic History," Centre for Climate Change Economics and Policy Working Paper No. 62; Grantham Research Institute on Climate Change and the Environment Working Paper No. 52, July 2011, http://eprints.lse.ac.uk/37397/1/Climate_change_and_carbon_markets_a_panoramic_history(author).pdf.

7 L. Chestnut and D. M. Mills, "A Fresh Look at the Benefits and Costs of the US Acid Rain Program," *Journal of Environmental Management* 77 (2005): 252–66, https://cfpub.epa.gov/si/si_public_record_report.cfm?dirEntryID=139587.

8 William L. Anderegg, Anna T. Trugman, Grayson Badgley, et al., "Climate-Driven Risks to the Climate Mitigation Potential of Forests," *Science* 368, no. 6497 (June 19, 2020), https://science.sciencemag.org/content/368/6497/eaaz7005.

9 Ovidiu Csillik, Pramukta Kumar, Joseph Mascaro, et al., "Monitoring Tropical Forest Carbon Stocks and Emissions Using Planet Satellite Data," *Scientific Reports* 9 (2019): 17831, https://www.nature.com/articles/s41598-019-54386-6.

10 "Value of Carbon Market Update 2021," Carbon Credit Capital, accessed February 8, 2022, https://carboncreditcapital.com/value-of-carbon-market-update-2021-2/.

11 "Voluntary Carbon Markets Rocket in 2021, on Track to Break $1B for First Time," Ecosystem Marketplace, accessed February 8, 2022, https://www.

ecosystemmarketplace.com/articles/press-release-voluntary-carbon-markets-roc ket-in-2021-on-track-to-break-1b-for-first-time/.

12 "Cap-and-Trade Program," California Air Resources Board, accessed February 8, 2022, https://www.arb.ca.gov/cc/capandtrade/capandtrade.htm.

13 "ARB Offset Credit Issuance," California Air Resources Board, accessed February 26, 2022, https://ww2.arb.ca.gov/our-work/programs/compliance-offset-program /arb-offset-credit-issuance.

14 Jessica Bursztynsky, "Delta Air Lines CEO Announces the Carrier Will Go 'Fully Carbon Neutral' Next Month," CNBC, February 14, 2020, https://www.cnbc. com/2020/02/14/delta-air-lines-ceo-carrier-will-go-fully-carbon-neutral-next-mo nth.html.

15 "Delta Spotlights Ambitious Carbon Neutrality Plan on Path to Zero-Impact Aviation This Earth Month," Delta News Hub, April 22, 2021, https://news. delta.com/delta-spotlights-ambitious-carbon-neutrality-plan-path-zero-impact-a viation-earth-month.

16 ICE Report Center, accessed February 8, 2022, https://www.theice.com/ marketdata/reports/142.

17 Ryan Dezember, "Preserving Trees Becomes Big Business, Driven by Emissions Rules," *Wall Street Journal*, last modified August 24, 2020, https://www.wsj. com/articles/preserving-trees-becomes-big-business-driven-by-emissions-rules-11598202541.

18 Jean-Francois Bastin, Yelena Finegold, Danilo Mollicone, et al., "The Global Tree Restoration Potential," *Science* 365, no. 6448(July 5, 2019): 76–79, https:// science.sciencemag.org/content/365/6448/76.

19 McKinsey and Company, "Putting carbon markets to work on the path to net zero," October 28, 2021, https://www.mckinsey.com/business-functions/sustai nability/our-insights/putting-carbon-markets-to-work-on-the-path-to-net-zero.

20 Weisse and Goldman, "The World Lost."

21 "Pathways to a Low-Carbon Economy, Version 2 of the Global Greenhouse Gas Abatement Cost Curve," McKinsey & Company, accessed February 8, 2022, https://www.mckinsey.com/~/media/McKinsey/Business%20Functions/Sustain ability/Our%20Insights/Pathways%20to%20a%20low%20carbon%20economy/P athways%20to%20a%20low%20carbon%20economy.pdf.

22 Jeff Goodell, "Why Planting Trees Won't Save Us," *Rolling Stone*, June 25, 2020, https://www.rollingstone.com/politics/politics-features/tree-planting-wont-stop-climate-crisis-1020500/.

23 Bastin, Finegold, Garcia, et al., "Global Tree Restoration Potential."

24 Robert Heilmayr, Cristian Echeverría, and Eric F. Lambin, "Impacts of Chilean Forest Subsidies on Forest Cover, Carbon and Biodiversity," *Nature Sustainability* 3 (June 22, 2020): 701–9, https://www.nature.com/articles/ s41893-020-0547-0.

25 H. de Coninck, A. Revi, M. Babiker, et al., "Strengthening and Implementing the Global Response," in *Global Warming of 1.5°C. An IPCC Special Report on the Impacts of Global Warming of 1.5°C Above Pre-industrial Levels and Related Global Greenhouse Gas Emission Pathways, in the Context of Strengthening the Global Response to the Threat of Climate Change, Sustainable Development, and Efforts to Eradicate Poverty*, ed. V. Masson-Delmotte, P. Zhai, H.-O. Pörtner, et al. (IPCC, 2018), https://www.ipcc.ch/site/assets/uploads/sites/2/2019/05/SR15_Chapter4_Low_Res.pdf.

26 Dom Phillips, "Bolsonaro Declares 'the Amazon Is Ours' and Calls Deforestation Data 'Lies,'" *The Guardian*, July 19, 2019, https://www.theguardian.com/world/2019/jul/19/jair-bolsonaro-brazil-amazon-rainforest-deforestation.

27 "Negative Emissions Technologies and Reliable Sequestration," National Academies Press, accessed February 8, 2022, https://www.nap.edu/resource/25259/interactive/.

28 "What Is BECCS?" American University, School of International Service, accessed February 8, 2022, https://www.american.edu/sis/centers/carbon-removal/fact-sheet-bioenergy-with-carbon-capture-and-storage-beccs.cfm.

29 "BECCS and Negative Emissions," drax, accessed February 8, 2022, https://www.drax.com/about-us/our-projects/bioenergy-carbon-capture-use-and-storage-beccs/.

30 Claire O'Connor, "Soil: The Secret Weapon in the Fight Against Climate Change," NRDC, December 5, 2019, https://www.nrdc.org/experts/claire-oconnor/soil-secret-weapon-fight-against-climate-change.

31 Elizabeth Creech, "Saving Money, Time and Soil: The Economics of No-Till Farming," USDA, August 3, 2021, https://www.usda.gov/media/blog/2017/11/30/saving-money-time-and-soil-economics-no-till-farming.

32 Gullickson, "How Carbon May Become."

33 Karl Plume, "Cargill Launches U.S. Carbon Farming Program for 2022 Season", Reuters, September 16, 2021, https://www.reuters.com/business/sustainable-business/cargill-launches-us-carbon-farming-program-2022-season-2021-09-16/.

34 Christopher Blaufelder, Cindy Levy, Peter Mannion, and Dickon Pinner, "A Blueprint for Scaling Voluntary Carbon Markets to Meet the Climate Challenge," McKinsey Sustainability, January 29, 2021, https://www.mckinsey.com/business-functions/sustainability/our-insights/a-blueprint-for-scaling-voluntary-carbon-markets-to-meet-the-climate-challenge.

5부 | 금융자산 투자

1 Catherine Clifford, "Blackrock CEO Larry Fink: The Next 1,000 Billion-Dollar Start-ups Will Be in Climate Tech," CNBC, October 5, 2021, https://www.cnbc.com/2021/10/25/blackrock-ceo-larry-fink-next-1000-unicorns-will-be-in-climate-tech.html.

18장 | 벤처 캐피털

※ The quote in the chapter-opening image caption is taken from "As filed with the Securities and Exchange Commission on April 30, 2019," SEC, https://www.sec.gov/Archives/edgar/data/1655210/000162828019004984/beyondmeats-1a6.htm.

1 "Economic Opportunity Quotes," Brainy Quote, accessed February 9, 2022, https://www.brainyquote.com/topics/economic-opportunity-quotes.

2 Benjamin Gaddy, Varun Sivaram, and Francis O'Sullivan, "Venture Capital and Clean Tech: The Wrong Model for Clean Energy Innovation," *MIT Energy Initiative,* July 2016, http://energy.mit.edu/wp-content/uploads/2016/07/MITEI-WP-2016-06.pdf.

3 Sarah Perez, "Why Did Solyndra Fail So Spectacularly?" TechCrunch+, October 4, 2011, https://techcrunch.com/2011/10/04/why-did-solyndra-fail-so-spectacularly/.

4 Yuliya Chernova, "Clouds Overtake Solar-Panel Firm," *Wall Street Journal,* September 1, 2011, https://www.wsj.com/articles/SB100014240531119045832 0

4576542573023275438.

5 "Has Israeli Firm Cracked Eclectic Car Angst?" BBC News, September 2, 2012, https://www.bbc.com/news/world-middle-east-19423835.

6 Devashree Saha and Mark Muro, "Cleantech Venture Capital: Continued Declines and Narrow Geography Limit Prospects," Brookings, May 16, 2017, https://www.brookings.edu/research/cleantech-venture-capital-continued-declines-and-narrow-geography-limit-prospects/.

7 AllAboutAlpha, "Surfing the Sustainable Investing L-Curve: A Noble Way to Lose Money?" Investing.com, August 27, 2013, https://www.investing.com/analysis/surfing-the-sustainable-investing-l-curve:-a-noble-way-to-lose-money-181136.

8 Saha and Muro, "Cleantech Venture Capital."

9 "Clean Tech Company Performance Statistics 2018 Q4," Cambridge Associates, accessed February 9, 2022, https://www.cambridgeassociates.com/benchmarks/clean-tech-company-performance-statistics-2018-q4/.

10 "How Much Feed Does It Take to Produce a Pound of Beef?" Sustainable Dish, November 3, 2016, https://sustainabledish.com/much-feed-take-produce-pound-beef/.

11 "As filed with the Securities and Exchange Commission," SEC.

12 P. J. Gerber, H. Steinfeld, B. Henderson, et al., "Tackling Climate Change Through Livestock—A Global Assessment of Emissions and Mitigation Opportunities," Food and Agriculture Organization of the United Nations(FAO), 2013, http://www.fao.org/3/i3437e/i3437e.pdf.

13 "Beyond Meat Burger Carbon Footprint & Environmental Impact," Consumer Ecology, https://consumerecology.com/beyond-meat-burger-carbon-footprint-environmental-impact.

14 Sigal Samuel, "The Many Places You Can Buy Beyond Meat and Impossible Foods, in One Chart," Vox, last modified January 15, 2020, https://www.vox.com/future-perfect/2019/10/10/20870872/where-to-buy-impossible-foods-beyond-meat.

15 "Beyond Meat," crunchbase, accessed February 9, 2022, https://www.crunchbase.com/organization/beyond-meat/company_financials.

16 Ameelia Lucas, "Beyond Meat Surges 163 Percent in the Best IPO So Far in 2019," CNBC, May 2, 2019, https://www.cnbc.com/2019/05/02/beyond-meat-

ipo.html.

17 Katherine White, David J. Hardisty, and Rishad Habib, "Consumer Behavior: The Elusive Green Consumer," *Harvard Business Review*, July–August 2019, https://hbr.org/2019/07/the-elusive-green-consumer#.

18 John D. Stoll, "Beyond Meat's Pitch for More Customers: It's Not Just Good for the Planet, It's Also Good for You," *Wall Street Journal*, September 25, 2020, https://www.wsj.com/articles/beyond-meats-pitch-for-more-customers-its-not-just-good-for-the-planet-its-also-good-for-you-11601042671.

19 Celine Herweijer and Azeem Azhar, "The State of Climate Tech," PwC, September 9, 2020, https://www.pwc.com/gx/en/services/sustainability/assets/pwc-the-state-of-climate-tech-2020.pdf.

20 "Global Climate Tech Venture Capital Report—Full Year 2021," HolonIQ, 4 January 2022, https://www.holoniq.com/notes/global-climatetech-vc-report-full-year-2021/.

21 Emma Cox, Tariq Moussa, and Denise Chan, "The State of Climate Tech 2020," PwC, November 30, 2017, https://www.pwc.com/gx/en/services/sustainability/publications/state-of-climate-tech-2020.html.

22 Jason D. Rowley, "Kleiner Perkins Spinout Fund G2VP Raises $298 Million for Oversubscribed Cleantech Fund," crunchbase news, April 24, 2018, https://news.crunchbase.com/news/kleiner-perkins-spinout-fund-g2vp-closes-298-million-oversubscribed-cleantech-fund/.

23 Dina Bass, "Microsoft to Invest $1 Billion in Carbon-Reduction Technology," Bloomberg Green, January 16, 2020, https://www.bloomberg.com/news/articles/2020-01-16/microsoft-to-invest-1-billion-in-carbon-reduction-technology.

24 Dana Mattioli, "Amazon to Launch $2 Billion Venture Capital Fund to Invest in Clean Energy," *Wall Street Journal*, last modified June 23, 2020, https://www.wsj.com/articles/amazon-to-launch-2-billion-venture-capital-fund-to-invest-in-clean-energy-11592910001.

25 Akshat Rathi, "Bill Gates-Led Fund Raises Another $1 Billion to Invest in Clean Tech," Bloomberg Green, January 19, 2021, https://www.bloomberg.com/news/articles/2021-01-19/bill-gates-led-fund-raises-another-1-billion-to-invest-in-clean-tech?sref=3rbSWFkc.

26 Cromwell Schubarth, "Kleiner Perkins Has a Hearty Helping of Beyond Meat's

Whopper of an IPO," *Silicon Valley Business Journal*, May 2, 2019, https://www.bizjournals.com/sanjose/news/2019/05/02/beyond-meat-ipo-big-investors-kleiner-perkins.html.

27 "SJF Ventures II, L.P.," Impactyield, last modified May 13, 2020, https://impactyield.com/funds/sjf-ventures-ii-l-p.

28 Connie Loizos, "Chris Sacca's Lowercarbon Capital Has Raised $800 Million to "Keep Unf*cking the Planet," TechCrunch, August 12, 2021, https://techcrunch.com/2021/08/12/chris-saccas-lowercarbon-capital-has-raised-800-million-to-keep-unfcking-the-planet/.

19장 ㅣ 사모 펀드

※ The quote in the chapter-opening image caption is from Isobel Markham, "In Depth: Carlyle's Head of Impact on the Firm's Approach to Climate Change," Private Equity International, September 24, 2020, https://www.privateequityinternational.com/in-depth-carlyles-head-of-impact-on-the-firms-approach-to-climate-change/.

1 Alastair Marsh, "Carney Calls Net-Zero Greenhouse Gas Ambition 'Greatest Commercial Opportunity'," Bloomberg Green, November 9, 2020, https://www.bloomberg.com/news/articles/2020-11-09/carney-calls-net-zero-ambition-greatest-commercial-opportunity?sref=3rbSWFkc.

2 Miriam Gottfried, "Blackstone Sets Goal to Reduce Carbon Emissions," *Wall Street Journal*, September 29, 2020, https://www.wsj.com/articles/blackstone-sets-goal-to-reduce-carbon-emissions-11601377200.

3 "Hilton Commits to Cutting Environmental Footprint in Half and Doubling Social Impact Investment," Business Wire, May 23, 2018, https://www.businesswire.com/news/home/20180522006472/en/Hilton-Commits-to-Cutting-Environmental-Footprint-in-Half-and-Doubling-Social-Impact-Investment.

4 "Energy Transition Investment Hit $500 Billion in 2020—for First Time," BloombergNEF, January 19, 2021, https://about.bnef.com/blog/energy-transition-investment-hit-500-billion-in-2020-for-first-time/.

5 Karl-Erik Stromsta, "BlackRock Targets Storage with New Multibillion-Dollar Renewables Fund," GTM: A Wood Mackenzie Business, January 27, 2020, https://www.greentechmedia.com/articles/read/blackrock-targets-storage-with-

new-multi-billion-dollar-renewables-fund.

6   Stromsta, "BlackRock Targets Storage."

7   Jason Kelly and Derek Decloet, "Brookfield Pursues $7.5 Billion Fund Devoted to Net-Zero Shift," Bloomberg Green, February 10, 2021, https://www.bloomberg.com/news/articles/2021-02-10/brookfield-pursues-7-5-billion-fund-devoted-to-net-zero-shift?sref=3rbSWFkc.

8   Brian DeChesare, "Infrastructure Private Equity: The Definitive Guide," Mergers & Inquisitions, accessed February 9, 2022, https://www.mergersandinquisitions.com/infrastructure-private-equity/.

9   Marie Baudette, "Blackstone CEO Says Businesses Must Address Climate Change," *Wall Street Journal*, January 22, 2020, https://www.wsj.com/articles/blackstone-ceo-says-businesses-must-address-climate-change-11579721175.

10 Markham, "In Depth: Carlyle's Head of Impact."

11 TRD Staff, "How Blackstone Became the World's Biggest Landlord," The Real Deal, February 18, 2020, https://therealdeal.com/2020/02/18/how-blackstone-became-the-worlds-biggest-commercial-landlord/.

20장 | 상장 주식

※   The quote in the chapter-opening image caption is taken from Jim Robo, "CEO Letter," Next Era Energy, accessed February 9, 2022, https://www.nexteraenergy.com/sustainability/overview/ceo-letter.html.

1   "Net Zero Scorecard," Energy & Climate Intelligence Unit, accessed February 9, 2022, https://eciu.net/netzerotracker.

2   "Fact Sheet: President Biden Sets 2030 Greenhouse Gas Pollution Reduction Target Aimed at Creating Good-Paying Union Jobs and Securing U.S. Leadership on Clean Energy Technologies," White House, April 22, 2021, https://www.whitehouse.gov/briefing-room/statements-releases/2021/04/22/fact-sheet-president-biden-sets-2030-greenhouse-gas-pollution-reduction-target-aimed-at-creating-good-paying-union-jobs-and-securing-u-s-leadership-on-clean-energy-technologies/.

3   Tom Murray, "Apple, Ford, McDonald's and Microsoft Among This Summer's Climate Leaders," EDF, August 10, 2020, https://www.edf.org/blog/2020/08/10/apple-ford-mcdonalds-and-microsoft-among-summers-climate-leaders.

4 "Microsoft Announces It Will Be Carbon Negative by 2030," Microsoft News Center, January 16, 2020, https://news.microsoft.com/2020/01/16/microsoft-announces-it-will-be-carbon-negative-by-2030/#:~:text=on%20Thursday%20announced%20an%20ambitious,it%20was%20founded%20in%201975.

5 "Ford Expands Climate Change Goals, Sets Global Target to Become Carbon Neutral by 2050," Ford Media Center, June 26, 2020, https://media.ford.com/content/fordmedia/feu/en/news/2020/06/25/Ford-Expands-Climate-Change-Goals.html.

6 Sammy Roth, "Which Power Companies Are the Worst Polluters?" *Los Angeles Times*, June 26, 2019, https://www.latimes.com/projects/la-fi-power-companies-ranked-climate-change/.

7 Jeff St. John, "The 5 Biggest US Utilities Committing to Zero Carbon Emissions by 2050," GTM: A Wood Mackenzie Business, September 16, 2020, https://www.greentechmedia.com/articles/read/the-5-biggest-u.s-utilities-committing-to-zero-carbon-emissions-by-mid-century.

8 "Ford Expands Climate Change Goals, Sets Global Target to Become Carbon Neutral by 2050: Annual Sustainability Report," Ford Media Center, June 24, 2020, https://media.ford.com/content/fordmedia/fna/us/en/news/2020/06/24/ford-expands-climate-change-goals.html.

9 "We Are Taking Energy Forward: The Path to Net Zero and a Sustainable Energy Future," Baker Hughes, https://www.bakerhughes.com/sites/bakerhughes/files/2021-01/Baker%20Hughes%20-%20The%20path%20to%20net-zero%20and%20a%20sustainable%20energy%20future.pdf.

10 Kevin Crowley and Akshat Rathi, "Occidental to Strip Carbon from the Air and Use It to Pump Crude Oil," Bloomberg Businessweek, January 13, 2021, https://www.bloomberg.com/news/articles/2021-01-13/occidental-oxy-wants-to-go-green-to-produce-more-oil?sref=3rbSWFkc.

11 Jens Burchardt, Michel Frédeau, Miranda Hadfield, et al., "Supply Chains as a GameChanger in the Fight Against Climate Change," BCG, January 26, 2021, https://www.bcg.com/publications/2021/fighting-climate-change-with-supply-chain-decarbonization.

12 Simon Jessop, "Sustainable Business: Company Bosses Question Benefits of Net Zero Transition - Survey," Reuters, March 25, 2021, 2 https://www.reuters.com/

business/sustainable-business/company-bosses-question-benefits-net-zero-trans ition-survey-2021-03-25/.

13 The EU Emissions Trading System (EU ETS), European Commission, accessed February 9, 2022, https://ec.europa.eu/clima/system/files/2016-12/factsheet_ets _en.pdf.

14 Dan Murtaugh, "Energy & Science: China's Carbon Market to Grow to $25 Billion by 2030, Citi Says," Bloomberg Green, March 8, 2021, https://www. bloomberg.com/news/articles/2021-03-08/china-s-carbon-market-to-grow-to-25 -billion-by-2030-citi-says?sref=3rbSWFkc.

15 "State and Trends of Carbon Pricing 2021," World Bank Group, May 2021, https://openknowledge.worldbank.org/handle/10986/35620.

16 "What Is the Inevitable Policy Response?" PRI, accessed February 9, 2022, https://www.unpri.org/inevitable-policy-response/what-is-the-inevitable-policy -response/4787.article.

17 Darren Woods, "Why ExxonMobil Supports Carbon Pricing," EnergyFactor, March 29, 2021, https://energyfactor.exxonmobil.com/perspectives/supports- carbon-pricing/.

18 "General Motors, American Company," *Encyclopedia Britannica*, accessed February 9, 2022, https://www.britannica.com/topic/General-Motors-Corporation.

19 Neal Boudette, "G.M. expects production to return to normal this year as a chip shortage eases," *New York Times*, February 1, 2022, https://www.nytimes.com /2022/02/01/business/gm-earnings.html.

20 William P. Barnett, "Innovation: Why You Don't Understand Disruption," Stanford Business, March 7, 2017, https://www.gsb.stanford.edu/insights/why- you-dont-understand-disruption.

21 The Investopedia Team, "SunEdison: A Wall Street Boom-and-Bust Story," Investopedia, last modified June 30, 2020, https://www.investopedia.com/ investing/sunedison-classic-wall-street-boom-and-bust-story/.

22 Liz Hoffman, "Inside the Fall of SunEdison, Once a Darling of the Clean-Energy World," *Wall Street Journal*, last modified April 14, 2016, https://www.wsj.com/ articles/inside-the-fall-of-sunedison-once-a-darling-of-the-clean-energy-world-1 460656000.

23 Tim McDonnell, "How Wind and Solar Toppled Exxon from Its Place as

America's Top Energy Company," Quartz, November 30, 2020, https://qz.com/ 1933992/how-nextera-energy-replaced-exxon-as-the-us-top-energy-company/.

24 "NextEra Energy Is Once Again Recognized as No. 1 in Its Industry on Fortune's List of 'World's Most Admired Companies'," Cision, February 2, 2021, https://www.prnewswire.com/news-releases/nextera-energy-is-once-again-rec ognized-as-no-1-in-its-industry-on-fortunes-list-of-worlds-most-admired-compa nies-301219998.html.

25 N. Sönnichsen, "Market Value of Global Electric Utilities 2021," statista.com, June 11, 2021, https://www.statista.com/statistics/263424/the-largest-energy-utility-companies-worldwide-based-on-market-value/.

26 "Elon Musk Quotes," Brainy Quote, accessed February 9, 2022, https://www. brainyquote.com/quotes/elon_musk_567297.

27 Justina Lee, "Rob Arnott Warns of Big Market Delusion in Electric Vehicles," Bloomberg Green, March 10, 2021, https://www.bloomberg.com/news/articles /2021-03-10/rob-arnott-warns-of-big-market-delusion-in-electric-vehicles?cmpid =BBD031721_GREENDAILY&utm_medium=email&utm_source=newsletter&ut m_term=210317&utm_campaign=greendaily&sref=3rbSWFkc.

28 Brian Walsh, "SPACs Are the Constructs VCs Need to Fund Clean Tech," TechCrunch+, January 28, 2021, https://techcrunch.com/2021/01/28/spacs-are-the-construct-vcs-need-to-fund-cleantech/?guccounter=1&guce_referrer=aHR0c HM6Ly93d3cuYW5nZWxsaXN0LmNvbS9ibG9nL2luc2lkZS10aGUtdmVudHVyZS 1jbGltYXRlLXRlY2gtYm9vbkQ&guce_referrer_sig=AQAAAKE3mTGOO0TvwRJyZ se1uegosEyrm48O-8Nc5n-1vCvy-uoTmpELJNbxiNko_o0vxqNj4B56hat9afy6hsC 8LCwywA306eBuCfCluFoHxtfjh794_UbuRVwI22j42Pt1ZOJNXocqfPWUeE-YyI0 TV0daRtmIUiPV_QfnYMBcm60m.

29 Yuliya Chernova, "SPAC Demand to Draw VCs to Clean Tech," *Wall Street Journal*, January 22, 2021, https://www.wsj.com/articles/spac-demand-to-draw -vcs-to-clean-tech-11611311402.

30 "The Yield Created by the Yieldco," Akin Gump, August 26, 2014, https:// www.akingump.com/en/experience/industries/energy/speaking-energy/the-yi eld-created-by-the-yieldco.html.

31 Linette Lopez, "Wall Street's Getting Crushed by a Form of Financial Engineering You've Probably Never Heard Of," Business Insider, December 2, 2015, https://

www.businessinsider.com/what-is-a-yieldco-and-how-is-it-killing-wall-street-20
15-11.

21장 | 주식형 펀드

※ The quote in the epigraph is from Alistair Marsh and Sam Potter, "BlackRock Scores Biggest-Ever ETF Launch with New ESG Fund," Bloomberg Green, last modified April 9, 2021, https://www.bloomberg.com/news/articles/2021-04-09/blackrock-scores-record-etf-launch-with-carbon-transition-fund?sref=3rbSWFkc.

1 "Founding Network Partners," Net Zero Asset Managers Initiative, accessed February 9, 2022, https://www.netzeroassetmanagers.org/#.

2 "The Net Zero Asset Managers Initiative Grows to 87 Investors Managing $37 Trillion, with the World's Three Largest Asset Managers Now Committing to Net Zero Goal," Net Zero Asset Managers Initiative, April 20, 2021, https://www.netzeroassetmanagers.org/the-net-zero-asset-managers-initiative-grows-to-87-investors-managing-37-trillion-with-the-worlds-three-largest-asset-managers-now-committing-to-net-zero-goal.

3 Attracta Mooney, "Vanguard Pledges to Slash Emissions by 2030," *Financial Times*, March 29, 2021, https://www.ft.com/content/87becf56-a249-4133-a01b-1b4b3b604bd5.

4 Attracta Mooney, "Fund Managers with $9tn in Assets Set Net Zero Goal," *Financial Times*, December 11, 2020, https://www.ft.com/content/d77d5ecb-4439-4f6b-b509-fffa42c194db.

5 "Our 2021 Stewardship Expectations," BlackRock, accessed February 9, 2022, https://www.blackrock.com/corporate/literature/publication/our-2021-stewardship-expectations.pdf.

6 Alex Cheema-Fox, Bridget Realmuto LaPerla, David Turkington, et al., "Decarbonization Factors," *Journal of Impact and ESG Investing* (Fall 2021), https://globalmarkets.statestreet.com/research/portal/insights/article/7151616d-aa8c-459d-b61d-98661f936100.

7 Jon Hale, "Which Sustainable Funds Are Fossil-Fuel Free?" Morningstar, April 22, 2020, https://www.morningstar.com/insights/2020/04/22/which-sustainable-funds-are-fossil-fuel-free.

8 "Oxford Martin Principles for Climate-Conscious Investment," Oxford Martin

School Briefing, February 2018, https://www.oxfordmartin.ox.ac.uk/downloads /briefings/Principles_For_Climate_Conscious_Investment_Feb2018.pdf.

9 Jon Hale, "Building a Low-Cost, Fossil-Fuel-Free ETF Portfolio," Morningstar, June 17, 2019, https://www.morningstar.com/articles/934609/building-a-low-cost-fossil-fuel-free-etf-portfolio.

10 "ETF Comparison Tool: SPY vs SPYX," ETF.com, accessed February 9, 2022, https://www.etf.com/etfanalytics/etf-comparison/SPY-vs-SPYX.

11 "S&P 500 Fossil Fuel Free Index — ETF Tracker," ETF Database, accessed February 9, 2022, https://etfdb.com/index/sp-500-fossil-fuel-free-index/.

12 BlackRock Global Executive Committee, "Net Zero: A Fiduciary Approach," BlackRock, accessed February 9, 2022, https://www.blackrock.com/corporate/ investor-relations/blackrock-client-letter.

13 Mats Andersson, Patrick Bolton, and Frédéric Samama, "Perspectives: Hedging Climate Risk," *Financial Analysts Journal* 72, no. 3, https://www0.gsb.columbia. edu/faculty/pbolton/papers/faj.v72.n3.4.pdf.

14 Robert G. Eccles and Svetlana Klimenko, "Finance and Investing: The Investor Revolution," *Harvard Business Review*, May–June 2019, https://hbr.org/2019/ 05/the-investor-revolution.

15 Marsh and Potter, "BlackRock Scores Biggest-Ever ETF Launch."

16 "BlackRock U.S. Carbon Transition Readiness ETF," iShares by BlackRock, accessed February 9, 2022, https://www.ishares.com/us/products/318215/ blackrock-u-s-carbon-transition-readiness-etf.

17 "Solar Industry Research Data," SEIA, accessed February 9, 2022, https:// www.seia.org/solar-industry-research-data.

18 Aakash Arora, Nathan Niese, Elizabeth Dreyer, et al., "Why Electric Cars Can't Come Fast Enough," BCG, April 20, 2021, https://www.bcg.com/publications/ 2021/why-evs-need-to-accelerate-their-market-penetration.

19 "Energy Transition: The Future for Green Hydrogen," Wood Mackenzie, October 25, 2019, https://www.woodmac.com/news/editorial/the-future-for-green-hydrogen/.

20 "iShares Global Clean Energy ETF," iShares by BlackRock, accessed February 26, 2022, https://www.ishares.com/us/products/239738/ishares-global-clean-energy-etf#/.

21 "iShares Global Clean Energy ETF," iShares by BlackRock.

22 "Greenbacker Renewable Energy Company," Greenbacker Capital, accessed February 9, 2022, https://greenbackercapital.com/greenbacker-renewable-energy-company/.

23 "KRBN: KraneShares Global Carbon ETF," KraneShares, accessed February 9, 2022, https://kraneshares.com/krbn/.

24 "S&P GSCI Carbon Emission Allowances(EUA)," S&P Dow Jones Indices, accessed February 9, 2022, https://www.spglobal.com/spdji/en/indices/commodities/sp-gsci-carbon-emission-allowances-eua/#overview.

25 "KraneShares Global Carbon ETF," KraneShares, accessed February 9, 2022, https://kraneshares.com/resources/factsheet/2021_04_30_krbn_factsheet.pd

22장 | 채권

※ The quote in the epigraph is from Will Feuer, "Apple CEO Tim Cook Says He's Taking on Climate Change and Needs Backup," CNBC, October 22, 2019, https://www.cnbc.com/2019/10/22/apple-ceo-tim-cook-accepts-ceres-conference-sustainability-award.html.

1 James Langton, "A Record Year for Global Debt Issuance," Advisor's Edge, January 2, 2020, https://www.advisor.ca/news/industry-news/a-record-year-for-global-debt-issuance/.

2 Sophie Yeo, "Where Climate Cash Is Flowing and Why It's Not Enough," News Feature, Nature, September 17, 2019, https://www.nature.com/articles/d41586-019-02712-3.

3 Katie Kolchin, Justyna Podziemska, and Ali Mostafa, "Capital Markets Fact Book, 2021," sifma, July 28, 2021, https://www.sifma.org/resources/research/fact-book/.

4 Thomas Wacker, Andrew Lee, and Michaela Seimen Howat, "Sustainable Investing: Education Primer: Green Bonds," UBS, August 1, 2018, https://www.ubs.com/content/dam/WealthManagementAmericas/cio-impact/si-green-bonds-1-aug-2018-1523746.pdf.

5 Shuang Liu, "Will China Finally Block 'Clean Coal' from Green Bonds Market?" World Resources Institute, July 29, 2020, https://www.wri.org/insights/will-china-finally-block-clean-coal-green-bonds-market.

6 "10 Years of Green Bonds: Creating the Blueprint for Sustainability Across

Capital Markets," World Bank, March 18, 2019, https://www.worldbank.org/en/news/immersive-story/2019/03/18/10-years-of-green-bonds-creating-the-blueprint-for-sustainability-across-capital-markets.

7 Malcolm Baker, Daniel Bergstresser, George Serafeim, and Jeffrey Wurgler, "Financing the Response to Climate Change: The Pricing and Ownership of U.S. Green Bonds," NBER, October 2018, https://www.nber.org/papers/w25194.

8 Matt Wirz, "Why Going Green Saves Bond Borrowers Money," *Wall Street Journal*, December 17, 2020, https://www.wsj.com/articles/why-going-green-saves-bond-borrowers-money-11608201002.

9 David F. Larcker and Edward M. Watts, "Where's the Greenium?" *Journal of Accounting and Economics* 69, no. 2(2020), https://econpapers.repec.org/article/eeejaecon/v_3a69_3ay_3a2020_3ai_3a2_3as0165410120300148.htm.

10 Caroline Flammer, "Green Bonds Benefit Companies, Investors, and the Planet," *Harvard Business Review*, November 22, 2018, https://hbr.org/2018/11/green-bonds-benefit-companies-investors-and-the-planet.

11 Christopher Martin, "Green Bonds Show Path to $1 Trillion Market for Climate," Bloomberg, June 26, 2014, https://www.bloomberg.com/news/articles/2014-06-26/green-bonds-show-path-to-1-trillion-market-for-climate?sref=3rbSWFkc.

12 Liam Jones, "$500bn Green Issuance 2021: Social and Sustainable Acceleration: Annual Green $1tn in Sight," Climate Bonds Initiative, January 31, 2022, https://www.climatebonds.net/2022/01/500bn-green-issuance-2021-social-and-sustainable-acceleration-annual-green-1tn-sight-market.

13 Stephen Warwick, "Apple Says 1.2 Gigawatts of Clean Energy Produced by 2020 Green Bond Projects," iMore/Chrome Enterprise, March 17, 2021, https://www.imore.com/apple-says-12-gigawatts-clean-energy-produced-2020-green-bond-projects.

14 Billy Nauman, "Analysts Expect as Much as $500bn of Green Bonds in Bumper 2021," *Financial Times*, January 4, 2021, https://www.ft.com/content/021329aa-b0bd-4183-8559-0f3260b73d62.

15 Kristin Broughton, "Companies Test a New Type of ESG Bond with Fewer Restrictions," *Wall Street Journal*, October 5, 2020, https://www.wsj.com/articles/companies-test-a-new-type-of-esg-bond-with-fewer-restrictions-11601890200.

16 Meghna Mehta, "Green Bonds Are Growing Bigger and Broader," GreenBiz, May 4, 2020, https://www.greenbiz.com/article/green-bonds-are-growing-bigger-and-broader.

17 SEIA Comms Team, "A Look Back at Solar Milestones of the 2010s," SEIA, January 3, 2020, https://www.seia.org/blog/2010s-solar-milestones.

18 Herman K. Trabish, "Why Solar Financing Is Moving from Leases to Loans," Utility Dive, August 17, 2015, https://www.utilitydive.com/news/why-solar-financing-is-moving-from-leases-to-loans/403678/.

19 Kat Friedrich, "Solar and Energy Efficiency Securitization Emerge," Renewable Energy World, November 18, 2013, https://www.renewableenergyworld.com/2013/11/18/solar-and-energy-efficiency-securitization-emerge/#gref.

20 Mike Mendelsohn, "Raising Capital in Very Large Chunks: The Rise of Solar Securitization," *PV Magazine*, November 16, 2018, https://pv-magazine-usa.com/2018/11/16/raising-capital-in-very-large-chunks-the-rise-of-solar-securitization/.

21 Julia Pyper, "Solar Loans Emerge as the Dominant Residential Financing Product," GTM: A Wood Mackenzie Business, November 14, 2018, https://www.greentechmedia.com/articles/read/solar-loans-are-now-the-dominant-financing-product#gs.4f06lu.

22 Julian Spector, "It's Official: Solar Securitizations Pass $1 Billion in 2017," GTM: A Wood Mackenzie Business, October 30, 2017, https://www.greentechmedia.com/articles/read/solar-securitizations-expected-to-pass-1-billion-in-2017.

23 "U.S. Residential Solar ABS 101," Project Bond Focus—July 2020: U.S. Residential Solar ABS 101, https://www.ca-cib.com/sites/default/files/2020-10/Project%20Bond%20Focus%20-%20Solar%20ABS%202020%20VF.pdf.

24 Julian Spector, "Mosaic Will Sell $300 Million Worth of Solar Loans to Goldman Sachs," GTM: A Wood Mackenzie Business, September 13, 2017, https://www.greentechmedia.com/articles/read/mosaic-will-sell-300-million-of-solar-loans-to-goldman-sachs.

25 Michael Kohick, "Muni Bond Defaults Remain Rare Through 2019," ETF Trends, September 19, 2020, https://www.etftrends.com/tactical-allocation-channel/muni-bond-defaults-remain-rare-through-2019/.

26 "Annual Report on Nationally Recognized Statistical Rating Organizations," SEC, January 2020, https://www.sec.gov/files/2019-annual-report-on-nrsros.pdf.

27 "Moody's Acquires Majority Stake in Four Twenty Seven Inc.," Moody's, July 24, 2019, https://ir.moodys.com/press-releases/news-details/2019/Moodys-Acquires -Majority-Stake-in-Four-Twenty-Seven-Inc-a-Leader-in-Climate-Data-and-Risk-A nalysis/default.aspx.

28 Billy Nauman, "Municipal Bond Issuers Face Steeper Borrowing Costs from Climate Change," *Financial Times*, January 7, 2020, https://www.ft.com/ content/6794c3d2-1d7d-11ea-9186-7348c2f183af.

29 Danielle Moran, "Muni Bonds Contain New Fine Print: Beware of Climate Change," Bloomberg Businessweek, November 5, 2019, https://www.bloomberg. com/news/articles/2019-11-05/how-serious-is-the-climate-change-risk-ask-a-ba nker?sref=3rbSWFkc.

30 Nauman, "Municipal Bond Issuers."

31 "Quantifying Wildfire Risk to Municipal Debt in California," risQ/MMA, accessed February 10, 2022, https://www.risq.io/wp-content/uploads/2019/03/risQ_MMA _QuantifyingWildfireRiskToMunicipalDebtInCalifornia-2.pdf.

32 Paul S. Goldsmith-Pinkham, Matthew Gustafson, Ryan Lewis, and Michael Schwert, "Sea Level Rise Exposure and Municipal Bond Yields," SSRN, October 6, 2021, https://papers.ssrn.com/sol3/papers.cfm?abstract_id=3478364.

33 Caroline Cournoyer, "Massachusetts Uses Popularity of Environmental Stewardship to Pad Its Bottom Line," Governing, June 26, 2013, https:// www.governing.com/archive/gov-massachusetts-green-bonds-a-first.html.

34 Danielle Moran, "Biden Spending Plan Seen Jolting Muni Green Bond Sales to Record," Bloomberg Green, April 20, 2021, https://www.bloomberg.com/ news/articles/2021-04-20/biden-spending-plan-seen-jolting-muni-green-bond-s ales-to-record?sref=3rbSWFkc.

35 "Franklin Templeton Launches Franklin Municipal Green Bond Fund for US Investors," BusinessWire, August 4, 2020, https://www.businesswire.com/ news/home/20200804005632/en/Franklin-Templeton-Launches-Franklin-Munici pal-Green-Bond-Fund-for-US-Investors.

23장 | 투자자의 딜레마

1 "Humans Wired to Respond to Short-Term Problems," *Talk of the Nation*, NPR, July 3, 2006, https://www.npr.org/templates/story/story.php?storyId=5530483.

2 Greg Harman, "Your Brain on Climate Change: Why the Threat Produces Apathy, Not Action," *The Guardian*, November 10, 2014, https://www.theguardian.com/sustainable-business/2014/nov/10/brain-climate-change-scien ce-psychology-environment-elections.

3 "Global Energy Review: CO2 Emissions in 2021," IEA, Paris 2021, https://www.iea.org/reports/global-energy-review-2021/co2-emissions.

4 Alan Buis, "The Atmosphere: Getting a Handle on Carbon Dioxide," NASA: Global Climate Change, October 29, 2019, https://climate.nasa.gov/news/2915/the-atmosphere-getting-a-handle-on-carbon-dioxide.

5 John Kemp, "Climate Change Targets Are Slipping Out of Reach," Reuters, April 16, 2019, https://www.reuters.com/article/energy-climatechange-kemp/column -climate-change-targets-are-slipping-out-of-reach-kemp-idUSL5N21Y4A0.

6 "Summary for Policymakers," *Synthesis Report*, IPCC, accessed February 10, 2022, http://ar5-syr.ipcc.ch/topic_summary.php.

7 "Atmospheric CO2 Data," Scripps CO2 Program, accessed February 10, 2022, https://scrippsco2.ucsd.edu/data/atmospheric_co2/primary_mlo_co2_record.html.

8 Michelle Della Vigna, Zoe Stavrinou, and Alberto Gandolfi, "Carbonomics: Innovation, Deflation and Affordable De-carbonization," Goldman Sachs, October 13, 2020, https://www.goldmansachs.com/insights/pages/gs- research/carbonomics-innovation-deflation-and-affordable-de-carbonization/report.pdf.

9 "Special Report: Global Warming of 1.5 º C. Summary for Policymakers," IPCC, accessed February 10, 2022, https://www.ipcc.ch/sr15/chapter/spm/.

10 Allan Myles, Mustafa Babiker, Yang Chen, et al., "Summary for Policymakers," in *Global Warming of 1.5°C. An IPCC Special Report on the Impacts of Global Warming of 1.5°C Above Pre-industrial Levels and Related Global Greenhouse Gas Emission Pathways, in the Context of Strengthening the Global Response to the Threat of Climate Change, Sustainable Development, and Efforts to*

Eradicate Poverty, ed. V. MassonDelmotte, P. Zhai, H.-O. Pörtner, et al. (IPCC, 2018), https://www.ipcc.ch/site/assets/uploads/sites/2/2019/05/SR15_SPM_version_report_HR.pdf.

11 Joby Warrick and Chris Mooney, "Health & Science: Effects of Climate Change 'Irreversible,' U.N. Panel Warns in Report," *Washington Post*, November 2, 2014, https://www.washingtonpost.com/national/health-science/effects-of-climate-change-irreversible-un-panel-warns-in-report/2014/11/01/2d49aeec-6142-11e4-8b9e-2ccdac31a031_story.html?utm_term=.41a0c1bb1cff.

24장 | 우수 사례

1 Nancy Weil, "The Quotable Bill Gates," ABC News, June 23, 2008, https://abcnews.go.com/Technology/PCWorld/story?id=5214635.

2 Haley Walker, "Recapping on BP's Long History of Greenwashing," Greenpeace, May 21, 2010, https://www.greenpeace.org/usa/recapping-on-bps-long-history-of-greenwashing/.

3 Kate Mackenzie, "A Legacy of Greenwashing Haunts BP's End-of-Oil Vision," Bloomberg Green, September 18, 2020, https://www.bloomberg.com/news/articles/2020-09-18/a-legacy-of-greenwashing-haunts-bp-s-end-of-oil-vision?sref=3rbSWFkc.

4 Jillian Ambrose, "BP Enjoys Share Bounce After Unveiling Plans to Shift Away from Fossil Fuels," *The Guardian*, August 4, 2020, https://www.theguardian.com/business/2020/aug/04/bp-dividend-covid-record-loss-energy-oil-gas.

5 Emily Bobrow, "Environment: Fight Climate Change with Behavior Change," Behavioral Scientist, October 16, 2018, https://behavioralscientist.org/fight-climate-change-with-behavior-change/.

6 Sigal Samuel, "The Many Places You Can Buy Beyond Meat and Impossible Foods, in One Chart," Vox, last modified January 15, 2020, https://www.vox.com/future-perfect/2019/10/10/20870872/where-to-buy-impossible-foods-beyond-meat.

7 Mark Carney, "Resolving the Climate Paradox," BIS, September 22, 2016, https://www.bis.org/review/r160926h.pdf.

※ "A Pale Blue Dot," *The Planetary Society*, accessed February 10, 2022, https://www.planetary.org/worlds/pale-blue-dot.

1 "Climate Change 2021: The Physical Science Basis," IPCC, accessed February 10, 2022, https://www.ipcc.ch/report/ar6/wg1/downloads/report/IPCC_AR6_WGI_SPM_final.pdf.

2 Scott A. Kulp and Benjamin H. Strauss, "New Elevation Data Triple Estimates of Global Vulnerability to Sea-Level Rise and Coastal Flooding," *Nature Communications* 10(2019): article 4844, https://www.nature.com/articles/s41467-019-12808-z.

3 "Climate Change 2021," IPCC.

4 Jennifer Elks, "Havas: 'Smarter' Consumers Will Significantly Alter Economic Models and the Role of Brands," Sustainable Brands, May 14, 2014, https://sustainablebrands.com/read/defining-the-next-economy/havas-smarter-consumers-will-significantly-alter-economic-models-and-the-role-of-brands.

5 Maxine Joselow, "Quitting Burgers and Planes Won't Stop Warming, Experts Say," E&E News Climate Wire, December 6, 2019, https://www.eenews.net/articles/quitting-burgers-and-planes-wont-stop-warming-experts-say/.

6 Seth H. Werfel, "Household Behaviour Crowds Out Support for Climate Change Policy When Sufficient Progress Is Perceived," *Nature Climate Change* 7(2017): 512–15, https://www.nature.com/articles/nclimate3316.

7 "Global Ideas: Climate Crisis: Is It Time to Ditch Economic Growth?" DW, accessed February 10, 2022, https://www.dw.com/en/climatechange-emissions-fossilfuels-gdp-economy-renewables/a-55089013.

8 Hannah Ritchie, "Who Has Contributed Most to Global CO_2 Emissions?" Our World in Data, October 1, 2019, https://ourworldindata.org/contributed-most-global-co2.

9 "Global Energy Review 2021: CO_2 Emissions," IEA, accessed February 10, 2022, https://www.iea.org/reports/global-energy-review-2021/co2-emissions.

10 Damian Carrington, "Want to Fight Climate Change? Have Fewer Children," *The Guardian*, July 12, 2017, https://www.theguardian.com/environment/2017/jul/12/want-to-fight-climate-change-have-fewer-children.

11 Carrington, "Want to Fight Climate Change?"

12 Lydia Denworth, "Children Change Their Parents' Minds About Climate Change," *Scientific American*, May 6, 2019, https://www.scientificamerican. com/article/children-change-their-parents-minds-about-climate-change/.

13 Abrahm Lustgarten, "How Russia Wins the Climate Crisis," *New York Times*, December 20, 2020, https://www.nytimes.com/interactive/2020/12/16/magazine /russia-climate-migration-crisis.html.

14 "Climate Finance Markets and the Real Economy," sifma, December 2020, https://www.sifma.org/wp-content/uploads/2020/12/Climate-Finance-Markets-and-the-Real-Economy.pdf.

15 "Climate Finance Markets," sifma.

16 "Climate Finance Markets," sifma.

17 "Bond Market Size," ICMA, accessed February 10, 2022, https://www. icmagroup.org/Regulatory-Policy-and-Market-Practice/Secondary-Markets/bon d-market-size/.

18 Matthew Toole, "Global Capital Markets Answer 2020's Distress Call," Refinitiv, January 21, 2021, https://www.refinitiv.com/perspectives/market-insights/global -capital-markets-answer-2020s-distress-call/.

19 Ewa Skornas and Elisabeth Bautista Suarez, "2021 Global Private Equity Outlook," S&P Market Intelligence, March 2, 2021, https://www.spglobal.com/ marketintelligence/en/news-insights/research/2021-global-private-equity-outlook.

20 "Indicator: Greenhouse Gas Emissions," Umwelt Bundesamt, July 22, 2021, https://www.umweltbundesamt.de/en/data/environmental-indicators/indicator -greenhouse-gas-emissions#at-a-glance.

21 "Germany—Gross Domestic Product per Capita in Constant Prices of 2010," Knoema, accessed February 10, 2022, https://knoema.com/atlas/Germany/ topics/Economy/National-Accounts-Gross-Domestic-Product/Real-GDP-per-capita.

22 Julian Wettengel, "Renewables Produce More Power than Fossil Fuels in Germany for First Time," Clean Energy Wire, January 4, 2021, https://www. cleanenergywire.org/news/renewables-produce-more-power-fossil-fuels-germa ny-first-time.

23 Sören Amelang, "How Much Does Germany's Energy Transition Cost?" Clean Energy Wire, June 1, 2018, https://www.cleanenergywire.org/factsheets/how-much-does-germanys-energy-transition-cost.

24 Amelang, "How Much?"

25 Sophie Yeo and Simon Evans, "The 35 Countries Cutting the Link Between Economic Growth and Emissions," CarbonBrief, April 5, 2016, https://www. carbonbrief.org/the-35-countries-cutting-the-link-between-economic-growth-and-emissions.

26 Zeke Hausfather, "Absolute Decoupling of Economic Growth and Emissions in 32 Countries," Breakthrough Institute, April 6, 2021, https://thebreakthrough. org/issues/energy/absolute-decoupling-of-economic-growth-and-emissions-in-32-countries.

27 Zeke Hausfather, "Analysis: Why US Carbon Emissions Have Fallen 14 Percent Since 2005," CarbonBrief, August 15, 2017, https://www.carbonbrief.org/ analysis-why-us-carbon-emissions-have-fallen-14-since-2005.

28 "Mutual Funds, Past Performance," Investor.gov, U.S. Securities and Exchange Commission, accessed February 10, 2022, https://www.investor.gov/introduction-nvesting/investing-basics/glossary/mutual-funds-past-performance.

29 National Academies of Sciences, Engineering, and Medicine, *Accelerating Decarbonization of the U.S. Energy System* (Washington, DC: National Academies Press, 2021), https://www.nap.edu/catalog/25932/accelerating-decarbonization-of-the-us-energy-system.

30 "Pathway to Critical and Formidable Goal of Net-Zero Emissions by 2050 Is Narrow but Brings Huge Benefits, According to IEA Special Report," IEA, May 18, 2021, https://www.iea.org/news/pathway-to-critical-and-formidable-goal-of-net-zero-emissions-by-2050-is-narrow-but-brings-huge-benefits.

31 "Pathway to Critical and Formidable Goal," IEA.

26장 | 미래

1 Joseph A. Schumpeter, Capitalism, *Socialism and Democracy* (New York: Routledge, 1976); originally published 1942 by Harper & Bros., New York.

2 Eastman Kodak Co., Form 10-K (Annual Report), Annual Reports, accessed February 10, 2022, https://www.annualreports.com/HostedData/AnnualReport Archive/e/NASDAQ_KODK_1998.pdf.

3 "Market Capitalization of Largest Companies in S&P 500 Index as of November 19, 2021," Statista, accessed February 10, 2022, https://www.statista.com/

statistics/1181188/sandp500-largest-companies-market-cap/.

4 "A Green Bubble? We Dissect the Investment Boom," *The Economist,* May 22, 2021, https://www.economist.com/finance-and-economics/2021/05/17/green-assets-are-on-a-wild-ride.

5 Matthew Wilburn King, "Climate Change: How Brain Biases Prevent Climate Action," BBC, March 7, 2019, https://www.bbc.com/future/article/20190304-human-evolution-means-we-can-tackle-climate-change.

6 Kate Marvel, Twitter, https://twitter.com/drkatemarvel/status/1424359432 57879 7574.

그림 저작권

넷제로 투자

초판 1쇄 찍은날 2023년 9월 25일
초판 1쇄 펴낸날 2023년 9월 29일
지은이   브루스 어셔
옮긴이   김하나·이정근·김한기·김규성
펴낸이   한성봉
편집   최창문·이종석·오시경·권지연·이동현·김선형·전유경
콘텐츠제작   안상준
디자인   권선우·최세정
마케팅   박신용·오주형·박민지·이예지
경영지원   국지연·송인경
펴낸곳   도서출판 동아시아
등록   1998년 3월 5일 제1998-000243호
주소   서울시 중구 퇴계로 30길 15-8 [필동1가 26] 무석빌딩 2층
페이스북   www.facebook.com/dongasiabooks
전자우편   dongasiabook@naver.com
블로그   blog.naver.com/dongasiabook
인스타그램   www.instargram.com/dongasiabook
전화   02) 757-9724, 5
팩스   02) 757-9726
ISBN   978-89-6262-577-6   03320

※ 잘못된 책은 구입하신 서점에서 바꿔드립니다.

만든 사람들
책임편집   김경아
크로스교열   안상준
표지 디자인   핑구르르